21世纪高职教育新形态教材

HUIYI GUANLI SHIWU

# 会议管理实务

（第二版）

凌云志　梁怀超 / 主编



内附66个教学视频

ZHEJIANG UNIVERSITY PRESS
浙江大学出版社
·杭州·

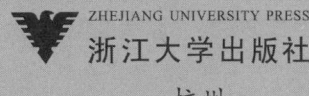

图书在版编目（CIP）数据

会议管理实务 / 凌云志, 梁怀超主编. -- 2版. -- 杭州：浙江大学出版社, 2025.1
ISBN 978-7-308-24844-0

Ⅰ. ①会… Ⅱ. ①凌… ②梁… Ⅲ. ①会议—组织管理学—职业教育—教材 Ⅳ. ①C931.47

中国国家版本馆CIP数据核字(2024)第076869号

## 会议管理实务（第二版）
凌云志　梁怀超　主编

| 责任编辑 | 吴昌雷 |
|---|---|
| 责任校对 | 王　波 |
| 封面设计 | 北京春天 |
| 出版发行 | 浙江大学出版社 |
| | （杭州市天目山路148号　邮政编码310007） |
| | （网址：http://www.zjupress.com） |
| 排　　版 | 杭州晨特广告有限公司 |
| 印　　刷 | 杭州宏雅印刷有限公司 |
| 开　　本 | 787mm×1092mm　1/16 |
| 印　　张 | 15.75 |
| 字　　数 | 373千 |
| 版 印 次 | 2025年1月第2版　2025年1月第1次印刷 |
| 书　　号 | ISBN 978-7-308-24844-0 |
| 定　　价 | 45.00元 |

版权所有　侵权必究　印装差错　负责调换

浙江大学出版社市场运营中心联系方式：0571-88925591；http://zjdxcbs.tmall.com

# 前 言

在当今社会,会议已成为组织和个人交流、沟通、协作与决策的重要平台。有效的会议管理不仅能够提高会议效率,还能确保会议目标的顺利实现。本教材旨在为读者提供一套全面、实用的会议管理指南,帮助读者掌握会议管理的核心技能,提升会议组织与管理的专业水平。

本教材针对高等职业教育的特点,贯彻项目化教学改革的要求,对会议管理实务的教学内容进行了整合,让学生在完成"任务"的过程中,学习应用相关知识,掌握会议管理与服务的方法与技巧。全书设计了多个会议管理工作项目与任务,以项目、任务为载体,穿插相关知识。在教学过程中,教师可以根据不同专业对会议管理与服务的不同要求,对相关内容有所选择与侧重。会议管理工作既具有很强的综合性,需要多方面知识的储备与积累,又具有很强的实践性。会议管理与服务能力的提高不但要"躬行",而且要"不辍"。项目教学、任务驱动为我们提供了良好的载体,学生可以在完成实际任务的过程中,体验各类会议之间的细微差异,体验实际工作任务对会议管理工作的细致需要,并在完成实际任务的过程中,体验会议管理工作的真实感,获得成就感,从而调动学习的主动性与积极性。希望本教材能够成为高等职业教育会议管理课程教学改革的有益探索,促进学生会议管理与服务能力的提高。

本教材具有以下几个方面的特点:

第一,根据企业秘书的工作实际情况,以办文、办事、办会等秘书基本工作的相关要求为核心,合理选择教学内容,并设计和确定典型的工作项目与工作任务,其目的是通过这些项目的教学,使学生掌握相关的理论知识和操作技能,以满足企业的实际需要。

第二,吸纳全国高等职业院校的教改成果,按照"学以致用"的原则,将与秘书实际工作有关的文书制作、文书处理、办公室事务处理等理论知识和技能恰当安排到各个工作项目中,并采用任务驱动的编写思路,设计教学过程,不但有利于激发学生的学习积极性,更有利于学生学习成就感的获得。

第三,党的二十大报告提出了许多指导思想为我们开阔了修订思路。为此,在本教材的第二版中我们将结合实际案例和操作技巧,深入探讨如何将这些指导思想应用到会议管理中。

第四,本教材在"智慧职教"平台上建立了相应的课程资源,随书也配备了相应的微课视频。

本书既可以作为高等职业院校文秘专业、会展专业相关课程的教材,也可作为企事业单位在职秘书的培训教材。

　　由于编者水平有限,不足之处在所难免,恳请广大读者批评指正。

编　者
2023年12月

# 目 录

项目一 会议基础 1
    任务一 认识会议 1

项目二 会议策划与会前准备工作 13
    任务一 进行会议策划 13
    任务二 确定会议的名称与议题 23
    任务三 确定会议工作机构与人员分工 33
    任务四 拟订会议议程和日程 38
    任务五 确定会议地点与场所 53
    任务六 制作并发送会议通知 60
    任务七 编制会议预算 69
    任务八 准备会议资料和会议物品 76
    任务九 会场布置 86

项目三 会中服务工作 103
    任务一 接站和报到工作 103
    任务二 进行会间服务 115
    任务三 编写会议记录 131
    任务四 编写会议简报 139
    任务五 处理会中突发事件 147

项目四 会议评估与会后工作 152
    任务一 送别与会人员 152
    任务二 会场善后工作 156
    任务三 会议经费结算 161
    任务四 制发会议纪要 167
    任务五 会议文件资料的收集和整理 173
    任务六 会议评估和总结 182

项目五　其他类型会议的组织与管理　194

　　任务一　开业庆典的组织与管理　194

　　任务二　新闻发布会的组织与管理　214

　　任务三　股东大会的组织和管理　227

项目六　综合实训　236

　　综合实训一　新产品介绍、咨询暨订货会议　236

　　综合实训二　文书拟写、商务接待与会议筹备　239

　　综合实训三　课程学习总结与汇报　242

# 项目一　会议基础

## 任务一　认识会议

### 学习目标

**能力目标**：能够对会议进行分类；能够提炼会议要素。

**知识目标**：了解会议概念、会议作用；掌握会议分类知识、会议要素知识。

### 任务描述

**分任务1**　从网络上或者现实中观察各种会议，然后对其进行分类。

**分任务2**　观察各种会议后，提炼其会议要素。

【任务分析】会议是人类社会每日都在发生的重要活动种类，但是要对其进行正确分类，提炼会议的要素，并为以后组织会议、服务会议打下基础，就必须掌握必要的会议知识。

### 基础知识

#### 一、会议的基本概念

《现代汉语词典》第7版对于"会议"的解释是：第一，有组织、有领导地商议事情的集会，如全体会议、厂务会议、工作会议等；第二，一种经常商讨并处理重要事务的常设机构或组织，如中国人民政治协商会议、部长会议等。

本书讲的会议是指企事业单位、社会团体等有组织、有目的地召集人员为研究问题、交流思想、沟通信息、表达观点、贯彻指示、分析对策、部署工作、联络感情，在特定的时间和地点，遵循一定的会议规则，围绕共同的内容进行的多向沟通活动。

#### 二、会议的构成要素

一个完整的会议一般需要具备以下几个基本要素。

##### (一)会议名称

任何会议都应有一个名称。会议名称一般由会议举办单位和会议的主题构成。例如，"中国共产党第二十次全国代表大会""××有限公司2022年人事调动会议""××大学关于整顿校风、提高教学质量的研讨会"。

##### (二)会议时间

会议时间包含两方面内容。

(1)到会时间:要求与会者到达会场、出席会议的具体时间。到会时间要具体到年、月、日、小时和分钟,如"于×年×月×日上午8:00整召开××会议"。

(2)会期:会议全过程预期延续的时间。会期必须向与会者交代清楚,以便于参会人员提前做好相关的用品准备和工作安排。例如"×年×月×日—×日,共×天"。

会议时间还要考虑三个方面的因素:第一,不能和大多数与会者,尤其是主要成员的时间安排冲突;第二,考虑气候因素,如庆典会议、大型运动会开幕式,要尽量避开多雨季节;第三,每次会议时间最好不超过1小时(详见项目二"会议议题确定的基本原则"部分)。

### (三)会议地点

会议地点要根据会议的实际需要进行选择。会议地点应考虑的因素详见项目二"会前筹备工作"相关部分。

值得关注的是,随着科技的进步,会议形式不断创新,会议地点可以不局限在一个地方、一个会场。利用先进的科技和通信设备,可实现跨越空间限制的高科技装备会议,如电话会议、视频会议、国际卫星会议等。

### (四)会议组织者

会议组织者通常是发起会议、召集会议、提供会议服务的人,可以是一个单位,也可以是个人。

### (五)与会人员

参加会议的人员可分为四类:出席人员、主持人员、秘书人员、服务人员。

较大规模的正规会议,一般都有:出席人员、列席人员、会议主席团及会议执行主席、会议秘书处及秘书长、会议服务人员等。

### (六)会议议题

会议议题是会议要集中讨论、解决的问题,是构成会议的很重要的因素。会议议题是会议内容的具体化,也体现了会议目标、会议目的。每个会议都必须有明确的指导思想、具体的任务和要达到的目的。否则,会议文件、与会人员等都无从确定和落实。

### (七)会议成果

会议成果包括会议最终形成的决议或决定、与会者达成的共识、会议的选举结果等。会议成果能反映出会议的效率、会议主持人的水平、与会者的参与程度等多方面的情况。那些"会而不议""议而不决"的会议,客观而言并没有实现会议目的,更没有发挥出会议的功能,自然也不会有什么会议成果了。

## 三、会议的分类

根据不同的标准,会议可以划分为不同的类型。下面介绍几种常见的分类方法。

### (一)根据会议规模进行划分

根据会议规模即参加会议的人数的多少,可将会议分为小型会议、中型会议、大型会议及特大型会议。

(1)小型会议。出席人数少则几人,多则几十人,但不超过100人。例如,各单位内部召开的日常工作会议。

(2)中型会议。出席人数在100至1000人之间。例如,中央委员会全体代表会议、全国人大常务委员会会议等。

(3)大型会议。人数在1000至10000人之间。例如,全国人大的全体代表大会、党的全国代表大会等。

(4)特大型会议。人数在1万人以上。例如,重大节日庆典、庆祝大会等。

### (二)按照会议的性质和内容划分

(1)决策性会议,属于组织研究战略发展问题以及经营管理中决策重大事项的会议。这种会议一般在领导集团内部举行。例如,部门经理例会、公司董事会等。

(2)纪念性会议,指为纪念重要历史人物、重大事件或节日而召开的会议。例如,纪念中国人民抗日战争暨反法西斯战争胜利70周年大会。

(3)动员性会议。指对群众进行思想动员,号召人们为了某个目标而共同努力的会议。如某系统召开的支援边疆誓师动员大会、某高校师生开展的"三下乡"活动的动员大会。

(4)研讨性会议,指围绕自然科学和社会科学的理论发展以及社会政治、经济、生活中出现的各种问题进行研究讨论的会议。例如,各种专题的学术报告会、各专业(行业)年会等。

### (三)按照举办单位划分

按照举办单位的性质可将会议分为三大类:公司类会议、协会类会议和政府机构会议。

(1)公司类会议。公司会议通常以管理、协调和技术等为主题,具体可分为经理例会、部门员工例会、销售会议、经销商会议、技术会议、公司年会、新产品发布会以及股东会和董事会等。

(2)协会类会议。协会可以划分为行业协会、专业和科学协会、教育协会和技术协会等类型,规模从小型地区性组织、省市级协会到全国性协会乃至国际性协会不等。由其牵头主办的会议称为协会类会议。

(3)政府机构会议。各级政府举办的会议,包括人民代表大会、政治协商会议、行政单位内部会议等。

### (四)按照会议活动特征划分

(1)商务型会议,指公司、企业因业务和管理工作需要召开的会议。出席这类会议的人员一般是企业的管理人员和专业技术人员。

(2)展销会议。展销会是为了展示产品和技术、拓展渠道、促进销售、传播品牌而进行的一种宣传活动。

(3)度假型会议。公司等组织利用周末假期组织员工边度假休闲,边参加会议,既能增进员工之间的了解,增强机构的凝聚力,又能解决企业所面临的问题。

(4)文化交流会议。各种民间和政府组织组成的跨区域性的文化学习交流的活动,常以考察、交流等形式出现。

(5)专业学术会议。某一领域具有一定专业技术的专家学者参加的会议,如专题研究会、学术报告会、专家评审会等。

(6)政治性会议,指国际政治组织、国家和地方政府为某一政治议题召开的各种会议。这类会议可根据其内容采用大会和分组讨论等形式召开。

### (五)按照会议采用的方式手段划分

按会议采用的方式和手段,可划分为常规会议、现场会、招待性宴会、座谈会、观摩会、茶话会、电视会议、电话会议、广播会议和网络会议等。

(1)常规会议,即会场中专门设有主席台的会议。

(2)现场会,即在事件发生现场召开的会议。现场会有助于说明会议主题,强化会议效果。

(3)招待性宴会,即以宴请的方式招待客人、商谈工作或发表演说的会议,如欢迎宴会、早餐会、午餐会、晚餐会等。

(4)座谈会,即以围坐交谈的方式召开的会议。

(5)观摩会,即通过观摩操作演示,相互切磋交流的会议,又称演示会。

(6)茶话会,即略备饮料、水果、茶点的会议。

(7)电视会议。电视会议分为两种情况:一种是单向传播电视会议,即利用电视实况转播组织各分会场的与会者收听收看,分会场无法参与主会场的活动;另一种是双向传播电视会议,即通过电视电话系统将主会场和分会场连接起来,实现图像和声音双向传递或多向传递,任何一个会场的图像和声音都能传递到其他所有会场,又称电视电话会议。

(8)电话会议,即利用电话系统连接各分会场而召开的会议。

(9)广播会议,即通过有线或无线广播召开的会议。

(10)网络会议,即以计算机和通信网络为技术手段而召开的会议。网络会议对公司召开培训会议非常有利,它不必再让有关人员聚集到某个目的地,可以节省交通、住宿、伙食等许多费用和时间成本。

上述会议类型是根据一定的标准从不同角度划分的。在实际运用中,各种会议类型常常相互交叉。由于会议技术手段的不断更新,会议的种类将会越来越丰富多样。

## 四、会议的作用

### (一)会议的积极作用

(1)交流信息,互通情报。会议是集思广益的重要场所,是资讯的交换站。通过会议的讲话、报告、发言、讨论、文字材料,以及会下的多向沟通,与会人员可以交流工作情况,相互沟通信息,彼此较快地了解全局,克服认识上的主观局限性。较之其他沟通形式,会议沟通具有直接、快速的优势。

（2）发扬民主，科学决策。通过会议，与会者广开言路、集思广益；管理者获取信息，了解情况，避免疏漏，找到方法和对策。很多科学决策都来自会议。

（3）传达指示，部署工作。通过召开会议传达上级指示，部署本组织的中心工作和重大行动，可以使各部门充分领会上级精神和意图，可以避免盲目性和片面性，有助于推动工作。

（4）统一认识，协调行动。如果各部门对全局情况不了解，又缺乏必要的交流和沟通，就很容易导致行动不协调，影响工作落实。通过会议，可以"把问题摆到桌面上"，使大家充分沟通，寻找到大家普遍接受的行动方案，并形成决议，可以防止各行其是，减少相互矛盾。

**（二）会议的负面作用**

（1）时间、精力的浪费。美国一位管理学家说过"领导人相当的一部分生命要在会议中度过"。苏联的一份研究资料显示，"会议比重占指挥员和专家工作时间的30%~33%"。日本效率协会统计发现"全日本科长以上管理班人员工作时间的40%是在开会"。

（2）金钱的浪费。开会就要用钱，越高级、越长、越大型的会议，一般说来用钱越多。会议费用有些是正当而必需的，有些则是可用可不用的，有些则纯属铺张浪费。

（3）信息的重复、浪费。有些会只是层层传达、复述上级意见，或者为开会而开会，走过场、搞形式，其结果是制造重复信息，滋长文牍主义。

（4）滋长不正之风。长期以来，有少数干部成了"职业开会者"，有些人借机在旅游胜地公费游览。还有些人开完会并不去认真传达贯彻，成为典型的会议型官僚主义者。近年来还出现利用会议敛财，收取各种名目的赞助的现象。

## 工作实例

### 会议管理制度

#### 第一章 总 则

**第一条** 目的。

为使公司的会议管理规范化和有序化，提高会议的质量和效率，降低会议成本，切实跟踪落实会议提出的各项工作任务与工作要求的完成情况，从而保证会议的有效性，特制定本制度。

**第二条** 适用范围。

本制度适用于公司（各分公司、业务部门、办事处）各项会议管理。

**第三条** 会议形式。

一、公司的会议形式包括定期的常规性会议和临时性会议。其中，定期的常规性会议主要包括以下5种形式：

（一）公司周年庆典表彰大会；

（二）公司高管工作例会；

（三）公司年终工作述职工作总结会议；

(四)公司年中工作述职工作总结会议；

(五)各分公司、业务部门、办事处周例会/月度会议。

二、临时性会议的主持部门以事件主导部门为主召开，具体会议参加人、会议时间及会议内容应提前一个工作日以通知形式告知相关参会人员。

## 第二章　会议流程

**第四条**　会议安排的原则。

一、坚持局部服从整体的原则，会议优先于部门会议，紧急会议优先于一般会议。

二、各类会议优先顺序为：例会、临时性行政/业务会议、部门内部会议。

三、因处置突发事件而召集的紧急会议不受此限。

**第五条**　会议通知。

一、常规性会议除时间临时调整外，不再另行通知，由主持部门直接通知参会人。

二、临时性会议按"谁提拟，谁通知"的原则进行会议通知。

三、会议通知期：须于开会前一个工作日内通知参会人及会务服务提供部门。

四、会议通知的渠道

(一)公司内部QQ群、微信群、企业邮箱：适用于常规性会议通知(含常规性会议临时调整时间的)、临时性会议通知；

(二)公告栏：适用于临时性会议通知；

(三)电话通知：适用于临时性会议公告后，由主持部门电话通知参会人；

(四)OA系统中行政办公之"公告通知"模块发布：适用所有会议类型，用于会议通知存档，备查。

五、会议通知的内容

(一)会议时间；

(二)会议地点；

(三)会议主持部门；

(四)参会人员；

(五)会议主题；

(六)会议须准备的资料明细；

(七)参会注意事项；

(八)其他。

**第六条**　会议准备。

一、会议主持部门的助理或部门指定执行人应提前做好会议准备工作，如落实会场，布置会场，备好座位、会议器材等会议所需的各种设施、用品等。

二、对于需要给参会人员发放会议资料的，会议主持部门应根据参会人数提前印制会议资料。

三、会议主持部门应提前打印会议签到表，并由会议记录员监督参会人员的签到情况，会议签到表须在会议结束后由会议主持人签字确认。

四、为了合理分配会议室资源，有效执行会议室安排原则的规定，会议主持部门须提前至少一个工作日在OA系统上的"综合办公"栏目中填写会议申请流程表单。

因处置突发事件而召集的紧急会议不受此限,但会议组织部门或个人必须提前通过电话向公司行政前台备案。

**第七条** 会议组织。

一、会议组织遵照"谁提议,谁组织"的原则。

二、会议主持人必须遵守以下规定。

(一)主持人应于会前15分钟到达会场,检查会务落实情况,做好会前准备。

(二)主持人一般应于会议开始后,将会议的议题、议程、需解决的问题及达成目标、议程推进中应注意的问题等进行必要的说明,并说明各项议程大概的会议时间限制,以提高会议的效率。

(三)会议进行中,主持人应根据会议进行中的实际情况,对议程进行适时、必要的控制,并有权限定发言时间和中止与议题无关的发言,以确保议程顺利推进及会议效率。

(四)对于讨论决策性议题的会议,主持人应引导会议做出结论。对须集体议决的事项应加以归纳和复述,适时提交参会人表明意见;对未议决事项亦应加以归纳并引导会议就其后续安排统一意见。

(五)主持人应将会议决议事项付诸实施的程序、实施人(部门)、达成标准和时间等会后跟进安排向参会人明确,并落实具体的会议跟踪负责人。

三、参会人必须遵守以下规定。

(一)应于会前10分钟到达会场,并在会议签到表上签到。

(二)会议发言应言简意赅,紧扣议题。

(三)遵循会议主持人对议程的要求。

(四)对于工作部署性质的会议,原则上不在会上进行讨论性发言。

(五)遵守会议纪律,与会期间应将手机调至静音或将手机呼叫转移至本部门另一名未参会人员处,原则上会议期间不允许接听电话,如需接听,请离开会场。

(六)原则上参会人员不得请假;如确需请假的,须向会议主持部门负责人及分管副总请假,必要情况下还要向总经理说明情况并征得同意后,方可请假。

(七)无故未按时参加会议的,将给予当事人100元/次的处罚,并备案。

(八)参会人员应做好本人的会议记录。

四、会议主持人为会议考勤的核准人,考勤记录由会议记录员负责。

**第八条** 会议记录。

一、各类会议均应以专用记录本进行会议记录。

二、会议进行期间,重要会议须用录音笔进行录音,并于会议结束后两个工作日内由会议记录员将会议录音提交至公司存档。

三、各类会议原则上应确定专人负责记录。会议记录员应确定遵守以下规定。

(一)各部门应常设一名会议记录员(一般为本部门的助理或行政文员),会议记录员名单须报行政部备案;如需调整会议记录员,调整部门须及时通知行政部。

(二)公司根据名单配发会议记录本。会议记录本用完后由记录员凭旧本至行政部换领新本,旧本同时由本部门存档。会议记录本的领取登记按低值易耗品的领取程序办理。

(三)会议记录员负责本部门会议及本部门负责组织的会议的记录工作。

(四)会议记录遵照"谁组织,谁记录"的原则,如有必要,会议主持人可根据本原则及考虑会议议题所涉及业务的需要,临时指定会议记录员。

(五)公司管理层主持的例会、临时行政会议原则上由总经理助理/秘书负责会议记录工作,公司管理层另有指定的,由公司管理层指定。

(六)会议记录员应遵守以下规定。

1. 用会议记录本做好会议的原始记录及会议考勤记录,并于会议结束后半个工作日内整理好会议纪要,由会议主持人审批通过后下发至参会人员。

2. 会议记录应尽量采用实录风格,确保记录的原始性。会议主持人须在每次会议记录上签字确认。

3. 对会议已议决事项,应在原始记录中括号注明"议决"字样。

4. 做好会议原始记录的日常归档、保管工作。

四、会议记录的备档按以下规定。

(一)本部门负责组织的各类会议的会议记录,由本部门常设会议记录员负责日常归档、保管,但用完后的记录本应作为机要档案及时转公司统一归档备查。

(二)本部门会议记录由本部门常设会议记录员统一归档备查,部门内其他人员需查阅会议记录的,经部门负责人同意后,方可进行查阅,并在查阅内容所在页的页眉处签字。

(三)部门其他人员查阅会议记录时,会议记录员须在场;除经部门负责人及分管副总同意外,会议记录本不得外借给其他部门或部门内其他人员。对于会议记录的外借情况,记录员应如实在会议记录中写明外借时间、外借原因及外借人,并由外借人签字确认。

(四)会议记录为机要档案,保管人员不得擅自外泄。

**第九条** 会议纪要。

一、下列情况,会议记录员须将会议记录整理为会议纪要。

(一)除部分部门"站会"外的常规性会议;

(二)各类临时行政/业务类会议;

(三)各类紧急性会议;

(四)与经营管理相关的会议;

(五)会后须对会议内容贯彻落实情况进行跟进的会议;

(六)其他会议主持人要求整理会议纪要的会议。

二、所有会议均需做会议纪要,以方便相关信息的查询和后续工作的追踪、落实;会议纪要需如实记录,对内容进行概括、总结,分类别或分项目记录。

三、会议纪要中包含(但不仅限于)如下内容:

(一)会议的主要内容及议题;

(二)会议讨论或决定的重大事项;

（三）会议决定的行动计划或改进措施。

四、会议纪要的整理和发送应在1个工作日内完成，下发或传阅范围由会议主持人确定，通过OA协同发送给所有会议相关人员，及对接人事专员。

五、会议须有落地执行计划输出，具体如下。

（一）宣贯类会议：宣贯后的改进落实计划。

（二）专题类会议：针对问题如何解决列出相关人员的工作安排和计划。

（三）工作汇报类会议：针对部门问题或个人工作问题的进展安排、改善提升列出相应的计划安排。

六、会议纪要输出的工作计划须跟进落实情况，跟踪记录汇总实行一会一表制。

## 第三章　会议纪要的跟踪落实

**第十条**　落实计划跟踪。

各部门对接人事专员对会议纪要输出的落地计划，按照计划时间节点进行跟进，并于每月底输出该部门的会议落地执行情况，汇报进展，并将结果上交到分管副总处。

**第十一条**　落地结果考核。

对会议的落地计划的执行进展情况进行相应考核，以每月为一个考核节点。

（一）按时间节点完成工作安排，取得相应进展，相关人员绩效成绩加5分。

（二）工作事项均能按期完成，部门年度考核中予以特殊情况加分。

（三）一项工作延期完成，相关人员绩效成绩扣5分。

（四）工作在延期一个月后仍未完成，部门负责人绩效成绩扣10分。

（五）部门会议纪要工作超过3项在延期一个月后仍未完成，部门年度考核中取消评优资格。

**第十二条**　奖惩办法。

一、惩罚方面

（一）会议未整理会议纪要一次，对会议发起组织人予以警告；未整理会议纪要两次及以上，对发起人所属部门负责人予以警告。

（二）会议发起人超过一个工作日将会议纪要发放给相关人员，予以警告处分。

（三）会议纪要工作计划安排人员一次未按照会议结果执行落地，对相关人员予以警告处分。两次及以上未执行，则对相关人员及部门负责人处以通报批评及罚款的处分。

二、奖励方面

（一）会议纪要每月按时整理、发放，对会议发起人及其负责人进行通报表扬。

（二）会议落地执行连续三次均能按照时间节点完成，对参与工作计划落实的相关人员予以通报表扬以及所属部门奖励奖金500元。

三、人力资源部每月对会议纪要上的奖惩情况以OA公告的形式予以公示。

**第十三条**　会议纪要的汇总统计。

一、工作任务完成情况的统计：如工作完成时长、工作完成程度、是否有后续待完成的工作内容等，争取以柱状图、饼图等形式体现。

二、工作时间的统计：根据各岗位不同的工作内容，计算各工作内容的完成日。

三、工作任务计划合理性的统计：将计划内工作与计划外工作进行横向比对分析。确认各岗位计划内与计划外工作的比例，从而确定各岗位的灵活机动性。

四、每周工作量的统计：根据工作量完成天数确定每周工作量的完成情况，以工作完成天数的多少为标准来确定每周工作量大小排名，并根据各周工作量大小的综合排名，确定每月实际的工作重点与计划的重点是否一致等情况。

五、每月工作重点的统计：根据每周工作量完成的多少来确定每月的工作完成重点，并根据此统计确认比较每月工作重点与工作量之间是否存在必然联系。

**第十四条** 会议纪要跟踪落实的审核程序。

一、由会议主持人填写《部门会议纪要工作任务跟踪落实情况》并报部门主管、分管副总或总经理审核。

二、于下次会议前一个工作日内就会议纪要工作任务跟踪落实情况进行汇总统计。

三、对于未落实的会议工作内容在与执行人沟通后，要分析并明确未完成的原因，将该原因分析和跟踪落实情况表提交部门主管、分管副总或总经理审批。

四、会议主持人未如期完成落实跟踪的，第一次将给予口头批评，并了解未完成的原因，根据会议主持人提出的问题进行针对性培训；对于第二次未如期完成落实跟踪的，将不允许其担当会议主持人工作；对于超过三次（含）未如期完成落实跟踪的，将保留与会议主持人解除劳动合同的权利。

## 第四章 会议室管理规定

**第十五条** 会议室由行政部门统一管理。目前的会议室主要有：

公司行政楼：201会议室、202会议室、301会议室、302会议室、303会议室、二楼贵宾接待室、四楼综合会议室。

研发楼：101会议室、201会议室、202会议室、301会议室、研发中心综合培训室。

**第十六条** 会议室使用时间。

原则上使用部门只需在OA系统上填写会议室申请流程，经行政前台审批后，均可在约定时间内使用会议室，如有变动，可在第一时间向行政部备案调整。

**第十七条** 会议室申请与登记。

（一）除临时短暂性会议/面谈不用申请与登记外，其他会议申请部门都须填写OA系统上的会议室申请流程，并注明是否需要使用会议设备，是否需要连接电话会议、视频会议。

会议设备：投影仪、八爪鱼扩音器等视音频设备。

电话会议：一般在没有网络或网络连接状态不好的时候，建议开电话会议，并要严格控制电话会议时间。

视频会议：在会议双方都有网络的情况下，建议开视频会议。

（二）会议主持部门须提前一个工作日在OA系统中填写会议室管理申请流程。

（三）行政前台须根据会议室安排原则，在申请人填写《会议室管理申请表》时帮助申请人合理安排会议室；如申请人对会议室安排有异议且行政前台无法解决的，提交行政部主管协调解决。

（四）对于未提前对会议室进行申请的，行政部将无法为其安排临时会议地点。由此造成的后果，由会议主持部门自行承担。

（五）对于临时召开的紧急会议需要使用会议室的，会议主持部门必须提前与行政前台进行沟通确认，待确认会议室没有被预约后方可按"特情特办"的原则由行政部统一安排，但申请部门不得对会议室的地点提出异议。

第十八条　布置会场及会议期间参会人员须爱护会议室内财物，如有损毁将由当事人照价赔偿；对于无法确定当事人的，将由参会全体人员照价均摊赔偿。

第十九条　参会人员须提前15分钟进入会场进行签到并等候，工作时间禁止参会人员在办公及休闲区域内等候，以免影响正常办公秩序。

第二十条　会议室使用部门须维持会议室的整洁，使用完毕后须将移动的桌椅及时放回原位，以方便其他部门使用。

第二十一条　会议结束后会议室使用部门及参会人员须确认座位周边及会议室内的电源及电器设备是否关闭，如发现设备故障应及时报行政部备案，以便及时修理，保证其他会议的顺利进行。

第二十二条　会议室内物品未经行政部批准，不得私自转借他人或挪借他用，严禁在会议室打牌、嬉戏打闹、聚会等。

## 第五章　附　则

第二十三条　本制度自发布之日起实施。本制度内容的最终解释权归行政部所有，本制度中涉及的OA系统操作流程的解释权归IT管理员所有。

第二十四条　自本制度发布之日起，原相关会议室管理规定同时作废。

## 参考知识或案例

### 一、会议基本要素

会议的基本要素可概括为5W1H（英文缩写），其代表的意思如下。

Why：为什么开？此要素也就是要明确会议的目的，不开糊里糊涂的会议。
What：开什么会？此要素也就是要明确开会的议题，不开没内容的会议。
Who：谁去开？此要素也就是要清楚给出参加者的名单。
When：什么时间开？此要素也就是要明确开始时间及会期长短。
Where：在哪里开？此要素也就是要明确会议地点。
How：怎么开？此要素也就是明确会议安排、会议分工、会议纪律等。

### 二、新型会议类型

#### （一）"玻璃鱼缸"式会议

这是一种非常独特的讨论会议类型。通常由6到8名与会者在台上或房间中围成一圈，圈子中间留有一个空座。其他与会者只能作为观众坐在周围旁听,不能发言,只有那些坐在圈子里的人才可以发言。如果有观众想发言,他必须走到圈子里,坐在中间的那个空座上,发言完毕再回到原座位。

玻璃鱼缸式会议通常有主持人,他可以参加"玻璃鱼缸"的讨论,也可以只负责维持会议按正常程序进行。由于在会议进行中大部分观众只是在外围观看那些位于圈子里的与会者演讲或讨论,就像在观看鱼缸或鱼箱里的鱼活动一样,所以人们给其取名为"玻璃鱼缸"会议。

### (二)辩论会

辩论会是指两个人或两个团体就某一问题展开辩论,一方为正方,一方为反方。例如,我们应当提高服务价格吗?正在开发的新产品对公司是否有利?政府新颁布的政策对某个产业会产生什么影响?任何具有两种答案的问题都可以成为辩论会议的话题。

辩论会有很多好处,它着眼于问题的正反两面,可以向观众展示不同的观点和看法。辩论会通常会带来观念或过程的进步,因为辩论过程可以暴露不少问题。

### (三)角色扮演

一般人可能不会想到开会时使用角色扮演这一会议形式。不过,根据讨论话题的不同,角色扮演有时会将一个问题诠释得更好。

在美国亚美酒店所有者协会的年会上,与会者曾经就特权授予人和被授予人之间的调停仲裁问题采取角色扮演这一会议形式。大家通过这一形式对相关问题进行了详细阐述而不是将其简单诉诸法律。这一方法获得很大成功,因为它经过了充分的准备,而且所有仲裁问题,如律师是如何同仲裁人打交道的,又是如何和客户打交道的,都被一步一步解释得非常清楚。另外,还有一名讲解员对案例的背景和事实给予陈述。

## 训练项目

(1)实训目标。通过实训,要求学生掌握会议制度制定的方法。

(2)实训背景。假定你是一家中小型企业的办公室秘书,根据实际工作的需要,领导要求你制定一份适用全公司各类会议的执行制度。

(3)实训内容。如果你是办公室秘书,请根据实训背景,拟定一份会议制度(或办法)。

## 复习思考题

1. 会议的基本概念是什么?
2. 会议的构成要素有哪些?
3. 会议的分类有哪些?按不同的分类标准能够把会议分成哪些类型?
4. 会议的作用有哪些?

# 项目二　会议策划与会前准备工作

## 任务一　进行会议策划

### 学习目标

**能力目标**：能够进行初步的会议宏观策划。
**知识目标**：掌握会议策划的概念、作用，掌握会议策划的流程。

### 任务描述

香楠公司是一家儿童服装公司，主要生产各类儿童服装，是国内著名品牌，产品科技含量高，引领市场潮流，市场占有率国内领先。上年公司销售业绩喜人，今年又开发了系列新品。公司总经理刘梦晓拟举办一次"全国性新产品订货会"，他责成办公室秘书张玉牵头进行会议策划安排。

【任务分析】新产品订货会是企业常见的活动，成功的会议策划是订货会取得良好效果的第一步。进行会议策划需要熟悉策划的流程、策划的内容要素、宏观策划与微观策划之间的联系与区别。

### 基础知识

#### 一、会议策划的基本概念

策划又称"策略方案"和"战术计划"，是指人们为了达成某种特定的目标，根据现实情况和已经掌握的相关信息，借助一定的科学方法和艺术，为决策、计划而构思、设计、制作策划方案的过程。

策划包含宏观与微观两个过程：第一，策略方案的思考；第二，计划编制。策略思考是为达到某种特定的目的，所需采用的方法论的思考与设计。计划编制是指按照已经确定的方法论，编制具体行动的计划的过程。好的会议策划，一要对具体的执行方案有深入的思考，使其具有可行性；二要在某些方面有突破，有新意，有创意。

会议策划分为宏观和微观两种。宏观的会议策划是指会议策略方案的思考。微观的会议策划是指某个会议召开之前，会议的主办者或是承办者根据会议目标，对一个具体会议的形式、规模、参会人员、时间、地点、会场布置、会议议题和议程、会务工作机构的成立与分工、会议的财务预算等方面，做出构想和设计，形成系统、完整的会议活动方案。

宏观的会议策划和微观的会议策划的关系：宏观策划为微观策划提供方向指导；微观策划为宏观策划提供执行支撑。它们都是会议活动的前期准备工作。当总体构想完成，有了开始的"创意"之后,就应该有细化的会议策划活动方案,以保证会议活动的开展。

## 二、会议策划的作用

策划具有点石成金的功用。"凡事预则立,不预则废"。在开展会议活动前,必须进行全局的谋划。在会议策划过程中,主办者要对会议的预期效果,自身的主、客观条件进行分析,明确努力的方向和目标;要对各种有利因素加以组合运用,对各种不利因素进行回避和克服;要拟定一整套会议行动方案。一个目标清晰、任务明确、计划周密的会议策划方案是会议成功的前提。策划对各种有利因素、有利资源进行了优化组合,可以使这些因素、资源发挥最佳效用。会议策划的作用主要表现在以下几个方面:

(1)为会议提供指南与纲领。
(2)为会议提供新观念、新思路、新方法。
(3)推动会议管理创新。

## 三、怎样进行会议策划

### (一)会议策划的流程

从流程图2-1-1可以看出,会议策划是一个循环的过程,是一个不断沟通的过程,是一个不断完善的过程。策划永远有瑕疵,但它本身是一个追求完美的过程。

1. 明确会议目标

会议的目标是会议举办者所期望的成果,是会议所要完成的具体任务。明确会议目标就是要解决为什么开会这个最基本的问题。只有目标清晰、任务明确,会议才能发挥应有的作用。正确的会议目标应该具备以下条件:

会议策划的流程(一)

(1)会议目标必须明确具体,而且可以测量。

含糊笼统的目标很难作为行动的指南。例如某公司领导因为感到该公

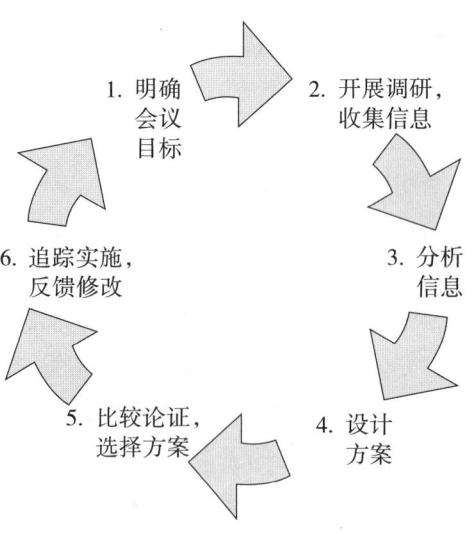

图2-1-1 会议策划流程

司成本过高,决定开会研讨降低成本的办法和措施。如果将会议目标确定为"探讨如何降低成本",则该目标肯定难以为与会者提供行动的指南,因为这个目标没有具体指出成本要达到多少,以及在多长的时间内达到。如果将会议目标修改为"探讨如何在本年度将成本降低50%",则上述缺点将不复存在。

(2)会议目标必须切合实际。目标太高,脱离实际,人们就会失去实现它的信心,即使形成决议,也是一张白纸,不会对本组织的发展有任何实质性帮助。目标太低,人们就会失去努力的兴趣。因此,会议目标不但应具有挑战性,而且也应有被实现的可能性。

(3)会议目标必须以书面方式列出。其作用有:①有助于目标的内涵澄清。②书面形式较正规,易引起与会者的重视。③当目标较多时,容易厘清各目标间的关系。

(4)会议目标所表明的必须是"应实现什么",而非"应做什么"。

"应做什么"是以领导者为本位,而"应实现什么"则是以成果为本位。以领导者为本位的目标,远不如以成果为本位的目标那样具有实效。例如当会议目标被定为"向员工宣传新的请假程序"时,会议负责人可能只会照本宣科一番而草草了事。但若会议目标被定为"让员工了解新的请假程序",则会议负责人将不得不关心员工对新的请假程序是否已真正了解。

2. 开展调研,收集信息

(1)收集信息的范围:

①收集与会议有关的法规性信息,包括政策、法规、规章制度等,使会议策划符合法律要求。

②收集本组织内外相关的有利信息,尽量利用各种资源,使会议策划达到效益最大化。

会议策划的流程
(二)

③收集本组织内外相关的不利信息,尽量避免各种潜在的威胁。

④收集相关方面的各种建议,提高策划的民主性、科学性。

(2)收集信息的注意事项:

①围绕目标收集信息,增强针对性。

②制订收集计划,增强计划性。

③坚持群众性、广泛性、深入性原则。

④收集信息要注意质量与数量相结合。

⑤对信息进行筛选。

3. 分析信息

(1)分析信息的具体步骤:

①优势分析,分析可利用的资源、有利的条件,找出优势。

②劣势分析,分析欠缺的条件,看清劣势,发现潜在的风险。

③预测分析,预测可能出现的情况。

(2)分析要求：

①分析应具有远见与预见性。

②分析应具有很强的针对性。

4. 设计方案

设计策划方案至少要有两种，以便进行综合比较，择优选用。一份合格的策划方案至少应该包括以下内容：

①制定方案的依据。

②要达到的目标。

③现有的主客观条件。

④实现目标的途径、方法。

⑤可能出现的问题及解决方法。

会议策划写作程序和内容

5. 比较论证，选择方案

运用合理的标准和科学的方法选择方案。

(1)合理标准三原则：

①全局性。这是选择方案的根本原则，也是首要标准。

②可行性。运用这项原则进行方案选优，能够处理好整体与局部的关系。

③效益性。离开了效益，策划就毫无价值，所以这一点也是不可忽视的重要标准。

(2)科学的方法：

①比较法，即寻找两个或者多个方案之间的异同点，比较它们与目标的契合程度。

②情节推演法，即根据一整套情节假设来推演未来一些可能状况的方法。

为了保证选择方案的正确与合理，需要注意几点：一是要对所拟定的方案进行客观的评估；二是要有明确的选择标准（一般以活动目标为标准）；三是要民主决策。

6. 追踪实施，反馈修改

任何方案在正式实施前，不可避免地带有一定的主观性和局限性，这种特性使策划方案有可能偏离目标或出现失误。为了保证方案的实施，应随时追踪评估反馈信息，尤其要重视不同的意见和批评的声音，对策划方案进行适当的修正。

### (二)会议策划方案的具体内容

开会之前的准备工作至少包括下列八项：

(1)确定会议的目标与主题；

(2)确定会议的形式；

(3)确定会议规模；

(4)确定与会人员；

(5)会议场地的布置；

(6)议程的制定；

(7)会议通知的派发；

(8)开会前的最后审查。

一般来说,会议策划所涉及内容的前四项属于宏观层面,后面几项属于微观层面。这里只涉及宏观策划内容,微观策划内容待后面提到相关任务环节时再进行介绍。

1. 确定会议的目标与主题

(1)会议策划目标。相关内容介绍见上节。

(2)会议主题。会议主题是会议目标的具体化。主题是文学作品的灵魂、统帅,开会也是这样。确定会议主题,使之有号召力、有时代感、引人注目,是会议策划的一项重要内容。

确定会议主题之后,还应考虑策划出响亮的会议口号,以便公关宣传,提高美誉度。2005年1月1日,北京奥组委面向社会公开征集第29届奥运会主题口号。经过认真研究,反复论证,最终形成了"One World One Dream"("同一个世界同一个梦想")的主题口号,增强了北京奥运会的影响力和号召力。

确定主题的方法和技巧如下:

①围绕会议目标确定会议主题,引起与会者的注意和共鸣。

②围绕提高企业美誉度提炼主题。如某公司拟举办一次产品推广会,后经调研,决定将单纯的推广会,改变为一次集年终答谢客户、促销推广于一体的会议,并根据会议性质确立了"浓情×× 冬日送暖"的会议主题。

2. 确定会议的形式

会议已经高度程式化,不论何种类型的会议,基本都是将有关人员召集起来,集中在某一场所进行商议,在一定的时间内完成会议议题。这是会议的基本形式,但会议还有各种不同形式。采取何种会议形式,需要综合考虑会议目标、与会人员、会议性质等诸多因素。有关会议形式的内容参见"项目一"相关部分的介绍。

3. 确定会议规模

(1)确定会议规模的原则。

①与会人员能少则少原则。避免与会议议题无关的人或对会议起消极作用的人与会。

②依法原则。某些会议(如代表大会)规定了依法享有参会权的人员,必须遵守。

(2)会议规模的确定。

①需要互动讨论的会议。这种会议需要与会者之间有深入的交流,所以与会者能否积极互动是这种会议能否成功的关键。研究表明,当会议规模超过7人时,每增加1人,互动的频率可能相应增加10倍以上。

②不需要互动讨论的会议。有些会议并不需要与会者互动,如宣布事情,发布信息等。这样的会议可以根据信息接收的对象范围来进行确定,如果客观条件如时间、地点等允许的话,可以将会议规模扩大到所需要的程度。对于事情的传达,应尽量减少会议次数,以大幅度提高效率,节约更多时间。

③其他类型的会议:法定性的会议,需要按照特定的法律、法规、组织章程或会议规则赋

予与会者权利,并以此作为统计会议人数的依据。没有特殊情况或不经过组织程序,任何人都不可以随意剥夺法定与会人的与会权利。各种专题会议或工作会议的参加人数,由会议的组织者根据实际情况自行掌握,以严格控制为原则。对特邀代表、列席代表和其他来宾的限定,主要的原则是人员不可过多,避免喧宾夺主和使会议负担过重。

(3)确定会议的规模必须综合考虑的因素。

①效率。会议的规模直接制约会议的效率。一般来说,会议人数越少,会议所花的时间就越少,会议效率就越高;反之,会议效率就越低。

②成本。会议规模与会议成本成正比关系:规模越大,会议成本越高。在确定会议规模时,先要考虑能够承受的会议成本,做到量力而行。

除了考虑会议的显性成本外,还要考虑隐性成本。会议的显性成本是指投入会议的人力、物力、财力,而隐性成本是指会议参加者的时间投入、机会成本支出等。

③效果。会议的规模与会议的效果密切相关。有的会议保密性较强,必须严格控制与会人数和会务人员,以防会议内容扩散。有的会议要求造成声势,扩大影响,需要达到一定的规模才能产生效果。需要根据会议性质、会议目标,因时制宜、因地制宜。

④场地。一般来说,规模决定场地,但场地对会议规模也会产生相应的限制。因此,决定会议规模之前应先考察场地条件。

4. 确定与会人员

会议的成功需要多方面要素的配合,但最关键的还是参加会议的人。所以筛选与会者是会议组织与策划工作中最重要的一环,也是会议准备工作中难度最大的一环。很多会议主办者为确定与会者的名单而大伤脑筋,这在单位内部会议中尤其明显。

(1)筛选与会人员的标准。

①与会议议题有直接关联的人员。直接关联人员对议题最为熟悉,也最有发言权。这种人员到会,不但可以帮助其他与会者客观详尽地了解情况,而且会议的决议由于他们最直接的参与也比较容易达成。

②可以提供专业意见或独家信息的人员。他们能够使讨论更有效率地进行。同时,他们的专业意见和准确消息,往往会对会议决策起到决定性的作用。

③对实现会议目标有潜在贡献的人员。会议既然是以目标的实现为导向,因此在决定与会者人选时应优先考虑的,就是对实现会议目标有潜在贡献的人。

④能够因参与会议而获得益处的人员。这在各类商业性会议中尤其重要。

⑤有利于会议组织者意愿表达的人员。对于会议组织者来说,重要的不仅是会议议题的讨论和会议进程的顺利,还要使自己的意愿能够在会议上得到充分的表达。所以对于会议组织者意愿的表达可能持有的态度,也会成为选择与会者的参考标准。

(2)筛选与会人员的注意事项。需要特别注意的是,与会者人数不宜太多。理由有三个:

①会议的成本非常昂贵,因此没有必要出席或列席的人士,尽量不要让他们参加。

②在规定时间内,随着与会者人数增多,则每一位与会者的平均参与机会将随之减少。

③与会人数的增加,将使沟通趋于困难。

(3)筛选单位内部会议与会人员的注意事项。

在单位内部会议中,还应考虑以下因素。

与会者立场的不同,会对会议的进程产生影响。为了让会议顺利进行,需要关注以下三类人员:

①代表一个团体或群体的人。某些与会者代表了一个团体或群体的利益,如果拒绝这样的人参与会议,可能会引起一个群体的不满和愤怒。让他们有一个适当的途径来充分表达自己的意见,是管理者应当采取的一种明智的措施。

②能够对会议起到协调作用的人。协调者对会议来说是非常必要的,他们可以防止会议因与会者之间的对立而夭折。一般来说,会议主持人或其他会议组织者应当扮演会议协调者的角色,但他们并不一定都能够完全胜任,所以另外还需要其他与会者来大力发挥会议协调者的作用。这种人可能是人缘很好的人,可以在不同的与会者之间做"和事佬";也可能是公认做事公平公正的人,在关键时刻的表态可以得到大家的一致认可。

③容易闹事的人。对于这样的人,原则上应尽量避免让他们参与会议,因为他们很可能会使会议中途夭折。但有时候如果不让他们参加会议,可能同样会造成事态扩大。因此要谨慎安排,例如让更有权威的人士同时参加会议,充分利用权威人士来制约他们可能在会议上采取的行为,以此来尽量控制他们对会议可能造成的不良影响。

当然,在这里需要注意的是,"必不可少"依然应是选择与会者的第一条件。

### (三)会议策划方案的注意事项

(1)突出特色。每次会议的要素之间都存在差异,"差异"是特色的突破点。可以考虑在本次会议的要素之中,哪个比以前更好,哪个不如以前。努力使好的更好,就是特色。例如活动更丰富、细节考虑更细心、礼仪更周到等,都可以是特色。同时,要尽量改善"不如以前"的要素。

(2)突出重点。围绕会议目标,围绕主要任务,围绕重点议题进行设计。会议策划要主次分明,避免平均使用力量。

(3)尊重惯例。会议不是个人行为,不能为了特色而脱离常规。例如,当主席台背景处(也称天幕)需要插红旗的时候,惯例是天幕的左右两边各插五面,这时,就不能为了特色而插三面或者四面。

## 工作实例

### 实例一:会议宏观策划

会议宏观策划是会议工作的第一步。一般而言,比较大型的会议更需要进行宏观策划,中型会议和小型会议更多是直接进行微观策划。

## 一、会议目标和会议主题策划

### (一)会议目标策划

根据公司总经理刘梦晓拟举办一次"全国性新产品订货会"的指示,同时考虑到企业上年喜人的销售业绩,考虑到销售商的贡献,明确此次会议目标为"感恩客户,推销新品"。

### (二)会议主题策划

会议主题是会议目标的具体化。围绕会议目标,明确此次会议的主题和口号是"一日携手,终身朋友;异彩新品,引舞潮流"。整个会议主题突出"感恩,温情",并配合主题,在会议活动设计上突出互动。

## 二、会议形式策划

根据会议目标,此次会议基本属于展销会议,即"为了展示产品和技术、拓展渠道、促进销售、传播品牌而进行的一种宣传活动"。但其中也辅助以联谊会、答谢宴会等活动。

另外,从会议规模来说,此次会议属于中型会议,即出席人数在100至1000人之间。按会议方式和手段,此次会议属于常规会议,但同时在展示环节拟安排模特队T台走秀,因此属于辅助以观摩会的形式。

## 三、会议规模策划

综合考虑效率、成本、效果、场地等确定会议规模时必须综合考虑的4个因素,明确将此次展销会议的规模控制在100~150人,以提高效率,控制成本,增强效果。

## 四、与会人员策划

此次会议是香楠公司的一次重要的全国性的销售会议,因此,按照筛选与会人员的5项标准,明确与会人员为:公司高层管理人员、公司销售主管及销售人员、公司新产品生产及研发设计人员、公司公关部人员、各地经销商。

## 训练项目

### 进行会议宏观策划

(1)实训目标。通过实训,要求学生掌握会议宏观策划的方法。

(2)实训背景。以本校一次校庆(或者学生所在系部一次校友返校活动)为背景,进行宏观会议活动策划。

(3)实训内容。如果你是办公室秘书,请根据实训背景,拟定一份会议宏观策划方案。

**参考知识或案例**

## XX水务有限公司年度总结大会筹备方案

一、会议主题

总结全年公司盈利状况,对该年度公司的各项工作状况提出表彰和批评。同时总结该年度各项工作经验,提出改进方案,并对下一年各项工作进行展望与安排。

二、会议的时间、地点

拟定于2023年12月23日上午8:30至11:30于公司总部8号会议厅召开,12月23日上午7:50报到,8:10全体与会人员正式入场。

三、参加会议人员

公司党委书记,董事代表,监事会主席,党委副书记,总经理,副总经理3名,财务总监,以及公司各部门骨干员工75人,公司下属各区域水房主管及班长20人,总计104人。

四、会议议程

会议由副总经理主持。

会议流程安排如下:

1. 主持人致会议开场词;
2. 总经理做关于公司该年度工作的总结报告;
3. 各部门主管做年度工作总结报告;
4. 区域主管代表发言;
5. 员工代表发言;
6. 总经理做工作经验总结,展望与安排明年各项工作、活动计划,并确立明年的工作重心;
7. 对该年度优秀员工进行表彰、颁奖;
8. 党委书记做会议总结发言;
9. 主持人致会议结束词;
10. 领导离场,员工离场。

五、会场设备和用品的准备

该项工作由前台秘书负责,并于12月22日18:00前妥善完成。

1. 确保会议室多媒体设备完备及可用;
2. 购买并摆放会议期间与会人员饮用水。

六、会议材料准备

1. 总经理的年度各项工作经验总结报告及下一年各项工作计划报告;
2. 各发言人发言稿;
3. 会议表彰名单及奖励物品;
4. 副总经理的开场词与结束词;
5. 党委书记总结发言稿;

6. 下一年各项常规活动初步策划报告；

7. 公司年度收益报告。

由总经理办公室牵头准备。

### 七、会议服务工作

由后勤部综合协调。

### 八、会前会后组织准备工作

1. 通过上级领导会议确定会议时间；

2. 确定会议地点为公司总部8号会议厅，会场座位布局为"大小方形"；

3. 组织通知公司各级干部、员工。

主要由总经理办公室秘书组织完成。

(1)通知公司各级领导及各部门负责人；

(2)由各部门负责人通知各部门员工；

(3)由行政部主管秘书通知各区域主管；

(4)由各区域主管通知所管辖区域内各班班长。

4. 公司总部往返组织工作。

由总经理办公室秘书联系车辆并下达乘车时间地点，后勤部协助组织。

(1)联系车站包下3辆30座客车，于12月24日上午7:00分别在该市三个候车点等候与会人员，并于7:20发车前往公司总部。

(2)12月24日中午会议结束后于11:50分别承载与会人员返回该市三个候车点。

(与会人员也可自行前往公司总部参与会议。)

5. 会后领导餐饮准备工作。

由总经理办公室秘书完成。

(1)确定各级领导人数；

(2)预订用餐地点，该市×××酒店，预订宴席；

(3)提前两天通知各级领导；

(4)安排主席台领导座次；

(5)印制名牌；

(6)摆放名牌及座椅；

(7)领导座次依职位高低由中间至侧边排序。

### 九、宣传报道

由宣传组负责。

主要是会中的影像记录工作及会后的宣传报道工作。应大力突出公司的良好形象及稳步上升的综合实力。

### 十、经费预算

由财务组负责(略)。

**撰写会议方案的十种方法**

1. 主题要以传递"为什么"为基础。
2. 设计一个令人耳目一新的宣传册,包括新颖的封面和封底(收件人往往先看邮件的标签)。
3. 标题和副标题要与参会者的利益密切相关,而且还要有创造性。
4. 写一个简要版本,以备必要时使用。记住:少就是多。
5. 方案的设计要充满张力,引导读者把它读完。
6. 有效地使用颜色。强烈的三原色会给人留下深刻的印象,但颜色的数量要少。
7. 使用一些能够让潜在参会者有所联想的图片,并增加它们的可信性和视觉冲击力。
8. 使你的方案设计在外形上看起来与众不同,或者尺寸很特别。
9. 要有呼之欲出的行动内容。要创造紧迫感,要有激励措施字样(例如,省钱！免费！获胜！)。
10. 整个推广活动要有连贯性,并通过连贯性来让人们了解并认可。

资料来源:http://www.meetingschina.com

### 复习思考题

1. 什么是会议策划？
2. 会议策划方案的内容要素有哪些？
3. 会议策划的工作流程包括哪些内容？
4. 确定会议的规模必须综合考虑的因素有哪些？
5. 筛选与会人员的标准有哪些？

## 任务二　确定会议的名称与议题

### 学习目标

**能力目标:** 能够正确针对不同工作背景拟定会议议题和会议名称。

**知识目标:** 了解会议名称、议题的基本概念。掌握确定会议名称的方法和拟定会议议题的原则。

### 任务描述

香楠公司决定于2022年11月25日—27日召开全国范围的2022年度客户联谊会暨2023年新产品订货会,增进与经销商的沟通与感情交流,听取客户对公司产品的意见和建议,确定下一年度产品订购情况。

8月6日下午,香楠公司总经理办公室秘书张玉将新产品订货会会议议题申报表分发给公司各部门经理,请各部门经理在8月15日之前提交给总经理办公室,便于会议议题的集中与确定。

如果你是公司总经理办公室秘书,请你根据实际情况草拟会议议题,确定会议名称,交给刘梦晓总经理审核。

**【任务分析】**拟定会议名称,需要了解确定会议名称的基本方法和注意事项。拟定会议议题,首先要弄清楚会议议题来源;其次要注意议题确定的基本原则;最后,秘书要搞清楚议题安排原则。作为秘书,自己汇总的会议议题,必须经主管领导审核同意后,才能最终确定下发。

## 基础知识

### 一、确定会议名称

#### (一)会议名称

会议名称是向外部提供关于会议基本信息的引领性标题。俗话说,名不正则言不顺。正式会议必须有一个恰当而确切的名称。会议名称要求能概括并能显示会议的内容、性质、参加对象、主办单位或组织、时间、届次、地点或地区、范围、规模等。

确定会议名称、拟定会议议题

会议名称既可用于会前的"会议通知",使会议代表心中有数,做好议事准备;又可用于会后的宣传,以便扩大会议的效果,更可用于会议过程中,使会议代表产生凝聚力和庄重感。

大中型会议的会议名称常被制作成横幅大标语,置于会议主席台的上方或后方,作为某一会议的标志,简称"会标"。会标必须使用全称,不能随意省略文字,以免语句不通,使人产生误会,造成不良影响。

#### (二)确定会议名称的方法

(1)由"单位+内容+会议种类"构成,如"中国共产党第二十次全国代表大会",其中:"中国共产党"即组织名称,也可称单位;"第二十次全国"即会议内容;"代表大会"是会议种类。

(2)由"单位+年度+内容+会议种类"构成,如"××公司2022年总结表彰大会"。

(3)由"时间+会议内容+会议类型"构成,如"2022年××省公路春运票价听证会"。

#### (三)确定会议名称的注意事项

(1)会议名称要用确切、规范的文字表达。
(2)会议名称应与会议的主题、类型相符。
(3)一般企业会议不允许冠以"中国"或"中华"等称谓。

### 二、拟定会议议题

#### (一)什么是会议议题

会议议题就是需要提交给会议讨论和决定的问题。

会议名称与议题的确定

会议议题是开会的前提。会议开始之前要明确会议的议题,并且要将议题及时地通知到参加会议的人员,以便与会者获得知情权,便于参加会议和筹备会议的人员做好相应的准备工作。合理而有序的议题是提高会议效率的基础工作,有利于会议目标的实现。

依据与会议目标的贴近度,议题可分为中心议题和一般议题。会议目标不是空洞虚幻的,在会议过程中,它必须落实到具体的会议议题上。议题是为目标服务的,并为目标所制约。有什么样的会议目标,就会有什么样的会议议题。

### (二)会议议题的来源

会议议题的来源有三个:一是来自上级机关和领导者安排的事项;二是来自下级部门提交的、需要以会议的形式研究和决定的问题;三是秘书进行调查研究,向有关部门收集的本公司的管理活动中需要研究和决定的事项。

### (三)会议议题确定的基本原则

科学合理地确定议题,是保证会议质量与效率的重要因素之一。确定会议议题时应该遵循必要、明确、可行、有限和相近的基本原则:

(1)必要性原则。是指所拟定的议题有无在会议上讨论研究的必要。确定会议议题是否必要首先要注意的是议题的价值,议题价值就是指该议题在公司实际工作中所处的地位和作用。一般而言,凡属影响到全局工作的议题,都是有价值的议题,都可以列入公司会议的讨论。而那些只对局部工作产生影响,或本应由基层部门乃至个人分工负责解决的问题,对会议来说都应属于无价值或价值不大的议题,不应列入会议讨论。

(2)明确性原则。这包含两层含义:第一,会议议题的表述要简洁明了,既不能空洞抽象,让人反复琢磨仍摸不着头脑,也不要啰唆,把议题的要义淹没在烦琐的表述中;第二,为议题提供相关说明性的材料,使之更清晰,以便与会人员在讨论和决策时参考。

明确的议题,是形成决议的前提条件之一。"明确"是会议议题的灵魂,明确的议题对于提高会议效率,保证会议质量,是十分重要的。

(3)可行性原则。是指议题的可行性,即议题中所涉及的需要解决的问题,应具备解决的初步条件。如果把背景不清、条件不成熟的议题提交会议讨论,将会出现议而难决,决而难行的情况。为此,应该在提交议题前进行充分的调查。

对于行政决策类会议而言,则是凡拟提交会议讨论的问题,必须是在会议的职权范围以内的,是会议有权作出决定的事情。也就是说,会议组织者应十分清楚本会议的职权范围,不研究和决定超出本会议职权范围的问题。

(4)有限性原则。是指一次会议议题的数量必须有一定限度,不能为会议罗列许多项议题。会议一般要求"一事一会",或者至少是"一类事一会"。对不属同类的事项,尽量通过不同的会议进行研究解决,要使参加会议的人员把精力集中到会议中心议题上来,防止一次会议议题过多,造成久议不决,难求其效。

心理学的研究表明,成年人能集中精力的平均时间为45至60分钟,超过45分钟,人就容易精神分散;超过90分钟,普遍感到疲倦。因此,每次会议时间最好不超过1小时。如果需要更长时间,在中间安排休息时间。

(5)相近性原则。是指会议议题之间的内在联系,尽量将那些内容相近,相互联系密切的议题放在一次会议上讨论。不要在一次会议上同时安排几个风马牛不相及的议题,免得使与会者的大脑思维难以转变,影响深入讨论的效果。同时,这样做也有助于减少与会人员数量,有利于相关部门的共同协商和议题内容的保密。

会议议题应该从实际出发,以保证会议质量提高会议效率为宗旨。如遇几个议题,应按其紧急或者重要程度排列。最紧急的、最重要的排列在最前面。尽量保证在最佳时间开会。要注意将全体会议安排在上午,分组讨论可安排在下午,晚上则安排一些文娱活动。

## 工作实例

### 一、确定会议名称

#### (一)确定会议主题及类型

根据总经理的指令,并通过会议前期宏观策划,香楠公司此次会议的目标和主题主要是与新老客户联谊,增进彼此感情,听取客户的意见和建议;同时推销新产品,安排次年产品的预订。根据会议的主题,此次会议的类型应该定为"客户联谊会"和"产品订货会"。

#### (二)初拟会议名称

秘书人员综合分析会议的主题、内容等因素,初步拟定会议名称为"香楠公司2022年度客户联谊会暨2023年新产品订货会"。

#### (三)报请主管领导审定

秘书将拟定的会议名称报请总经理审定,最后确定会议名称为"香楠公司2022年度客户联谊会暨2023年新产品订货会"。

### 二、拟定会议议题

#### (一)发放议题申请表

客户联谊会暨新产品订货会属于外向型的会议,会议议题主要来自上级领导,同时要由秘书人员向相应部门收集。为收集各部门需要在会上讨论的议题,秘书人员设计了"香楠公司会议议题申报表",分发给公司有关部门,并要求于8月15日前提交议题申报表。会议议题申报表表样见表2-2-1。

表 2-2-1　香楠公司会议议题申报表

申报日期：　　年　　月　　日

| 议题 | |
|---|---|
| 部门 | 汇报时间(分钟) |
| 汇报人 | 职务 |
| 议题摘要 | |
| 处理建议 | |
| 分管领导意见 | |

香楠公司总经理办公室制

## (二)收回议题申请表

秘书人员应将发出的议题申报表收回，并在此基础上拟定会议议题。秘书人员在8月15日前收到了来自公司各部门的议题申报表。下面是公司生产部、市场与产品研发部反馈的两张议题申请表。两张申请表内容见表2-2-2、表2-2-3。

表 2-2-2　香楠公司会议议题申报表1

申报日期：2022年8月5日

| 议题 | 香楠公司服装新品生产概况 | | |
|---|---|---|---|
| 部门 | 生产部 | 汇报时间(分钟) | 20 |
| 汇报人 | 李明 | 职务 | 生产部经理 |
| 议题摘要 | 新产品生产工艺<br>新产品的特色<br>我国对于儿童服装生产的相关政策<br>国内儿童服装生产情况介绍<br>儿童服装未来在中国的发展趋势预测 | | |
| 处理建议 | | | |
| 分管领导意见 | 同意生产部议题申请，请办公室办理。<br>　　　　　　　　　　　　　　倪其新<br>　　　　　　　　　　　　　　2022年8月9日 | | |

香楠公司总经理办公室制

表2-2-3  香楠公司会议议题申报表2

申报日期：2022年8月6日

| 议题 | 香楠儿童服装新品特点说明 | | |
|---|---|---|---|
| 部门 | 市场销售部 | 汇报时间(分钟) | 30 |
| 汇报人 | 刘涛 | 职务 | 市场销售部经理 |
| 议题摘要 | 香楠儿童服装新品品质特点说明<br>香楠儿童服装新品款式、色彩、种类特点说明<br>香楠儿童服装新品审美文化特点说明 | | |
| 处理建议 | | | |
| 分管领导意见 | 同意市场销售部议题申请，请办公室办理。<br>何亮<br>2022年8月10日 | | |

香楠公司总经理办公室制

## （三）根据议题申请表确定议题

（1）秘书拟定会议议题初稿。秘书人员收回议题申报表后，根据申报内容以及领导批示意见，对申报议题进行整理，拟定出会议议题初稿，初稿如下。

### 香楠公司2022年度客户联谊会议题（初稿）

**一、香楠公司服装新品生产概况报告**

1. 新产品生产工艺

2. 新产品的特色

3. 我国对于儿童服装生产的相关政策

4. 国内儿童服装生产情况介绍

5. 儿童服装未来在中国的发展趋势预测

**二、国内服装生产设备情况介绍**

**三、香楠儿童服装新品特点说明**

1. 香楠儿童服装新品品质特点说明

2. 香楠儿童服装新品款式、色彩、种类特点说明

3. 香楠儿童服装新品审美文化特点说明

4. "领舞潮流"T台走秀

**四、"一朝牵手，终身朋友"客户联谊活动**

1. "钻石级"销售商表彰活动

2. 服装新品有奖竞答

3. 神秘压轴大奖花落谁家

4. 经销商代表感言

**五、2022年服装新品洽谈、预定**

1. 服装新品展示

2. 洽谈、预定

(2) 主管领导审定并修改会议议题。秘书人员将拟定好的会议议题送交主管领导审定，并根据领导审定意见进行修改。香楠公司主管领导审定后的修改意见如下。

### 香楠公司2022年客户联谊会议题（初稿） ← 会议名称用全称。

**一、香楠公司服装新品生产概况报告**

1. 新产品生产工艺

2. 新产品的特色

3. 我国对于儿童服装生产的相关政策

4. 国内儿童服装生产情况介绍

5. 儿童服装在中国的未来发展趋势预测

~~二、国内服装生产设备情况介绍~~

**三、香楠儿童服装新品特点说明**

1. 香楠儿童服装新品品质特点说明  ← 材质、

2. 香楠儿童服装新品款式、色彩、种类特点说明  ← 、图案

3. 香楠儿童服装新品审美文化特点说明

4. "领舞潮流"T台走秀

**四、"一朝牵手，终身朋友"客户联谊活动**

1. "钻石级"销售商表彰活动

2. 服装新品有奖竞答

3. 神秘压轴大奖花落谁家

4. 经销商代表感言

**五、2022年服装新品洽谈、~~预定~~**  预订

1. 服装新品展示

2. 洽谈、预定

(3) 根据主管领导修改意见最终确定会议议题。秘书人员根据主管领导的修改意见，对会议议题进行修改，修改稿如下。

### 香楠公司2022年度客户联谊会暨2023年新产品订货会议题

**一、香楠公司服装新品生产概况报告**

1. 新产品生产工艺

2. 新产品的特色

3. 我国对于儿童服装生产的相关政策

4. 国内儿童服装生产情况介绍

5. 儿童服装在中国的未来发展趋势预测

### 二、香楠儿童服装新品特点说明

1. 香楠儿童服装新品材质、品质特点说明
2. 香楠儿童服装新品款式、色彩、种类、图案特点说明
3. 香楠儿童服装新品审美文化特点说明
4. "领舞潮流"T台走秀

### 三、"一朝牵手,终身朋友"客户联谊活动

1. "钻石级"销售商表彰活动
2. 服装新品有奖竞答
3. 神秘压轴大奖花落谁家
4. 经销商代表感言

### 四、2023年服装新品洽谈、预订

1. 服装新品展示
2. 洽谈、预订

修改完成后,秘书人员应该将修改好的会议议题再次送主管领导审定。主管领导审定后,秘书人员将会议议题发给公司各部门,并要求各有关部门准备相应的会议材料。

## 训练项目

### 拟定会议名称和会议议题

(1)实训目标。通过实训,要求学生掌握拟定会议名称、会议议题的方法。

(2)实训背景。某公司的一次总经理办公例会上,秘书收到以下一些议题,但是秘书不知道怎么取舍,请你代他做初步分析后上报给总经理办公室主任。

这些议题有:讨论公司基建项目问题,讨论新产品研发问题,讨论公司党的建设问题,讨论新产品市场推广问题,讨论公司后勤问题。

(3)实训内容。如果你是该公司办公室秘书,请根据实训背景,拟定会议名称,拟定会议议题,要求格式正确、规范,要素齐全。

## 参考知识或案例

### 市政府常务会议议题审核程序(暂行)

**第一条** 为进一步规范市政府常务会议议题审核程序,做到科学民主依法决策,根据《××市重大行政决策程序规定》和《××市人民政府工作规则》,结合××市《市政府常务会议议题审核程序(暂行)》,制定本办法。

**第二条** 对拟提请市政府常务会议讨论的议题,议题承办单位应当履行公众参与、专家论证、风险评估、合法性审查、集体讨论等法定程序,充分征求相关部门和单位意见,协调一致后,向市政府报送上会请示,经批准同意后方可提交会议讨论。

**第三条** 拟提请市政府常务会议讨论的议题按照下列规定履行法定程序：

（一）对关系群众切身利益的事项，应当履行公众参与程序，广泛听取社会各方面意见，保障人民群众有多种途径参与决策；

（二）对专业性、技术性较强的决策事项，应当履行专家论证程序，组织各方专家、专业机构进行论证评估，而且要保证持不同意见的各方专家、专业机构都有代表参加；

（三）对需要进行风险排查和对排查出的主要风险进行评估的事项，应当履行风险评估程序；

（四）所有拟上会议题均应履行合法性审查程序，未经合法性审查或审查不合法的，一律不得提交市政府常务会议讨论；

（五）部门提出的拟提交市政府常务会议讨论的议题，须经本部门党委（党组）会议集体讨论决定。

**第四条** 为保障公共安全、经济安全、社会稳定或者执行上级机关的紧急命令、决定等需要的拟上会议题，以及对政府内部管理事务和依法应当保密的事项，经市长或分管副市长批准，可以不履行公众参与、专家论证、风险评估程序，但应当履行合法性审查和集体讨论程序。违纪干部处理程序按照有关规定执行。

**第五条** 议题承办单位要按照议题涉及范围征求相关部门和地区意见。若意见有分歧，应由承办单位进行协调。经过协调意见不一致的，应在议题上会前，由分管副市长召开会议进行协调并基本达成一致意见。分管副市长协调仍无法达成一致意见的或特别重要的议题，由分管副市长提议，提请市长专题听取汇报进行研究。相关部门、单位对拟上会议题的意见应当以正式文件形式提出并由主要负责人签发。通过召开协调会对不同意见进行协调处理的，参会相关部门、单位也要按照规定出具书面意见。

**第六条** 承办单位要对上会议题履行法定程序和征求意见的情况在上会请示中分别做出明确说明；按照有关规定可以不履行相关程序的，也要在上会请示中说明具体理由。

**第七条** 议题承办单位提供拟上会议题请示材料，并报送市政府办公室综合科。材料应当包括以下内容：

（一）请示正文；

（二）汇报材料；

（三）拟提交会议讨论的拟发布文件送审稿；

（四）公众参与情况报告；

（五）专家论证报告；

（六）风险评估报告；

（七）市政府法制办合法性审查意见；

（八）市政府法律顾问法律咨询意见；

（九）集体讨论做出决定的会议纪要；

（十）各部门、单位反馈意见协调处理情况表（附件2）；

（十一）各部门反馈意见原件或复印件。

第八条  市政府办公室对承办单位报送的拟上会议题请示材料进行审核把关。文电科、综合科、秘书科按照职能分别负责审核把关,实行承办人、分管负责人、主要负责人三级审核制度,相互配合,形成工作合力,确保上会议题质量。

第九条  市政府办公室综合科负责按照第七条规定对议题请示材料进行初审,材料齐全且形式符合要求的,转交文电科办理,不符合要求的,退回承办单位进行补齐完善。

第十条  市政府办公室综合科负责对拟上会议题请示内容进行审核把关,主要包括:

(一)拟上会议题履行法定程序情况;

(二)议题材料内容是否符合法律、法规、规章及有关政策规定;

(三)涉及其他部门职权范围内的事项,承办单位是否已征求意见并协调一致;

(四)与文电科会商拟请下发文件的发文形式;

(五)传达国家有关会议精神的议题是否形成了我市贯彻落实意见;

(六)按照情况确实、观点明确、表述准确、结构严谨、条理清楚、字词规范、文字简练的要求,对具体文字表述进行修改;

(七)控制汇报材料篇幅,除附件外,原则上不得超过2500字。汇报时间原则上不超过8分钟。

第十一条  对经市政府办公室综合科审核且符合要求的议题材料,综合科要填写《市政府常务会议议题材料审核情况报告单》(附件3),连同议题材料一起转文电科办理,由文电科填写承办单,依次报市政府办公室分管副主任、主任,分管副市长审批,报市长审定。

议题材料按程序报批同意后,综合科要及时转交秘书科办理。

第十二条  市政府办公室秘书科负责对议题材料进行复核,主要包括:

(一)拟上会议题材料是否齐全;

(二)议题材料是否按规定程序报批;

(三)根据议题内容,与承办单位沟通确定列席会议部门、单位建议名单;

(四)汇报材料格式是否符合要求。

第十三条  对存在下列情况的议题,市政府办公室秘书科可以提出暂缓上会的建议,报有关领导审定。

(一)未按规定流程履行上会审批程序的;

(二)承办单位与相关部门、单位存在意见分歧未达成一致的;

(三)分管副市长或承办单位主要负责人不能参加会议的;

(四)承办单位不按规定时限报送会议材料的。

第十四条  市政府办公室秘书科要及时收集上会议题,拟制会议方案,经市政府办公室分管副主任、主任签批,报市政府常务副市长核批后,由市长确定。

第十五条  承办单位应在会前2个工作日,将按要求印制的会议材料送市政府办公室秘书科;秘书科应在会前1个工作日将会议材料分送市政府和办公室有关领导。

第十六条  在市政府其他文件办理过程中,市政府领导同志提出提交市政府常务会议讨论的议题,也要按照本规定办理。会议方案确定后,市政府领导提议增加的市政府常务会议议题,也要按照本规定办理。

**第十七条** 市政府常务会议讨论通过的议题,需要以部门名义下发规范性文件的,由市政府办公室综合科负责催办;需要对会议确定事项进行督查落实的,由市政府督查室牵头办理。

**第十八条** 本办法自印发之日起施行。由市政府办公室秘书科负责解释。

### 复习思考题

1. 成立会议工作机构的原则有哪些?
2. 会议工作机构的工作内容有哪些?
3. 会议工作机构类型有哪些?

## 任务三 确定会议工作机构与人员分工

### 学习目标

**能力目标**:能够根据不同会议类型以及会议规模确定会议工作机构与人员分工。

**知识目标**:了解一般会议工作机构的组织原则,掌握会议工作机构各部门的工作职责。

### 任务描述

香楠公司2022年度客户联谊会暨2023年新产品订货会正在紧张的筹备之中。会议议题和会议名称已经由总经理审定后正式确定。总经理交给秘书张玉一个任务:这是一个很重要的会议,内部涉及部门多,需要协调;外部合作单位多,需要谈判。必须成立会议组织机构,统一协调整个会议组织工作。

如果你是公司总经理办公室秘书,请你根据实际情况,初步拟定会议组织机构。

【任务分析】会议的工作机构是会议成功进行的组织保障。成立会议筹备机构首先要根据会议规模、会议内容的多少、会议类型等,确定需要成立哪些会务工作部门,其次每个部门应该有本单位哪些方面的人员参与,最后需要确定每个部门每个成员的工作分工与职责。秘书初步拟定会议组织机构部门和成员后,必须报主管领导审核同意后,才能最终确定。

### 基础知识

一次成功的会议,从筹划开始,到具体操作并落实每一个细节,牵涉方方面面,各项工作相互联系,彼此交叉。仅凭秘书或者办公室"一己之力"是很难胜任的,因此,必须合理分工,统筹安排。需要对任务进行分解,人员进行分工,成立会议工作机构;各分支机构之间相互协作,共同完成会议的筹备、服务工作。

常见的为筹备和组织特定的会议而临时组建的会议工作机构的名称有:××会议筹委

会、××会议筹备组、××会议筹备办公室、××会议秘书处等,其内部还可分设秘书、宣传、保卫、后勤、组织、生活服务等分支机构,在会议领导机关的统一领导下,分头开展工作。

## 一、成立会议工作机构的原则

一是"适宜原则",即根据会议的规模、类型、内容多寡,因地制宜,设置相应的机构。既不能"小马拉大车",也不能"杀鸡用牛刀"。

二是"对口原则",专业的人做专业的事。比如,会务工作总负责一般由富有会议组织经验的办公室负责人担任;与经销商的沟通,市场销售部门是对口部门;与专家、官员沟通一般要公关负责人、企业高层出面。会议文书由办公室秘书负责,会议用车归口后期部门,等等。

三是"平均原则",因事设组,每个组的工作量相对平衡。

四是"明确原则",分工应该明确,职责分明,以防止互相推诿。另外,隶属分工和横向协作都要明确。尽管会议工作机构是临时性组织,但加入其中的人员也应受其约束。

五是"精干原则",一般人员不要太多,力求精干、高效。

## 二、会议工作机构的工作内容和机构类型

### (一)会务工作内容

一般的会议所涉及的会务工作可以归纳为以下几个方面:

(1)准备会议材料。重点是会议主题报告和领导人讲话稿,也包括会议期间的简报编撰以及会议后期的总结和纪要的撰写。

(2)准备会场。涉及会址的选定、会场布置、会议音响设备调试检查、座次的编排和座位卡的配置等。

(3)会间事务服务。会间事务是会议各项议程推进过程中产生的相应的事务,此项工作是直接保证会议顺利进行的重要工作。

(4)会议接待。主要是与会人员的迎送、交通服务以及与会人员的安全保健工作。

(5)会议宣传。主要负责对外宣传,适时报道会议情况,撰写、编发简报等工作。

(6)会议后勤。主要是保证会议的物资用品。

(7)会议安保。主要负责安全保卫工作。

会议工作机构的确定——会议工作机构的工作内容和机构类型

### (二)会议工作机构类型

根据会议的规模、类型以及会议的内容的多寡,可以考虑成立不同的会议工作机构。

(1)三级会务工作机构。所对应的是大型会议或超大型会议。分为三级:第一级,大会筹备(或组织)委员会;第二级,大会筹备(或组织)委员会办公室;第三级,各职能处(组)——秘书处、宣传处、外联处、保卫处、后勤组等。在这种类型的大会筹备(或组织)机构中,筹备(或组织)委员会的负责人即是大会负责人;办公室负责人即是筹备(或组织)委员会的组成人员;各职能处(组)的负责人是筹委会办公室的组成人员。个别会议材料工作量较大的会

议,宜单独成立材料组。

（2）两级会务工作机构。所对应的是中型会议。分为两级：第一级，会议筹备办公室；第二级，秘书组、宣传组、保卫组、后勤组。

（3）一级会务工作机构。所对应的是小型会议。只有会议秘书组（或称会务组）这一级办事机构，由会议领导指定一个人牵头负责，并根据会务工作内容配备适当的人员，共同完成会议筹备与服务工作的全部有关事宜。

## 工作实例

公司的大型会议通常牵涉公司的各个部门。一般来说，为协调各部门工作，公司的高层及分管副总应在会议筹备小组中担任一定的职务。在整个活动中，相关部门人员的工作可能在时间上会与其日常工作相冲突，所以说，在分组安排过程中，赢得各个部门的理解和支持很重要。

在成立"香楠客户联谊会暨新产品订货会"会议筹备工作组的过程中，公司刘梦晓总经理十分重视，亲自担任会议筹备领导小组组长。他在筹备组成立会上要求，各个部门要紧密配合，要尽全力将此次会议开好。他还要求公司其他几位副总、部门经理要参与会议筹备，担任筹备领导小组成员。

根据此次会议规模及任务要求，秘书认为应采用"二级会务工作机构"，即会议筹备办公室；下设秘书组、宣传组、保卫组、后勤组等各级分支机构，并草拟了"会议筹备小组"报总经理批准。具体分组及工作分工如下。

### 香楠公司2022年度客户联谊会暨2023年新产品订货会筹备小组名单

一、会议筹备领导小组

组长：刘梦晓（总经理）

组员：王××（办公室主任）、李××（市场销售部副经理）、王××（生产部经理）、刘××（公关部经理）、张××（后勤部部长）

主要职责：

1. 负责会议的组织与领导。

2. 协调各小组之间的工作。

3. 审核会议的筹备方案。

二、会务组

组　长：张玉（秘书）

成　员：由各相关部门抽调1~2人。

主要职责：

1. 负责拟订会议预算和会议经费报批。

2. 负责联系大会会场和代表住宿地。

3. 布置会场。

4. 负责草拟和发送会议的通知,负责拟定会议议程、日程等。

5. 负责各组会议记录工作。

6. 负责落实列席人员和工作人员名单。

7. 为宣传组提供专访人员名单。

8. 制作各种证件。

9. 预订会议所需用品。

10. 做好各种联系协调工作。

### 三、材料与宣传组

组　　长:马××(秘书)

成　　员:由办公室、公关部抽调人员组成。

主要职责:

1. 负责起草领导讲话、工作报告、各种文件和简报工作。

2. 负责会议期间工作的总结、宣传等工作。

3. 负责会议期间和新闻媒体联系,及时组织新闻报道。

### 四、接待组

组　　长:韩××(公关部副主任)

成　　员:由公关部、后勤部抽调人员组成。

主要职责:

1. 会前和嘉宾、与会者联系,落实到会的方式和时间。

2. 拟订接待方案,安排接待人员,对接待人员进行分工、培训。

3. 做好各项接待工作。

### 五、活动组

组　　长:马××(市场营销部副主任)

成　　员:由市场营销部、公关部抽调人员组成。

主要职责:

主要负责会议期间各种活动的设计、策划和组织实施等工作。

### 六、后勤与保卫组

组　　长:陈××(后勤部副部长)

成　　员:由后勤部、保卫部抽调人员组成。

主要职责:

1. 负责制定应急处置预案和安全保卫方案。

2. 负责会议期间后勤服务工作、医疗救护、安全保卫工作。

(注:各小组按上述主要职责,对全组的工作任务进行进一步分解,责任到人,切实做好会议筹备、服务工作。若遇到重大事项,需及时向组长和领导小组报告。)

## 训练项目

### 会议工作机构的成立及人员分工

(1)实训目标。通过实训,要求学生掌握根据会议规模和类型成立会议工作机构并进行分工的方法。

(2)实训背景。某校人文艺术学院拟召开人才培养创新研讨会,会议将邀请全国相关院校领导、专家约200人与会。

(3)实训内容。如果你是该分院办公室秘书,请根据实训背景,设计一份会议工作机构及分工名单,要求符合成立会议筹备小组的原则,分工明确。

## 参考知识或案例

### 会议工作人员工作项目内容

**一、会议活动总指挥**:本次会议活动最高决策人,对本次会议活动整体运作体系和方向做出指示和判断,对所有有关会议活动事件具有最终决定权(建议由同剩设计主要负责人担任)。

**二、会议会务副总指挥**:本次会议会务活动事件的全局直接负责人,直接领导会务下属4个组的人员安排,工作职责的分配及会务组突发事件的应急决策(建议由同剩设计主要负责人担任)。

**三、会议财务负责人**:负责本次会议活动一切财务支出和核算以及财务监督工作(建议由同剩设计主要财务负责人担任)。

**四、执行组副总指挥**:负责本次会议活动现场布置包装,会议活动的流程和进度,舞美效果,媒体公关活动,演艺人员以及会议品质和效果的全局负责人直接领导会议执行下属3个组的人员安排,工作职责及执行组突发事件的应急决策,甲方代表的直接联络人(建议由索尔企划主要负责人担任)。

**五、会议会务组人员安排及工作职责**

A、邀请函件接受回执发放,来宾确认、来宾档案及信息管理;

B、会议资料、会议礼品准备装袋;

C、项目现场参观解说;

D、领导讲话稿,项目介绍PPT的撰写、保管和现场操作;

E、职工宣誓仪式的组织和排练,以及人员的确定;

F、检查规范与会全体工作人员的着装。

(建议由同剩设计3~4名行政部门员工担任。)

**六、会议接待组人员安排及工作职责**

A、与会嘉宾签到,来宾确认,入住登记,安排房间,餐饮座次安排,会议座次安排,接洽宾馆餐饮水酒;

B、会议资料、会议礼品发放和剩余物料回收保管；

C、配合礼仪人员完成会议及宴会现场签到，领位，佩戴嘉宾证和鲜花的工作；

D、配合礼仪人员做好会议及宴会现场来宾需求服务，维护客情关系；

E、接洽来宾返程日程安排，退订房间，车船票事宜；

F、负责前期车船飞机接站事宜的安排和统筹。

（建议由同剩设计7~8名业务部门员工担任。）

### 七、会议交通联络组人员安排及工作职责

A、与会来宾所有接站交通工作；

B、与会来宾会议场地往返交通工作；

C、会议活动中所有联络交通工作；

D、会议物料运输工作；

E、针对会议制定车辆使用方案和行走路线并确保车辆安全和来宾人身安全；

F、会议临时用车的调度和安排。

（建议配置5~6名司机，大巴2辆，小车3~4辆。）

### 八、会议后勤保障组人员安排及工作职责

A、会议物料的补充和临时购买；

B、会议会务临时机动工作；

C、会议会务所有工作人员生活保障工作；

D、会议活动中突发事件应急支援工作。

（建议由同剩设计采购部门工作人员担任。）

## 复习思考题

1. 成立会议工作机构的原则有哪些？
2. 会议工作机构的工作内容有哪些？
3. 会议工作机构类型有哪些？

# 任务四　拟订会议议程和日程

## 学习目标

**能力目标**：能够根据会议的实际情况拟订会议议程和日程。

**知识目标**：了解会议议程和日程的概念、主要内容，掌握编制会议议程和日程的方法。

## 任务描述

香楠公司的客户联谊暨新产品订货会议题已经确定，会议组织机构也已经成立，各项会

务筹备工作稳步推进。按照职责分工,秘书张玉开始根据会议已经拟定的议题拟订会议议程和日程。

假设你是公司总经理办公室秘书,请你根据香楠会议的实际情况草拟一份会议议程和日程交总经理审核。

【任务分析】拟订会议议程,首先要弄清楚会议各项议题的具体内容;其次是梳理清楚议题的顺序和内在联系;再次注意会议议程的格式和要素,格式要规范,会议日程的内容要一目了然;最后,要搞清楚秘书自己的职责权限:作为秘书,自己草拟的会议议程,必须经主管领导审核同意后才能定稿、下发。

## 基础知识

### 一、拟订会议议程

#### (一)会议议程的含义

会议议程又名"议事日程",即会议上议题活动先后顺序的程序性安排。议程所涵盖的除了足以实现会议目的的各种议案、议题之外,还包括会议的某项活动主持者姓名、会议某项活动开始的具体时间以及地点等信息。

会议议程的拟订

议程是会议活动的指南,会议主持人要根据议程主持会议,会议参加者要根据议程参与会议。拟订会议议程是秘书人员的任务,通常由秘书拟写议程草稿,交领导批准后,印制分发给所有与会者。议程一定要在会议召开之前准备好。如果实在来不及准备,也一定要在会议开始之前草拟一份议程。议程可以帮助会议主持者把控与会者的发言,防止其"跑题",能够从容地把大家带回到议程所列的项目中,以保证会议质量,保证会议目标的实现。

#### (二)不同类型会议的议程

不同类型的会议,有不同的议程。大中型会议时间跨度大,会期长,议题比较多,通常应安排开幕式、领导和来宾致辞、领导做报告、大会发言、分组讨论、参观或其他活动、会议总结、宣读决议、闭幕式等环节。与会人员较多的大型、超大型会议还应安排预备会。小型专题会议议程一般较少,如民主生活会、学术讨论会、经验交流会、动员大会、总结表彰会等。法定的程序性会议的议程通常是固定的,如党代会、团代会、职工代表大会、学术年会等。有的会议,议程一经确定应提前告知与会者,如形势分析会、答辩会等,以便与会者利用会前时间进行调查研究,能够有准备地参加会议。有些会议的议程,如现场观摩会、成果汇报会,不仅包括室内活动,还有现场观摩活动等内容。

#### (三)编制会议议程的原则

编排会议议程时,应遵守以下原则:

(1)顺序正确的原则。议程的先后顺序非常重要,切不可前后倒置或杂乱无章。因此,会议组织者会前要对各项议题活动进行周到细致的安排,确保不错、不漏、不互相冲突。对影响全局的关键的议程,事先应进行预演和排练,将出现差错的概率降到最低。会议过程中如因议程差错导致混乱,会严重影响会议效果,造成工作的被动。

(2)主次分明的原则。当会议议程较多时,要注意分清主次、轻重、缓急。一般应将重要的、急需解决的议题安排在前面,一般性议题放在后面。这样做有一个好处:即使在预定的会议时间内无法将全部议题处理完毕,起码较紧要的议题已经处理过。那些相对来说较不紧要的议题,则可另择时间处理,或是并入下次会议再议。

(3)明确时间的原则。即每一个议题都应预估所需的时间,并明白地标示出来。这样做,既可以方便与会者对照议程提前做好准备,也可以提示主持人或者发言人自我约束,节省与会者的时间,提高会议效率。

(4)数量适度的原则。会议议程既不能安排过多,也不能太少。议程过多,可能导致议而不深,议而不透,议而不决,使会议收不到应有的效果。议程太少,内容太少,会议流于形式,浪费时间。

(5)操作性强的原则。议程涉及的是具体、详细、实际的活动内容。议程明确具体,与会人员才能围绕议程开展活动,发言讨论才能抓住中心和重点。在具体安排上,要注意将同类性质的议题集中排列在一起,以方便与会者讨论。在先后次序上,要把保密性强、涉及人员范围小的议题排在后面,以便无关人员届时退席。

(6)留有余地的原则。做任何工作都要留有余地,会议议程的安排也不例外。如果时间安排得过紧过满,一旦出现临时情况就无法应对。因此,议程安排要留有余地。机动余地大小视会议规模而定,时间较长的会议一般留半天至一天的机动时间。

(四)会议议程的结构和写法

会议议程由标题、题注、正文、落款和制定日期五个部分组成。

(1)标题。标题由会议全称加上议程二字组成,如"香楠公司2022年年终表彰大会议程"。

(2)题注。法定性会议应当在标题的下方说明会议议程通过的日期、会议名称。如在"中国人民政治协商会议第十一届全国委员会第一次会议议程"下方用括号注明"2008年3月2日政协第十一届全国委员会第一次会议预备会议通过"。一般企业或者单位会议议程可以没有题注。

(3)正文。简要说明每次议题和活动的顺序,并冠以序号,将其清晰地表达出来(句子末尾一般不用标点符号)。

(4)落款。由会议组织机构确定的议程应当标明制定机构的名称,如"秘书处"。由会议通过的议程不用标注落款。

(5)制定日期。无须大会通过的议程要标明制定的具体日期。

## 二、拟定会议日程

会议日程是指各项会议活动在单位时间内的具体安排。会议日程不仅细化议程框架内的全部议题性活动,还要具体安排会议过程中仪式性活动,有时还包括其他的辅助性活动,如欢迎晚宴、招待会、参观、考察、娱乐等。一般情况下会议日程要在会前发给与会者。

会议议程

### (一)会议日程的作用

(1)保证会议议程的具体实施。会议议程的内容比较原则、概括,会议日程则将议程的各项内容落实到具体的时间单元,从而在时间上保证议程的实施。

(2)方便与会者。会议日程在会议内容、时间、地点等方面都有清晰的描述,能使与会者了解会议的总体安排,每项具体活动的时间、地点和要求,给参会者提供了极大的方便。

(3)提高会议效率。科学的会议日程能够使各项会议活动形成一个和谐有序的整体,对各项活动的时间做必要的限制,能够最大限度地节省会议的时间和费用,提高效率。

### (二)会议日程编排的方法

(1)整体把握。全面准确地把握会议的议题性活动、仪式性活动、其他辅助活动,把握其主次关系,突出重点,注意各项活动之间的协调。

(2)时间预测。对各项具体活动所需时间进行预测。预测的方法是:第一,以前同类型会议上同样的活动所耗用的实际时间;第二,本次会议的议题和其他活动的增减情况;第三,每项议题的发言人数和发言时间;第四,每项仪式性和辅助性活动所需的时间;第五,中间休息时间。

(3)符合人体生理和心理规律。心理学的试验表明,人的精力、体力在一天中呈规律性的变化,高峰一般出现在上午10时和下午4时左右。这时,人的思维最清晰,情绪最饱满,精力最充沛,注意力最集中,是安排重要会议活动的最佳时段。

会议日程编排所应遵循的总的原则是,既要精简、高效,又要科学、合理,做到松紧适度、劳逸结合。

### (三)会议日程的结构和写法

(1)标题。由会议全称或规范化简称加上"日程"或"日程安排表""日程表"组成。

(2)稿本。某些法定性会议的日程需要经大会或主席团会议通过,秘书在拟写时应写明"草案",用圆括号括入,位置在标题之后或者下方居中。秘书报请领导审批的会议日程,也应标明"草案"。

(3)题注。报大会或主席团会议通过的会议日程,应当写明题注,具体写法同会议议程。一般会议的日程如在标题中已经显示会议年份信息,则可省去不写;如标题未显示年份信息,在其他部分也未显示,则应标明年份。

(4)正文。正文部分有两种格式:

①表格式。一般将具体日期、单位时间、地点、内容等要素排列在表格中,要素的排列方式"因会而异",具体样式参见"典型案例"。表格式的优点在于会议活动的各项安排清晰明了,适用于需要交代各项具体信息的会议。

②日期式。日期式即按日期先后排列会议的各项活动。具体样式参见"本任务典型案例"。

(5)落款。一般由会议的秘书处落款,也可省略。

(6)制订日期。写法同会议议程,也可省略。

### 三、会议日期的选择原则

会议日期的选择非常重要,客房价格的商定以及会议地点、场所的选择都受到会议日期的影响。以下是选择会议日期需要注意的几个原则:

第一,避开重要活动日期。不要让会议与一些重大活动的日期冲突,这样既可以保证主要人物能够出席,又可以吸引更多的关注。

第二,避开重要的节假日。不要让单位的会议与任何法定长假的时间冲突,比如春节、五一、十一、中秋节等。

第三,会议时间要合理。合适的会议时间,一是指会议召开的时间富有意义,能烘托会议的主题。比如,纪念性会议放在纪念日举行最能突出主题,庆祝性、招待性会议安排在相关节日前夕召开效果最佳。二是指会议召开的时间有利于推动工作。比如,总结工作、安排计划的会议应当在年末、季末、期末举行;工作性例会,如党委、校长、总经理例会等,一般安排在周一或周五。

其他需要注意的问题:

(1)会议的主要领导人、嘉宾、报告人是否能在这一时间参加会议,因为他们能否出席对会议是否成功影响较大。

(2)会议的各项组织和准备工作是否能够在会议召开之前完成。

(3)特殊类型的会议,如学术性会议、招标性会议、论证会、听证会等,需要考虑与会者是否有足够的时间调查研究,准备相关文件或发言材料。

(4)遵守法定日期。由法律法规、组织章程或议事日程明确规定会期的,应当严格按规定的会期召开,非特殊情况不得提前和推迟。

## 工作实例

### 一、拟订会议议程

#### (一)确定香楠公司本次会议各项议题的具体内容

根据会议议题,秘书人员列出了会议的主要内容,具体内容如下:

(1)香楠公司服装新品生产概况报告;

(2)香楠儿童服装新品特点说明;

(3)"一朝牵手,终身朋友"客户联谊活动;

(4)2023年服装新品洽谈、预订。

除了上述内容外,公司总经理刘梦晓将代表公司致欢迎词,还有特邀嘉宾中国服装协会童装专业委员会副会长张××讲话,客户代表发言等。

## (二)将会议各项议题按照轻重缓急进行排序

秘书人员根据香楠公司以前会议的基本做法和会议内容的重要性,对会议内容进行了重新排序,重新排序后的会议内容如下:

(1)公司刘梦晓总经理致辞;

(2)特邀嘉宾童装专业委员会副会长张××讲话;

(3)客户代表发言;

(4)香楠公司服装新品生产概况报告;

(5)香楠儿童服装新品特点说明;

(6)"一朝牵手,终身朋友"客户联谊活动;

(7)2023年服装新品洽谈、预订。

## (三)预估会议各项议题所需的时间

秘书人员根据会议主要内容以及会议议题申请表的内容,初步估计每项议题所需要的时间,具体如下:

(1)公司刘梦晓总经理致辞(10分钟);

(2)特邀嘉宾——童装专业委员会副会长张××讲话(10分钟);

(3)客户代表发言(10分钟);

(4)香楠公司服装新品生产概况报告(30分钟);

(5)香楠儿童服装新品特点说明(30分钟);

(6)"一朝牵手,终身朋友"客户联谊活动(60分钟);

(7)2023年服装新品洽谈、预订(半天)。

## (四)拟订会议议程

秘书根据已做的准备工作,按照会议议程的写法,拟订了会议议程初稿。

**香楠公司2022年度客户联谊会暨2023年新产品订货会议程(初稿)**

时　　间:2022年11月25日—27日

地　　点:杭州国际会议中心

主持人:公司副总经理何亮

1. 主持人宣布会议议程

2. 公司刘梦晓总经理致辞

3. 特邀嘉宾童装专业委员会副会长张××讲话

4. 客户代表发言
5. 香楠公司服装新品生产概况报告
6. 香楠儿童服装新品特点说明
7. "一朝牵手,终身朋友"客户联谊活动
8. 2023年服装新品洽谈、预订
9. 参观与考察

香楠公司总经理办公室<br>2022年8月12日

### (五)领导审核会议议程

将拟订好的会议议程初稿送交主管领导审核,并根据领导修改意见进行修改。会议议程的决定权在主管领导那里,秘书只有建议权。秘书要在主管领导审批同意后再下发议程。

## 二、拟订会议日程

### (一)根据会议内容和会期,对会议内容进行合理分配

香楠公司年度客户联谊会暨新产品订货会会期3天,会议的主要内容有领导致辞、嘉宾代表讲话、客户代表讲话、专题报告、产品预订、参观考察等,秘书张玉根据会期将会议内容进行了初步的分配,具体安排如下:

第一天:报到。

第二天上午:领导致辞、嘉宾和客户代表讲话,专题报告(一)、专题报告(二)。

第二天下午:客户联谊活动,产品预订。

第二天晚上:文艺演出。

第三天:参观考察。

第三天晚上:刘总经理宴请宾客。

第四天:返程。

### (二)拟订会议日程初稿

香楠公司秘书根据会议内容,拟订了会议日程初稿(见表2-4-1)。

表2-4-1  香楠公司2022年度客户联谊会暨2023年新产品订货会日程安排表

| 时间 | 地点 | 主要内容 | 主持人 | 参加人员 | 备注 |
| --- | --- | --- | --- | --- | --- |
| 11月25日 | 杭州国际会议中心大堂 | 报到 | | | |

续表

| 时间 | | 地点 | 主要内容 | 主持人 | 参加人员 | 备注 |
|---|---|---|---|---|---|---|
| 11月26日 | 8:30—8:40 | 杭州国际会议中心第一报告厅 | 刘梦晓总经理致辞 | 倪其新（副总经理） | 公司中层以上干部、嘉宾、参会客户 | |
| | 8:40—8:50 | | 童装专业委员会副会长张××讲话 | | | |
| | 8:50—9:00 | | 客户代表发言 | | | |
| | 9:00—9:10 | 会议中心南门 | 代表合影 | | | |
| | 9:10—9:40 | 杭州国际会议中心第一报告厅 | 香楠公司服装新品生产概况报告 | 倪其新（副总经理） | 公司中层以上干部、嘉宾、参会客户 | |
| | 9:40—10:10 | | 香楠儿童服装新品特点说明(1) | | | |
| | 10:10—10:20 | | 茶歇 | | | |
| | 10:20—11:40 | 杭州国际会议中心演出厅 | 香楠儿童服装新品特点说明(2) | 何亮（副总经理） | 市场销售部干部、参会客户 | 服装新品T台走秀 |
| | 12:00 | 杭州国际会议中心桂花厅 | 午餐 | 刘梦晓（总经理） | 公司中层以上干部、嘉宾、参会客户 | |
| | 13:30—14:30 | 杭州国际会议中心演出厅 | 客户联谊活动 | 刘涛（销售经理） | 公司中层以上干部、嘉宾、参会客户 | |
| | 14:30—17:30 | | 2023年服装新品洽谈、预订 | | 市场销售部干部、参会客户 | |
| | 18:00 | 杭州国际会议中心荷花厅 | 刘梦晓总经理宴请宾客 | 刘涛 | 公司中层以上干部、嘉宾、参会客户 | |
| | 19:30 | 杭州国际会议中心文娱活动中心 | 文艺晚会 | 王宏（公关部经理） | 公司中层以上干部、嘉宾、参会客户 | |
| 11月27日 | 8:00—11:30 | 西湖风景区 | 参观 | 王宏 | 参会客户 | |
| | 12:00 | 楼外楼 | 午餐 | | | |
| | 13:30 | 公司场区 | 公司生产车间考察 | 李明（生产部经理） | | |
| | 17:30 | 杭州国际会议中心桂花厅 | 晚餐 | 刘涛 | 参会客户 | |
| 11月28日 | | | 返程 | | | |

## (三)将拟订好的会议日程初稿送交主管领导审核

香楠公司秘书将拟订好的会议日程初稿送给刘总经理审核,并根据领导的意见进行修改。修改后再送领导批示,待领导批准之后会议日程方可印发。

## 训练项目

### 拟订会议议程

(1)实训目标。通过实训,要求掌握拟订会议议程的方法。

(2)实训背景。某校人文系拟于10月8日至11日召开人才培养创新研讨会,会议将邀请全国相关院校领导、专家共200余人与会。

(3)实训内容。如果你是该系办公室秘书,请根据实训背景,拟订一份会议议程,要求格式正确、规范,要素齐全。

### 拟订会议日程

(1)实训目标。通过实训,要求掌握拟订会议日程的方法。

(2)实训背景。某校人文系拟于10月8日至11日召开人才培养创新研讨会,会议将邀请全国相关院校领导、专家共200余人与会。

(3)实训内容。如果你是该系办公室秘书,请根据实训背景,拟订一份会议日程,要求格式正确、规范,要素齐全。

## 参考知识或案例

### 一、会议程序

会议程序是相对于会议议程、会议日程而言的专门术语。其含义是指在一次相对独立的单元活动中,将所有的工作环节和活动细节按照时间先后加以排列而形成的顺序。需要制订程序的会议有两类:一类是大会中的单元活动,如大会的开幕式、闭幕式、选举、表决等;另一类是单独举行的仪式,如签字仪式、颁奖仪式、开工仪式等。

#### (一)会议程序的特点和作用

会议程序的特点是具有详尽性、明确性和可操作性。会议程序要比会议议程和日程更具体,可对每项发言、每项活动细节的名称、主持或发言人的身份以及发言限定的时间都做出明确规定。比如对重要仪式中的奏国歌或唱国歌、升旗、颁奖(谁向谁颁奖,颁什么奖)、献花(向谁献花)等细节,都要做出具体说明。会议程序可以让与会者详细了解每项单元活动的具体内容及时间顺序,同时便于会议主持人掌握会议的进程。

#### (二)会议程序的结构和写法

(1)标题由活动名称(全称或规范化简称)加上"程序"或"顺序表"组成,如《××省第×届运动会开幕式顺序表》。

(2)题注。标明活动的具体日期、地点、主题、主办单位等信息(标题中已显示的信息可省去)。

正文有两种格式:

①序号式。用汉字或阿拉伯数字标示各项具体活动,列出相应的活动步骤和细节,详

细、明确。

②时间序列式。把各项会议活动按照较为精确的时间先后排列,其优点是容易控制各项活动的时间。

会议程序例文如下。

**××大学"终身教授奖"颁奖大会程序**

一、司仪宣布:请参加今天颁奖大会的领导和获"终身教授奖"的朱××教授、张××教授、姚××教授、钱××教授上主席台就座

二、司仪介绍出席会议的领导人和主要来宾

三、司仪宣布:今天的颁奖大会由校党委副书记×××教授主持

四、主持人宣布:××大学"终身教授奖"颁奖大会开始,全体起立,奏国歌

五、校长×××教授做主题讲话并宣读《××大学关于授予朱××、张××、姚××、钱××"终身教授奖"的决定》

六、省教育工会主席、省教育工会副主席、校党委书记、校长分别向朱××、张××、姚××、钱××颁发"终身教授奖"证书和奖章

七、学生代表向获奖教授献花

八、朱××教授讲话

九、张××教授讲话

十、姚××教授讲话

十一、钱××教授讲话

十二、校党委书记×××讲话

十三、省教育工会主席×××讲话

十四、省教育工会副主席×××讲话

十五、主持人宣布××大学"终身成就奖"颁奖大会结束

## 二、议程、日程和程序的区别

会议议程、会议日程和会议程序都是关于会议活动顺序的安排,它们之间的区别在于:

会议议程是整个会议议题性活动顺序的总体安排,不包括会议期间的仪式性、辅助性的活动。其特点是概括、明了,一旦确定,不得任意改动。凡有两项及两项以上议题的会议,都应当事先制订议程。会议日程是将各项会议活动(包括仪式性、辅助性活动)落实到单位时间,凡会期满1天(即两个单位时间)的会议都应当制订会议日程。会期只有半天的会议,如果都是议题性活动,只需制订会议议程。既有议题性活动,又有仪式性活动和其他活动的,可制订会议程序。会议程序则是一次单元性会议活动或单独的仪式性活动的详细顺序和步骤。规模较大、活动较多、会期较长的会议,往往同时制订会议的议程、日程和程序,以适应不同层次活动的需要。以举行颁奖、选举、揭牌等仪式为主要目的的会议活动,一般只制订会议程序,不制订议程。

目前,会议议程、会议日程和会议程序3个概念在实际使用中十分混乱,其中最主要的问题

是模糊了三者的界限。例如,该称之为日程或程序的却叫作议程,或者把会议程序称之为会议议程,等等。因此,在会议组织工作中以及制作这3种文案时,要严格区别界限,准确使用名称。

资料来源:http://www.meetingschina.com

### 三、议程案例

#### 第十三届全国人民代表大会第二次会议议程

(2023年3月4日第十三届全国人民代表大会第二次会议预备会议通过)

一、审议政府工作报告

二、审查2022年国民经济和社会发展计划执行情况与2023年国民经济和社会发展计划草案的报告

三、审查2022年中央和地方预算执行情况与2023年中央和地方预算草案的报告

四、审议全国人民代表大会常务委员会关于提请审议《中华人民共和国外商投资法(草案)》的议案

五、审议全国人民代表大会常务委员会工作报告

六、审议最高人民法院工作报告

七、审议最高人民检察院工作报告

八、其他

### 四、日程案例

#### 第十三届全国人民代表大会第二次会议日程

(2023年3月4日第十三届全国人民代表大会第二次会议主席团第一次会议决定)

**3月5日(星期二)**

上午9时　代表大会第一次全体会议(开幕会)

1. 听取国务院总理李克强关于政府工作的报告

2. 审查国务院关于2022年国民经济和社会发展计划执行情况与2023年国民经济和社会发展计划草案的报告

3. 审查国务院关于2022年中央和地方预算执行情况与2023年中央和地方预算草案的报告

下午3时　代表团全体会议审议政府工作报告

**3月6日(星期三)**

上午9时　代表小组会议审议政府工作报告

下午3时　代表小组会议审议政府工作报告

**3月7日(星期四)**

上午9时　代表团全体会议审查计划报告和预算报告

下午3时　代表小组会议审查计划报告

**3月8日（星期五）**
上午9时　代表小组会议审查预算报告
下午3时　代表大会第二次全体会议
1. 听取全国人大常委会委员长栗战书关于全国人民代表大会常务委员会工作的报告
2. 听取全国人大常委会副委员长王晨关于中华人民共和国外商投资法草案的说明

**3月9日（星期六）**
上午9时　代表团全体会议审议全国人大常委会工作报告
下午3时　代表小组会议审议全国人大常委会工作报告

**3月10日（星期日）**
上午9时　代表团全体会议审议外商投资法草案
下午3时　代表小组会议审议外商投资法草案

**3月11日（星期一）**
代表休息

**3月12日（星期二）**
上午9时　代表大会第三次全体会议
1. 听取最高人民法院院长周强关于最高人民法院工作的报告
2. 听取最高人民检察院检察长张军关于最高人民检察院工作的报告
下午3时　代表团全体会议审议外商投资法草案修改稿、最高人民法院工作报告、最高人民检察院工作报告

**3月13日（星期三）**
上午9时　代表小组会议审议最高人民法院工作报告和最高人民检察院工作报告
下午3时　代表小组会议审议最高人民法院工作报告和最高人民检察院工作报告

**3月14日（星期四）**
上午9时　代表小组会议审议关于政府工作报告、年度计划、年度预算的三个决议草案
下午3时　代表团全体会议审议关于政府工作报告、年度计划、年度预算、全国人大常委会工作报告、最高人民法院工作报告、最高人民检察院工作报告的六个决议草案、外商投资法草案建议表决稿、全国人大常委会关于接受张荣顺辞去第十三届全国人大常委会委员职务的请求决定

**3月15日(星期五)**

上午9时　代表大会第四次全体会议(闭幕会)

1. 表决关于政府工作报告的决议草案
2. 表决中华人民共和国外商投资法草案
3. 表决关于2022年国民经济和社会发展计划执行情况与2023年国民经济和社会发展计划的决议草案
4. 表决关于2022年中央和地方预算执行情况与2023年中央和地方预算的决议草案
5. 表决关于全国人民代表大会常务委员会工作报告的决议草案
6. 表决关于最高人民法院工作报告的决议草案
7. 表决关于最高人民检察院工作报告的决议草案
8. 表决关于确认全国人民代表大会常务委员会接受张荣顺辞去第十三届全国人民代表大会常务委员会委员职务的请求的决定草案

闭幕

开会时间:上午9时至11时30分

下午3时至5时30分

注:日程如需调整,由主席团常务主席决定

## 五、日程案例(表格式)

### 高校英语语音教学与课程建设研讨会(EPCS)
### 暨中国英语教学研究会语音专业委员会第二次常务理事会

#### 会议日程安排表

| | 时　间 | 地　点 | 内　容 |
|---|---|---|---|
| | 6月18日(星期四) | | |
| | 14:00—21:00 | 行政楼大厅 | 会议代表报到 |
| | 18:30—20:00 | 清雅园酒家二楼 | 晚　餐 |
| | 6月19日(星期五) | | |
| | 时　间 | 地　点 | 内　容 |
| 上午 | 7:30—8:20 | 清雅园酒家 | 早　餐 |
| 上午 | 8:30—9:00 | 6教A209 | 开幕式<br>主持人:广西大学外语学院院长　宋亚菲教授<br>致辞嘉宾:<br>(1)广东外语外贸大学副校长仲伟合教授;(2)中国英语教学研究会语音专业委员会主任、广东外语外贸大学教授王桂珍;(3)广东外语外贸大学英语语言文化学院副院长马建军教授 |

| | 9:00—9:10 | 6教南门口 | 代表合影 |
|---|---|---|---|
| 上午 | 9:10—9:40 | 6教A209 | 主持人：上海师范大学外国语学院院长　蔡龙权教授<br>主题发言：卜友红教授(上海师范大学)：English Phonetics and the Teaching of Pronunciation |
| | 9:40—10:10 | 6教A209 | 主持人：广东外语外贸大学英文学院　王桂珍教授<br>主题发言：吴青教授(北京外国语大学)：教育与语音 |
| | 10:10—10:20 | | 茶　休 |
| | 10:20—10:50 | 6教A209 | 主持人：上海师范大学外国语学院　卜友红教授<br>主题发言：王桂珍教授(广东外语外贸大学)："英语语音"课程的内涵建设 |
| | 10:50—11:20 | 6教A209 | 主持人：厦门大学外国语学院　纪玉华教授<br>专家观点：(1)蔡龙权(上海师范大学外国语学院)：关于高校英语专业语音课程设置与运行的思考；(2)马林(哈尔滨工业大学外国语学院)：The Necessity of Establishing an English Public Speaking Course at a Chinese University |
| | 11:20—11:50 | 6教A209 | 主持人：哈尔滨工业大学外国语学院副院长　马林教授<br>论文宣读：(1)刘森(华东师范大学)：The Role of Pronunciation in Public Speaking；(2)梁菠(北京大学外国语学院)：Chinese non-English-major undergraduates' perception of an elective course of English pronunciation |
| | 12:00—13:30 | 清雅园酒家 | 卡西欧(上海)贸易有限公司欢迎午宴 |
| 下午 | 14:00—15:20 | 6教A316 | 英语语音课堂教学观摩：王桂珍教授(广东外语外贸大学) |
| | | 6教A318 | 英语语音课堂教学观摩：刘莹博士(广东外语外贸大学) |
| | 15:20—15:40 | | 茶　休 |
| | 15:40—16:55 | 6教A209 | 主持人：广东外语外贸大学英文学院　冯蔚博士<br>广东外语外贸大学英文学院　刘莹博士<br>论文宣读：(1)化聪超(湖北大学外语学院)：合作学习在英语语音教学中的应用；(2)毕冉(徐州师范大学外国语学院)：中国学生英语朗读口语中情感语音的韵律特征；(3)冯蔚(广东外语外贸大学英文学院)：A need-based analysis for English pronunciation course；(4)刘莹(广东外语外贸大学英文学院)：英语专业英语语音课程教学中的问题和困惑；(5)王彩豫(中南财经政法大学外国语学院)：中国大学生英语自然话语中的语音问题 |
| | 16:55—17:10 | 6教A209 | 主持人：徐州师范大学外国语学院副院长　穆凤英教授<br>专家观点：纪玉华(厦门大学)：英语语音教学的社会语言学思考 |
| | 17:50—19:30 | 头啖汤酒家 | 广东外语外贸大学欢迎晚宴 |
| | 20:30—22:00 | | 文化考察活动：广州珠江夜游 |

| 6月20日（星期六） |||||
|---|---|---|---|---|
|| 时　间 | 地　点 | 内　容 ||
| 上午 | 7:30-8:20 | 清雅园酒家 | 早　餐 ||
|| 8:30-9:20 | 6教A209 | 主持人：北京林业大学外国语学院院长　史宝辉教授<br>主题发言：许罗迈教授（广东外语外贸大学）：网络环境下的英语语音教学 ||
|| 9:20-9:40 | 6教A209 | 主持人：华东师范大学外国语学院　刘森副教授<br>课件演示：许罗迈教授（广东外语外贸大学） ||
|| 9:40-10:05 | 6教A209 | 主持人：北京大学外国语学院　梁波老师<br>许罗迈教授：电子词典在语音教学中的运用 ||
|| 10:05-10:15 || 茶　休 ||
|| 10:15-10:45 | 6教A209 | 主持人：杭州大学外国语学院　陈桦教授<br>论文宣读：（1）黄丽娜（韩山师范学院）：中国英语学习者陈述疑问句的语调研究；（2）何继红（同济大学外国语学院）：影视配音与英语语音课堂教学 ||
|| 10:45-11:00 | 6教A209 | 主持人：周卫京博士<br>专家观点：史宝辉教授（北京林业大学外国语学院）：教育技术的发展与英语语音教学 ||
|| 11:00-11:20 | 6教A209 | 主持人：广东外语外贸大学英文学院　王桂珍教授<br>嘉宾点评：（1）马秋武教授（同济大学）；（2）史宝辉教授（北京林业大学）；（3）陈桦教授（杭州大学） ||
|| 11:20-11:30 | 6教A209 | 主持人：广西大学外语学院院长　宋亚菲教授<br>周卫京博士（江苏科技大学外国语学院）：2018年英语语音教学研讨会介绍 ||
|| 11:40-13:00 | 金华安大酒楼 | 广东外语外贸大学英语语言文化学院欢迎午宴 ||
| 下午 | 13:30-15:30 | 蓝鸽科技 | 参观考察教育新技术开发项目 ||
|| 15:30-17:30 | 广州大学城 | 文化考察活动：与会代表参观广州大学城 ||
|| 15:30-17:30 | 蓝鸽科技 | 中国英语教学研究会语音专业委员会常务理事会举行第二次常务理事会议（全体常务理事合影）<br>主持人：广东外语外贸大学英文学院　王桂珍教授 ||
|| 18:00-19:30 || 广州蓝鸽科技闭幕式欢送<br>主持人：广东外语外贸大学英语语言文化学院党委书记　何洪亮<br>致辞嘉宾：（1）广东外语外贸大学教务处处长詹文都教授；（2）广州蓝鸽科技有限公司总经理；（3）中国英语教学研究会语音专业委员会副主任马秋武教授 ||

资料来源：http://www.gwnews.net/UploadFiles/200906/20090617

### 复习思考题

1. 编制会议议程的原则有哪些?
2. 会议议程的结构是怎样的?
3. 会议日程编排的方法有哪些?
4. 会议日程的结构是怎样的?
5. 会议日期的选择原则有哪些?
6. 议程、日程和程序的区别是什么?
7. 会议策划方案的内容要素有哪些?

## 任务五　确定会议地点与场所

### 学习目标

**能力目标**：能够根据会议的实际情况进行会议地点与场所的选择。
**知识目标**：掌握会议地点与场所选择的注意事项。

### 任务描述

为了更好地完成香楠公司客户联谊会,总经理刘梦晓要求秘书张玉选择正确的会议场所。具体要求为:

1. 确定会议的召开地点。
2. 因公司会场条件有限,需提前确定准备租用的会议场所。

【任务分析】正确选择会议场所,主要注意两个方面的问题,一是确定会议是在本地还是外地举办;二是确定召开会议的具体地点,即举办会议的场所(如某个会议中心或酒店等)。正确选择会议场所,是会议取得预期效果的主要因素之一,因此,作为总经理办公室秘书必须协助领导做好这项工作。

### 基础知识

会议地点与场所的选择是影响会议效果的主要因素之一,可能帮助也可能阻碍会议的进程。在任何会议中,环境因素起着重要的作用。不论什么场合,都要保证与会者集中精力开会。环境因素中,最重要的因素就是会议地址和会议地点。

#### 一、确定会议地址

对于跨地区、规模大的会议,拟订会议方案时,会议地点要根据会议的

会议地点与场所
的确定

目的及所需要的会议条件进行选择,会议地址的选择一般要考虑以下几个方面的因素:

一是专业因素。专业性会议,应选择富有专业特征的城乡地区召开,如大豆生产会议适宜到东北去开,煤炭会议适宜到山西去开,这样能够充分发挥会议地址在本专业的优势,便于安排考察。

二是交通因素。交通方面应该考虑便利性,尽量选择交通枢纽或大中型城市,要方便大多数与会者到会。

三是地理因素。地理方面要考虑城市对于参会人的吸引力。一个风光优美或富有地域特色的城市,有助于吸引人来参加持续几天的会议。

四是气候因素。气候方面要重点考虑会议期间的气候。会议地点的地理位置通常决定着那里的气候。北部地区冬天天气寒冷,而南方地区夏天则过于炎热。季节对与会者的影响还要受到他们预期和喜好的制约。

五是政治、经济、文化等因素。国际性或全国性会议,要考虑政治、经济、文化等因素,一般应在首都北京或其他中心城市如上海、武汉、广州、西安等地召开。

六是会议目标、会议类型等因素。例如展示性的会议,有确定的展示主体的,如校庆、厂庆活动,最好选择在本单位举行。若受条件限制,也可选择在当地的公共场所来举办。无确定的展示主体,可根据会议所需条件进行选择,如1999年世界园艺博览会,从园艺的角度举办,许多植物、园艺受气候的限制,举办者选择在昆明召开就是主要考虑四季如春的最佳气候条件,若在其他城市举办,则有可能增加投资和加大运行成本。

## 二、选择会议场所

在选择了会议所在地以后,就必须根据会议的主题和参加人数,以及会议费用等因素,选择合适的会议场所。选择会议场所应考虑以下几个方面的因素。

### (一)交通便利

会场位置必须让领导和与会者方便前往。一般应选择在距领导和与会者的工作地点均较近的地方;若是在外地,则要选择在大部分与会者方便到达的地点。

### (二)会场的大小应与会议规模相符

一般来说,每人平均有2~3平方米的活动空间比较适宜。同时应考虑会议时间的长短,时间长的会议,场地不妨大些。

### (三)场地要有良好的设备配置

桌椅家具、通风设备、照明设备、空调设备、音像设备要尽量齐全。同时应该根据会议的需要检查有无需要租用的特殊设备,如演示板、电子白板、放映设备、音像设备、录音机、投影仪、计算机、麦克风等。

## (四)场地应不受外界干扰

应尽量避开闹市区。同时,"外界干扰"还包括室外的各种噪声,打进会场的电话,以及来访和参观等。因此在场外应挂起"会议正在进行中,谢绝参观"的牌子,并要求关闭所有的手机。会场内部也应具有良好的隔音设备,以保证会议能在安静的环境中顺利进行。

## (五)有足够的停车场所和安全设施

大型会议应该考虑到一部分与会代表自行驾车前往,这些车辆加上参与接待的公司车辆需要有地方停放,所以选择会场的同时要考虑到该会场能否有与会议规模相符合的停车场。大型会议,还必须考虑到会场有无消防、防盗等安全设施。

## (六)场地租借的费用必须合理

场租费用是选择会场时所必须要考虑的一个重要因素,会场租借费用必须在会议经费预算范围之内,或者必须符合公司相关规定。在有限的预算控制范围内,要根据会议的目的和特点考虑会议场所的选择。如,城市中心地段可能适合于大多数与会者,并且公共交通服务良好,但是市中心地段的会场场所肯定昂贵一些。城外会议场所对与会者吸引力较小,但在预算范围内可以得到较好的会场条件,如果会期较长且预算有限,就可以考虑城外的会议场所。

## (七)会议场所周围有必要的餐饮和娱乐设施

会场的选择还必须考虑到与会人员的餐饮、娱乐活动等,尤其是大型会议,会场周围最好能有能够容纳与会人员的餐饮、娱乐设施。大中型会议开会的会议室、参会人员的住宿房间以及用餐的餐厅,应尽量统一在一个会议场所内,这样容易布置相关的工作并提供良好的会务服务。

## (八)会议场所有良好的服务能力

会议地点选择中还必须考虑会议场所的服务内容和服务水平。因为在现代的会议中,会议的组织者和与会者对于会议服务内容的要求更为多元和广泛,所以对于会议场所的服务水平高低的评价也会成为会议场所选择的重要因素。

## (九)会议场所有良好的会议空间

对于会议空间来说,应该有很好的光线,最好有充足的阳光,向阳面最佳,冬季尤为适宜。房间内没有使人分心的东西,而且有足够的座位容纳所有的人,温度要令人舒服。房间座位应该根据会议的性质来安排。

### 工作实例

## 一、确定会议召开所在地

香楠公司准备召开的是全国性的客户联谊会和新产品订货会,因此在确定会议所在地时要考虑两个因素:①因客户来自全国各地,所以交通要方便;②会议所在地与公司产品生产地距离要近,以方便产品运输与展示。

综合以上这两个方面,香楠公司秘书人员将会议地点确定在杭州。原因在于:①杭州处于我国交通枢纽,火车、飞机都能够直接到达,交通非常便利;②公司产品生产基地在萧山,属于大杭州范围,方便展品运输及陈列。

## 二、确定会议场所

根据前期的了解和统计,此次会议初步估计将有150人参加,所以必须选择具备承接大型会议能力的会议场所。综合考虑会期及费用等因素,秘书人员准备从杭州国际会议中心和杭州大酒店中选择出合适的会议场所。

秘书人员就这两个会议场所,结合选择会议场所应考虑的因素,对两个地点进行了比较,见表2-5-1。

表2-5-1 杭州国际会议中心与杭州大酒店情况对照表

| 项目地点 | 杭州国际会议中心 | 杭州大酒店 |
| --- | --- | --- |
| 交通便利与否 | 交通便利,方便寻找,有利于自驾车前往 | 周边交通比较拥堵 |
| 会场大小与会议规模 | 符合 | 符合 |
| 会场设备情况 | 先进 | 陈旧 |
| 会场受干扰情况 | 会场装有防干扰设施 | 会场无防干扰设施 |
| 车位 | 足够 | 比较紧张 |
| 租借费用 | 8000元/天 | 7500元/天 |
| 餐饮娱乐设施 | 有 | 晚上7:00以后几乎没有 |
| 承办会议经验 | 经常承办各类大型会议 | 也承办各类会议,但是承办大型会议不多 |
| 酒店类型 | 商务型和度假型相结合 | 商务型 |

综合分析两个场所的各种因素,秘书人员将会议地点选在杭州国际会议中心。

## 三、将选好的会议场所报请主管领导批准

会议地点选好以后,秘书人员将选择结果向香楠公司主管领导汇报,并得到刘梦晓总经理的批准,2022年度客户联谊会暨2023年新产品订货会会议地点就定在杭州国际会议中心。

## 四、签订协议

秘书人员在选好会议场所经单位主管上司同意后,应和承租方签订使用协议,并且要保

持与会场管理人员的联系,特别是开会前要落实会场的准备工作情况,使会议能够正常进行,确保万无一失,如有特殊情况应立即向主管上司汇报,并协助上司一起解决问题。

为了会议场所在会议期间能够正常使用,需要提前与会议中心签订协议。香楠公司和杭州国际会议中心签署了一份由香楠公司秘书人员起草的会场租赁协议。协议如下所示。

会场租赁服务协议

甲方:杭州国际会议中心

乙方:香楠公司

甲乙双方经友好协商,就杭州国际会议中心会场租赁服务达成以下协议:

**一、租借会议室**

时间:2022年11月25日—27日

地点:杭州国际会议中心第一会议厅

场租价格:8000元/天

附加服务内容及价格:会场设备(话筒、摄像设备等)2000元

总价款:26000元

预付款:5200元

**二、预订住宿房间**

本次会议预订标准间150间。标准间价格为280元/间(含双早)。

入住时间:11月25日。离会时间:11月27日。

**三、餐饮协议**

本次会议期间,早餐为自助餐(费用含在住宿费中)。午餐、晚餐为桌餐形式,10人一桌,每桌费用为800元。

**四、工作程序**

1. 乙方须在签订本协议后10天内,向甲方预付总价款20%的预付款,乙方不按约支付预付款,甲方有权解除本合同。

2. 甲方签署本协议并在乙方按约支付预付款后,将在约定时间、地点按所商定的标准为乙方提供一系列优质服务。

3. 在本次租赁服务结束当日,乙方向甲方按约结算。

**五、双方责任**

1. 甲方责任

甲方严格按照乙方的要求进行会场留存及布置,不得擅自改变会议时间、地点或场次。甲方若需变更会议地点、时间,须提前10日通知乙方,取得乙方同意;若甲方擅自取消会议,甲方须支付与预付款等额的违约金。

2. 乙方责任

乙方在预定后,如由于乙方的原因取消租用场地,乙方向甲方支付预付款。

甲方代表:张××                  乙方代表:张玉

电话:0571-8883××××　　　　　　　　　电话:0571-8435××××
2022年8月10日　　　　　　　　　　　2022年8月10日

## 训练项目

选择会议地点与会议场所

(1)实训目标。通过实训,要求学生掌握正确选择会议地点与会议场所的方法。

(2)实训背景。2023年××协会年会准备在江苏南京召开。本次会议准备表彰先进单位和先进个人,协会会长做报告,并选举新一届领导班子。请你在南京热线、江苏旅游网,以及江苏会议会展服务类网站上面选择一个合适的会议场所,并且说明理由。

(3)实训内容。如果你是办公室秘书,请根据实训背景,正确选择会议场所。

## 参考知识或案例

会议地点的选择

选择一个能让会议组织者和与会者都满意的会议场所非常重要,面对众多的场所,到底怎样去选择呢?

**一、列出可供选择的清单**

必须制作一个会议场所清单表,清单表上需注明会议要求的所有重要条件。如果清单设计合理,表明了酒店的条件好坏,将大大便于各个场所的比较和选择。

**二、选择合适类型的场所**

选择合适的会议场所,必须依据当地可提供的会议资源状况及该会议的程序、预计的与会人数、与会人员的背景情况,以及最重要的会议目的、目标和与会者的偏好等因素综合考虑。

(一)酒店(按类型划分)

1. 商务型酒店

这类酒店无论是在外部设计、内部装修,还是可提供的先进通信工具、适合会务的商用场地上(有特定的商务楼层),都充分体现了现代商务高效、快捷的内涵。酒店既能接待小型会议也能接待大型会议,有一个或多个多功能厅,24小时全天候办公,有较强的服务能力,此外还有多个中、西式餐厅,各种商店、健身房、游泳池等设施。

2. 度假型酒店

这类酒店一般建在旅游胜地或海边,其外部设计、园林规划、内部装修都充分体现了当地特色,集休闲、娱乐于一体。同时随着社会的发展,度假型酒店也能提供相应的会议设施、美食和各种代表地方和季节特色的活动,这些无疑大大方便了会议单位。

(二)酒店(按地点划分)

1. 位于市中心

在选择位于市中心的酒店时需考虑酒店与机场的距离(包括交通是否拥挤)。如果与会者来自国内或本地区,那么选择这样的酒店是明智的。会议筹划者一般喜欢选择位于理想的城市且设施和功能齐全的市中心酒店,这样与会者的随行家属便有很多活动可做。

2. 位于市郊

对于当地可驱车前往的与会者来说,这类酒店是大受欢迎的。

### 三、会议类型与场所的搭配

(1)举办培训活动的最佳环境是能提供专门工作人员和专门设施的成人教育场所(公司的专业培训中心或旅游胜地的培训点)。

(2)研究和开发会议需要有利于沉思默想、灵感涌现的环境(培训中心或其他宁静场所最为适合)。

(3)重大的奖励、表彰型会议一定要有档次,要引人入胜,会议的目的是对杰出表现予以奖励。

(4)对于交易会和新产品展示会,需要选择有展厅的场所,还要求到达会场及所在城市的交通必须便利。

### 四、现场参观注意事宜

在考虑去做现场参观之前,先检查一下是否已具备了以下前提条件:

(1)报价方接受和同意会议明细表中各项事宜;

(2)报价方应是候选名单中较好的一个;

(3)对报价方拟订的合同条款基本接受。

### 五、亲临现场实地考察

亲临现场进行考察时应注意以下五点:

(1)会见能做决策的人。这样有利于以后解决可能出现的交易问题。

(2)只要可能,一定要在对方建议的日期去进行参观。最好不要在酒店客满时去参观,因为这会使酒店产生直接费用。

(3)不要出于个人原因再次参观酒店,不要携带家属同行。

(4)想一想是以一个普通客人的身份不宣而至以检查酒店对客人的接待情况为好还是事先通知酒店以贵宾身份前往以检查酒店是如何接待贵宾的为好。

(5)考虑另一家酒店作为"备选"。

资料来源:http://www.meetingschina.com

## 复习思考题

1. 选择会议地点应考虑哪些因素?
2. 选择会议场所应考虑哪些因素?

## 任务六  制作并发送会议通知

### 学习目标

**能力目标**：能够正确地制发带回执的会议通知。
**知识目标**：了解会议通知基础知识,掌握制发带回执的会议通知的方法。

### 任务描述

香楠公司2022年度客户联谊会暨2023年新产品订货会的准备工作已经接近尾声,公司总经理要求办公室秘书张玉,根据会议议题、名称、会议议程以及会议日程,草拟一份带回执的会议通知。

如果你是公司总经理办公室秘书张玉,请你根据实际情况草拟带回执的会议通知交给刘梦晓总经理审核。

【任务分析】制发会议通知,首先要弄清楚会议的时间、地点,会议的主要内容,参加会议的人员等要素;其次要注意带回执会议通知的格式,格式要规范;最后,作为职业秘书,要搞清楚自己的工作职责,作为秘书,自己草拟的会议通知,必须经主管领导审核同意后,才能发出。

### 基础知识

会议通知是上级对下级、组织对成员或平行单位之间部署工作、传达事情或召开会议等时所使用的应用文,是向与会者传递会议信息的载体,是会议组织者同与会者沟通的重要渠道。

#### 一、会议通知的形式

会议通知的方式各种各样,常见的有口头通知、电话(传真)通知、书面通知、电子邮件通知等。

（一）口头通知

这种方式最突出的优点是快捷、便利、省事,适合于参加人员少的小型会议。缺点是声音媒介不易保存,出现问题时,不易厘清责任。正式会议一般不采取口头形式进行通知。

（二）电话(传真)通知

很多内部会议采取这种方式通知。以电话(传真)为媒介传递信息,快捷、准确,成本也不高。以这种方式传达通知时,会务人员必须做通知情况书面记载。

（三）书面通知

书面通知是一种传统的方式,适合大型会议使用。由于书面通知在传递过程中需要一定的时间,所以要提前准备,如果在预定的时间里对方没有收到,还需要及时采取补救措施。它的优点是责任清晰,事项全面、准确;缺点是环节较多,效率较低。

### (四)电子邮件通知

它是信息时代的产物,综合了上述三种方式的优势——快捷、准确、低成本、内容全面。目前,通过电子邮件传达会议通知的情况越来越多。

## 二、会议通知的作用

### (一)传递会议信息

向参会者或潜在的参会者传递会议的目标与主题,主要议题,会议的时间、地点,会议的参加者(某些会议的特殊要求)等基本信息。

### (二)收集代表意见

某些大型学术会议有"预通知",请参会者就议题、议程等方面提出意见建议,以便进一步完善。

### (三)收集代表个人信息

某些跨地区的大型会议的会议接待工作十分重要而琐细,有必要通过收集会议通知后面的"回执",了解与会者的各类身份信息及要求(如返程机票等)。

### (四)履行法定义务

某些法定性会议(如职工代表大会),正式代表具有出席会议的法定权利,向他们发送会议通知是会议工作机构的法定义务。

## 三、会议通知的结构与写作方法

会议通知主要由标题、正文、落款和回执等部分构成,写作方法介绍如下。

### (一)标题

标题是会议通知不可省略的组成部分,有完全式和省略式两种基本形式。

(1)完全式标题,包括发文机关、事由和文种三项要素,如《××公司关于召开年终总结表彰大会的通知》。

(2)省略式标题,将发文机关或事由省略,例如《关于举行节能减排工作会议的通知》。如果为小型会议或日常例会,会议通知标题可简化为《会议通知》。

标题下方左起顶格书写受文对象,可用统称或规范化简称,后加冒号,如"公司各部门:"。如果是内部会议或常规例会,受文对象也可省略。

## (二)正文

会议通知正文在受文对象下方左起空两格开始书写,主要包括通知前言、主体和结尾三部分。

(1)通知前言,即制发会议通知的理由、目的、依据,例如"为全面了解上半年产品销售情况,准确把握客户反馈信息,总公司决定于4月6日(星期三)召开销售工作会议,现将有关事宜通知如下:"。

(2)通知主体,写明此次会议的相关主要事项,应当做到条理清晰、表述准确,主要包括以下信息:会议主题与内容、召开时间与地点、参会人员、参会要求、报到日期和地点、会议组织方联系方式等。

(3)通知结尾,会议通知的结尾有两种写法:一是自然结尾,不专门写结束语;二是用"特此通知"结尾。

## (三)落款

会议通知的落款在正文结束后下方居右侧书写,包括发文单位名称和发文日期两部分。发文单位名称应当使用全称或规范化简称,如果是正式会议还应当在名称上加盖单位印章。发文日期在发文单位名称下方,采用阿拉伯数字或汉字书写,要求年月日齐全。

## (四)回执

如果会议参加人员较多或者参会人员是从外地赴会,组织方为了准确掌握参会人员数量从而做好相应的会前准备工作,可以在会议通知正文后附上回执,由参会人员填写完成后通过邮件或传真方式反馈给组织方。回执一般采用表格的形式,主要包括参会人员姓名、性别、抵达时间、返程车票机票预订、联系方式等内容。回执可以帮助组织者准确统计与会人数以便安排食宿,并为参加人员提供车票预订等服务。回执样式参见表2-6-1。

表2-6-1 会议回执

| 单位 | | | 人数共计 | |
|---|---|---|---|---|
| 姓名 | 性别 | 职务 | | 联系电话 |
| | | | | |
| | | | | |
| | | | | |
| 到达车次及时间 | 到达车次: | 到达时间: 月 日 时 分 | | |
| 返程票预订 | 车次(航班) | 出发/起飞时间 | 需到站时间 | 数量 |
| 飞机票 | | 月 日 时 分 | | |
| 火车票 | | 月 日 时 分 | | |

请于×月×日前将回执寄至:××省××市××路××号××组委会收,邮编××××××

### 四、几种特殊的书面会议通知

会议通知是上级对下级、组织对成员或在平行单位之间使用的,给人的感觉比较生硬。因此,人们往往使用会议请柬和会议邀请函,以表达对贵宾及参会者的特别尊重之意。

#### (一)会议请柬

又称为请帖、柬帖,是为了邀请客人参加某项活动而发的礼仪性书信。凡召开各种会议,举行各种典礼、仪式和活动,均可以使用请柬。使用请柬,既可以表示对被邀请者的尊重,又可以表示邀请者对此事的郑重态度。会议请柬除具有正规庄重的特点外,也具有作为会议入场凭证的作用。

1. 请柬的结构

从撰写方法上说,不论哪种样式的请柬,都有标题、称谓、正文、敬语、落款和日期等。

(1)标题:统一印制的为双柬帖,封面已印上"请柬"二字。单位自己打印的单柬帖,仅在顶端第一行写"请柬"二字,字体较正文稍大。

(2)称谓:顶格写被邀请单位名称或个人姓名,其后加冒号。个人姓名后要注明职务或职称,如"××先生""××女士"。

(3)正文:另起行,前空两格,写明活动的内容、时间、地点及其他应知事项。

(4)敬语:一般以"敬请(恭请)光临""此致敬礼"等做结。"此致"另起行,前空两格,再另起行,写"敬礼"等词,需顶格。

(5)落款和日期:写明邀请单位或个人姓名。以单位名义邀请的应写明单位名称并加盖公章,以领导名义邀请的,应由领导人署名,以表诚意。下边写明日期。

2. 请柬写作的注意事项

(1)文字要美观,用词要谦恭,要充分表现出邀请者的热情与诚意。

(2)语言要精练、准确,凡涉及时间、地点、人名等一些关键性词语的,一定要核准、查实。

(2)语言要得体、庄重。

#### (二)会议邀请函

邀请函是邀请亲朋好友或知名人士、专家等参加某项活动时所发的请约性书信。会议邀请函一般用于商业会议活动,具有礼节性,发送对象是不受本单位职权制约的单位和个人。在召开各类学术会议、贸易洽谈会议、产品发布会、节庆会议时,以使用邀请函为宜。

在文体结构上,它与会议通知基本相同。不同之处在于,会议邀请函在开头和结尾之处,经常要使用各种礼仪用语,以体现对合作伙伴的尊重。具体如,在标题下开头顶格写"尊敬的×××先生/女士"或"尊敬的×××总经理(局长)";正文结尾一般要写常用的邀请惯用语,如"敬请光临""特此致函,期待您的光临"等。

## 五、会议通知的发送

### (一)确定会议通知的发送对象

选择恰当的与会者是会务工作中比较困难而又重要的工作,是会议成功的重要因素之一。秘书人员应根据领导的指示和要求,综合考虑,查对后提出与会人员名单,并请领导审定。

确定与会者的要点有以下几方面:

(1)参加对象的职务或级别,即明确会议必须要担任什么职务和级别的人员才能参加。

(2)参加对象的身份,即明确一个对象是按照正式成员、列席成员、旁听成员、特邀成员等几种身份中的哪一种来参加会议。

(3)参加对象的代表性。

(4)参加会议的总人数。

### (二)会议通知的发送方式

会议通知的发送方式多种多样,可通过邮局挂号信、邮局特快专递、快递公司快递邮寄,也可通过传真、电子邮件等发送会议通知扫描文本。

会议通知的发送方式,应该根据会议性质以及与会者的具体情况进行选择。一般情况下,多以通过邮局挂号信邮寄的方式发出。

### (三)发送会议通知的注意事项

(1)人员名单确定后,对于要发送会议通知的对象在正式发送之前送交上司审核,最终根据上司确定的名单发送会议通知。

(2)会议通知的发送时间,一般是提前1~2周寄发。太早了容易遗忘,太晚了没有准备时间。当然,也要根据会议类型灵活掌握,例如单位内部会议和跨地区的大中型会议,就有明显不同的要求。

(3)对书面通知的地址、邮编等要填写正确,特别要注意,单位名称不要随意简化,以免错发。

(4)将名单和信封核对一遍,防止遗漏和重复。信封封口前要仔细检查一遍,不要错装、漏装。

(5)落实发送的回复环节(比如发送对象有没有及时收到通知,可以通过电话、口头询问、电子邮件等方式检查通知是否落实)。

(6)在会议前夕,最好能和所有发出通知的人员联系,进一步确认是否能够到会,以便安排食宿,代客户订购回程车票等。

(7)法定性的会议,必须确定会议通知送达与会者,并注意取得相关证明,例如签收、收据、挂号信单据等,以免日后出现责任问题。

(8)特殊情况的会议,如股东大会,可以采用公告的方式,刊登在报刊或网站上。

(9)对于一些经常参加会议的客户,其信息应用电脑打印出来,制作成名条,以便下次发通知时利用。

在实际工作中,应根据各种不同类型的会议,灵活采用不同的会议通知形式和发送方式。

### 工作实例

#### 一、撰写信函式会议通知

本任务中有相当多的人员来自其他单位或外地,因此应当使用信函式通知告知其相关信息,在通知正文后附上回执供其填写。考虑到与会者多是平等的商业合作伙伴,为体现尊重,应在会议通知基本结构的基础上,采用会议邀请函的形式,具体如下。

**香楠公司2022年度客户联谊会暨2023年新产品订货会邀请函**

尊敬的×××先生/女士:

为了进一步加强与贵公司的合作关系,听取贵公司对我公司产品和售后服务的意见和建议,并做好2023年产品的订货工作,我公司定于2022年11月25日—27日,在杭州国际会议中心召开客户联谊会暨2023年新产品订货会。

一、会议议题

1. 香楠公司2022年生产、销售情况报告。

2. 2023年产品订货说明。

二、参加会议人员

香楠公司各地区代理商、客户代表、合作公司负责人等。

三、会议时间

11月25日至11月27日。11月25日在杭州国际会议中心大堂报到。

四、会议地点

杭州国际会议中心第一会议厅

五、其他事项

1. 大会将为各与会人员免费提供食宿。

2. 参加会议的代表请按要求填写本通知所附的会议报名表(见附表2),于11月10日前寄回会务组。需接车、接机及购买回程机票、车票的人员,务请在会议报名表中注明。

3. 联系方式

联系人:张玉

联系电话:×××××××

电子邮箱:xuting@×××.com

通信地址:杭州市××路××号香楠公司总经理办公室

邮编:××××××

附件:1.会议日程

2.香楠公司客户联谊会报名表

3.杭州国际会议中心路线图及乘车指南

香楠公司<br>2022年10月19日

附件1:会议日程安排表(略)

附件2:香楠公司客户联谊会报名表

**附件2　香楠公司客户联谊会报名表**

| 姓名 | | 性别 | | 出生年月 | |
|---|---|---|---|---|---|
| 公司名称 | | | 职务 | | |
| 联系电话 | | | 电子邮箱 | | |
| 通信地址 | | | | | |
| 同行人数及性别 | | | | | |
| 是否需要接站(请写明乘坐交通工具及到达时间) | | | | | |
| 是否需要预定返程票(请写明乘坐交通工具及大概时间范围) | | | | | |

附件3:杭州国际会议中心路线图及乘车指南

乘车指南:

1. 从城站出发:(乘出租车约28元);乘坐k226(或k225、k525、266、225、300、k39、39),在总管塘站下车,步行至总管塘(钱塘大厦)站,换乘k517,在解放路之江路口站下车,步行至杭州国际会议中心。

2. 从机场出发：(乘出租车约100元)乘坐机场大巴至杭州市区，在金苑宾馆站下车，步行至众安桥站，乘坐k517，在解放路之江路口站下车，步行至杭州国际会议中心。

## 二、确定会议通知发送名单

香楠公司此次组织召开的为客户联谊暨新产品订货会，因此希望能够参会的人员包括重点客户的高层管理人员，主要客户的采购部或研发部主管，相关政府主管部门的领导等。

香楠公司秘书人员根据以上目标，结合公司各部门提出的名单，拟订了一份参会人员名单，具体名单见表2-6-2。

表2-6-2　参会人员名单

| 姓名 | 公司 | 职务 | 地址 | 电话 | 备注 |
|---|---|---|---|---|---|
| 刘×× | 北京市××公司 | 总经理 | ××× | 135×××××××× | |
| 李×× | 天津市××公司 | 采购部经理 | ××× | 158×××××××× | |
| 肖×× | 西安市××公司 | 采购部业务员 | ××× | 156×××××××× | |
| 张×× | 广州市××公司 | 市场部经理 | ××× | 158×××××××× | |
| 王×× | 重庆市××中心 | 市场部经理 | ××× | 138×××××××× | |
| …… | …… | …… | …… | …… | …… |

## 三、审核会议通知

将初拟的会议通知及参会人员名单送交主管领导审核，并根据领导审核意见进行修改。待主管领导签批后，方可盖章发送。

## 四、发送会议通知

因本次会议是规模较大的正式会议，因此要寄送正规的会议通知。为了会议通知能够较为安全地送到与会者手中，香楠公司秘书选择了通过邮局邮寄挂号信的方法（见图2-6-1)给参会代表发送会议通知。

100000

北京市海淀区××路××号

刘××总经理（收）

浙江省杭州市××路××号　香楠公司总经理办公室

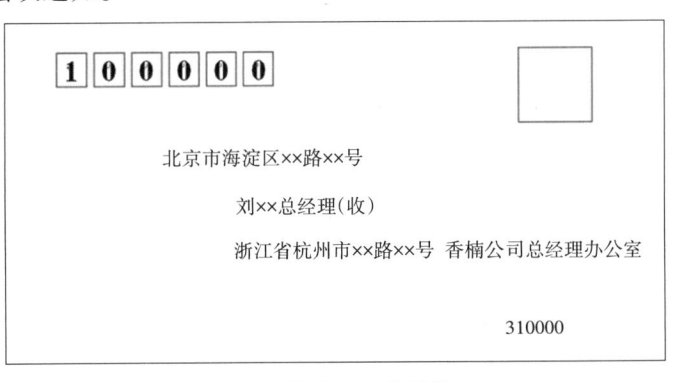

310000

图2-6-1　挂号信信封样式

### 五、确认通知收到与回执处理

会议通知发出后,因这次会议较为重要,所以秘书人员还要与主要客户通过电话或邮件进行联系,询问对方是否收到会议通知以及是否参会,进行确认。

在回执收到后,秘书人员通常需要确认、统计有效回执,从而制作参会人员统计表,准备接待事宜,并根据统计表最终与会议举办地确定住宿及餐饮相关事宜。香楠公司的参会会议信息统计表见表2-6-3。

表2-6-3　客户联谊会暨新产品订货会参会回执信息统计

| 姓名 | 公司 | 职务 | 电话 | 车次/航班 |
| --- | --- | --- | --- | --- |
| 刘×× | 北京市××公司 | 总经理 | 13520364××× | HU4736 |
| 李×× | 天津市××公司 | 采购部经理 | 15823684××× | T156 |
| 肖×× | 西安市××公司 | 采购部业务员 | 15623200××× | K195 |
| 张×× | 广州市××公司 | 市场部经理 | 15898256××× | CA6140 |
| 王×× | 重庆市××中心 | 市场部经理 | 18925621××× | G15 |
| …… | …… | …… | …… | …… |

## 训练项目

### 一、起草带回执的会议通知

(1)实训目标。通过实训,要求学生掌握带回执的会议通知的写作方法。

(2)实训背景。××大学拟于济南市泰山登山节期间举办"第六届中国通信与网络学术研讨会",本届会议的主题是"让通信和网络技术引领未来",会议的目的在于促进通信和网络技术的交流,推动该领域的学术研究、技术发展和产业应用,加强国内外学术界的交流。会议拟邀请高校从事通信科学研究的教授、学者、研究专家,成功的知名企业家,加拿大、美国、日本、韩国等国学者参会。

会议的主要内容有:①新一代无线移动通信与网络技术研讨;②无线自组织与传感器网络技术研讨;③信号处理技术,光通信与交换技术研讨;④下一代互联网与信息安全技术以及新兴物联网设计与相关应用研讨;⑤参观考察。

(3)实训内容。如果你是该次会议的筹委会办公室秘书,请根据实训背景,设计并制作一份带回执的会议通知,要求通知格式正确、规范,要素齐全。会议的时间、地点及有关事项可虚拟。

## 二、拓展训练

请同学们课余时间利用网络搜索和收集各种形式的会议通知和会议邀请函,并进行分析和比较,规范的请保存下来作为参考,不规范的请找出来进行修改练习。

### 参考知识或案例

#### 会议通知短信模板

各位领导和同事:由×××部召集的××××会将于10月13日(周×)×:00在会议室(3)召开,请大家准时参会。注:会议资料已发大家OA邮箱,请自行下载查询。办公室　2018-10-12

各位领导和同事:接总经理最新通知,原定于×月×5日(周×)×:00-×:00的关于××××的会议暂时取消。如给大家带来不便,敬请谅解！办公室　2018-8-25

各位领导和同事:因参会人员有会议冲突,原定于9月29日上午11:00召开的会议管理制度宣讲会推迟至9月29日11:30在会议室(2)召开,请大家准时参会。注:《会议管理制度》(会议资料)已发大家OA邮箱,请大家自行下载查阅。办公室　2018-9-28

各位领导和同事:"定位——中国10年"高峰论坛分享将于今天(9月14日)18:30在培训室举行,请大家务必准时到场。分享人:××××。参加人员:××××。所有参加人员不得请假,同时欢迎其他人员前来参加。办公室　2018-9-14

各位领导和同事:由工程部召集的关于还建房墙体开裂专题会将于10月15日(周六)上午8:30在会议室(2)召开,请大家准时参会。办公室　2018-10-15

### 复习思考题

1. 会议通知的方式有哪些?
2. 会议通知由哪几个部分组成?
3. 发送会议通知的注意事项有哪些?

# 任务七　编制会议预算

## 学习目标

**能力目标:** 能够进行大中型会议经费预算,并编制经费预算方案。
**知识目标:** 熟知会议经费预算的原则,掌握会议经费预算的方法。

## 任务描述

香楠公司2022年度客户联谊会暨2023年新产品订货会准备工作已经基本就绪,刘梦晓总经理要求秘书张玉做一份会议经费预算方案,会议经费预算控制在20万元以内。

如果你是秘书张玉,请你根据会议内容、会议时间、会议规模等,拟订一份会议经费预算方案。

**【任务分析】**会议经费预算是会议前期准备工作中的一项重要工作。会议经费预算必须考虑会议内容、会议时间、会议规模、参会人数等因素,拟订会议经费预算方案必须本着节约的原则,必须符合公司的财务制度。

## 基础知识

会议预算是会议管理与策划的重要内容之一。编制会议经费预算,就是对会议收入和会议支出做出科学的预测,就是将会议经费在会议各项活动项目间进行合理的分配。会议筹备期间的各个环节都会影响会议经费预算,因此,筹备时,会议预算要进行精心核算,筹备人员应及时将会议预算上报会议领导小组,并根据领导的决策用好会议预算。

### 一、编制会议经费预算的原则

编制会议经费预算应当遵循以下几项原则。

#### (一)节俭办会原则

严格遵循节俭办会的宗旨,根据实际需要科学合理地分配各项开支,并保证资金专项使用,真正用之于会。

#### (二)总量控制原则

严格控制经费总量,每一次会议的经费都有一定的限度,所有开支都必须控制在适度范围之内,不能无限制地增加,会议成本总量不能超过会议预期收益,否则开会就没有任何必要了。

#### (三)确保重点原则

在经费数量限定的情况下,或当经费不足时,要确保重点,确保有限的经费花在刀刃上。

#### (四)细化到项目原则

对会议的每一项开支都应严格审核,力求达到预算经费与实际开支的平衡,能省则省,能减就减。

#### (五)留有余地原则

要充分考虑会议期间可能出现的一些不可预测性的费用开支,预算时要适当留有余地。

### 二、会议预算经费的编制

#### (一)会议预算的作用

通过会议预算,第一,可以对会议的各项收支项目进行量化,使会议经费达到基本的收支平衡,避免财务亏损;第二,清楚地了解会议启动所需要的金额,避免由于启动经费不足而影响会议筹备工作。预算方案须经主管领导审核,报请财务主管部门批准,方可通过执行。

### (二)会议经费预测的步骤与方法

(1)预测会议规模。会议规模是编制会议预算的基本依据。一般可以根据前三届会议的人数,进行历史类比。对于首次举办的会议,则需要随时收集会议回执来掌握与会人数。

(2)预测会议支出。会议支出可分固定支出和可变支出两大类,固定支出不会随实际参会人数而变化,如印刷和邮寄费用,在会议举行之前就会发生,因此可以进行比较准确的预测。可变支出如会议餐费,是随参会人数而变化的,应根据对会议规模的预测进行判断。

会议预算编制中的交通费用、会议场地租金、会议布置费用、会议设备租金

### (三)会议预算的编制

会议经费预算包括会议支出预算和会议收入预算两大部分。支出部分又可以分为固定支出和可变支出两部分,当然"固定"与"可变"之间也不是一成不变的。会议收入和会议支出的组成也是随会议而变化的,基本的组成包括:

(1)会议收入组成包括:本单位专款、联合主办者提供的经费、会议注册费(会务费)、外单位赞助、其他。

(2)会议支出组成包括:交通费、会议场地租金、会场布置费用、会议设备租金、住宿费、餐饮费、资料费用、人工费、娱乐及考察费用、杂费等。

1. 交通费用

(1)会议期间交通费用。包括商务考察交通费用,其他与会人员可能使用的交通工具费用。如果会议地点和住宿、餐饮不在同一地点,也会产生交通费用。

(2)接送交通费。包括会议地点至机场、车站、港口的接送交通费用。

2. 会议场地租金

通常而言,场地的租赁已经包含某些常用设施,譬如激光指示笔、音响系统、桌椅、主席台、白板或者黑板、油性笔、粉笔等,但一些特殊设施并不包含在内,比如投影设备、临时性的装饰物、展架等,需要加装非主席台发言线路时也可能需要另外的预算。

3. 会场布置费用

如果不是特殊要求,通常而言此部分费用包含在会场租赁费用中。如果有特殊要求,则需要额外的费用。

4. 会议设备租金

主要是租赁一些特殊设备,如投影仪、笔记本电脑、同声传译系统、会场展示系统、多媒体系统、摄录设备等,租赁时通常需要支付一定的设备押金。租赁费用中包括设备的技术支持与维护费用。值得注意的是,在租赁时应对设备的各类功效参数做出具体要求(通常可向专业的会议服务公司咨询,以便获得最适宜的性价比),否则可能影响会议的进行。

### 5. 住宿费用

住宿费是会议主要开支之一。正常的住宿费除与酒店星级标准、房型等因素有关外，还与客房内开放的服务项目——譬如客房内的长途通信、洗衣、迷你酒水吧、一次性换洗衣物、互联网、水果提供等服务是否开放——有关。会议主办方应明确酒店应当关闭或者开放的服务项目及范围。

### 6. 餐饮费用

会议的餐饮可以很简单，也可以很复杂，这取决于会议的需要。通常包括以下几个方面：

（1）正餐。正餐分为午餐、晚餐、早餐。因会议通常在上下午均有安排，因此午餐有一定的工作餐性质，以安排自助餐为主；晚餐系主要用餐，通常是会议程序的一部分，拥有较正式的规格，其间可能会安排领导讲话、用餐人员相互敬酒等环节；早餐除非是安排好的早餐会，通常是非正式的，仅为住宿人员提供，费用包含在住宿费用中，在预定住宿时，要与住宿提供者协商早餐的安排。

正餐通常是自助餐，当然也可以采取围桌式就餐，费用按人数计算即可（但考虑到会议就餐的特殊性及原材料的预备，所以预计就餐人数不要与实际就餐人数相差15%，否则餐馆有理由拒绝按实际就餐人数结算，而改为按预定人数收取费用）。

（2）茶点。茶点基本上是按人数预算的，预算时可提出不同时段茶歇的食物、饮料组合。通常情况下，茶歇的种类可分为西式与中式两种，西式基本上以咖啡、红茶、西式点心、水果等为主，中式则以开水、绿茶或者花茶、果茶、水果、咖啡及点心为主。茶点可以放在会议室内的桌上供参会人员享用，也可以放在会议室外部，由参会人员外出休息时享用，具体提供时间、种类、数量、服务要求，需事前由会议筹办人员与会议场所提供商协商而定。承办者告知的茶歇价格通常包含服务人员费用，如果主办方需要非程序服务，可能需要外加预算。

安排食品饮料时，需要了解是否有特别饮食要求的参会人员，如素食或清真食品。

### 7. 资料费用

包括会议的公关宣传，制作会议各类文件资料和证件的费用，相应的邮寄费用，文具费。

### 8. 人工费

包括支付给与会人员和工作人员的补贴或报酬，如支付给特邀报告人、临时借用人员的酬金。与会人员和工作人员的工资一般不计算在其中。

### 9. 娱乐、考察费用

如果会议安排了参观游览、考察、文娱晚会等活动，还要预算参观游览门票、演出或包场费用等。

### 10. 杂费

杂费是指会议过程中一些临时性安排产生的费用，包括临时打印、临时运输及装卸、纪念品、模特与礼仪服务、临时道具、传真及其他通信、快递服务、临时保健、翻译与向导、临时商务用车、汇兑等。杂费的预算很难计划，通常可以在会务费用预算中增列不可预见费用作为机动处理。

另外，会议经费预算的编制还应考虑不可预见因素，其数额一般按照总经费的5%~20%来计算。

### 三、会议经费的筹措方式

会议经费的筹集是多渠道的，主要来源有：
(1)企业单位内部会议经费一般可从行政经费中开支。
(2)由几个单位共同主办的会议，主办者之间通过协商分担费用。
(3)通过向社会各界寻求赞助筹得资金。
(4)与会者个人或其所在单位全部承担或部分承担个人费用，如交通费、食宿费、资料费等。
(5)一些大型的会议活动由于影响较大，可以在法律允许范围内通过转让会议无形资产来筹集资金。
(6)其他方式。作为秘书人员应当通过有效的公关活动多方面获取资金，确保会议有足够的经费开支，并得到合理有效的使用。

### 工作实例

香楠公司秘书人员根据此次会议的具体情况以及相关要求，拟订了一份会议经费预算方案，方案如下。

**香楠公司2022年度客户联谊会暨2023年新产品订货会经费预算方案**

公司定于2022年11月25日—27日在杭州国际会议中心第一中心会议室召开2022年度客户联谊会暨2023年新产品订货会。与会人员预计300人，现就会议所需各项经费提出预算。

一、场地租用费
杭州国际会议中心会议室租金8000元。

二、摄像设备等租用费
拟租摄像机2台，租金共计2000元。

三、会场装饰费
为了烘托气氛，会场必须进行装饰，具体有：鲜花1000元；横幅5条，每条100元，共500元；拱门2个，一个500元，共1000元；其他装饰用品2000元。共计4500元。

四、聘请嘉宾咨询费
拟请嘉宾2人，每人支付5000元，共计10000元。

五、餐饮费用(早餐费除外)
10人一桌，每桌标准800元，共计96000元。

六、交通费用
租用旅行车6辆，每辆每天1000元，共计6000元。

### 七、会议用品费

制作宣传手册，每份宣传手册成本为5元，400份，共2000元；制作会标、会议代表证、文具等，共2000元。共计4000元。

### 八、纪念品及演出费

每人一份纪念品，价值100元左右，共计30000元；文艺演出5000元。共计35000元。

### 九、其他（机动）费用

为了保证会议正常进行，机动费用为10000元。

综上所述，此次会议经费总计175500元，其中，中国移动公司浙江省分公司赞助30000元，其他费用由公司行政费用列支，共需145500元。

此预算提交总经理办公室审查批准。

会议筹备小组<br>2022年11月10日

## 训练项目

### 拟订会议经费预算方案

（1）实训目标。通过实训，要求学生掌握拟订会议经费预算的方法。

（2）实训背景。某校人文艺术学院拟召开人才培养创新研讨会，会议将邀请全国相关院校领导、专家约200人与会。

（3）实训内容。如果你是该分院办公室秘书，请根据实训背景，拟订一份经费预算方案送交该分院主任审核，要求预算格式正确、规范，要素齐全。

## 参考知识或案例

### 优秀企业成功经验高层研讨会会议预算方案

**一、会议名称**

2022优秀企业成功经验高层研讨会

**二、会议时间**

2022年5月20日—2022年5月23日

**三、会议地点**

九华山庄

**四、经费预算**

| 一、会场费用：24500元 ||||||
| --- | --- | --- | --- | --- | --- |
| 序号 | 名称 | 单价 | 数量 | 合计（元） | 备注 |
| 1 | 会议室租金 | 5000元/天 | 3天 | 15000 | 九华山庄 |
| 2 | 投影设备 | 2000元/天 | 3天 | 6000 | 九华山庄 |

续表

| 3 | 音响设备 | 1000元/天 | 3天 | 3000 | 九华山庄 |
|---|---|---|---|---|---|
| 4 | 会场布置(气球、彩带等装饰) | 500 | | 500 | 九华山庄 |
| 二、住宿费用:57000元 ||||||
| 序号 | 名称 | 单价 | 数量 | 合计(元) | 备注 |
| 1 | 豪华房 | 600元/间 | 10间*3天 | 18000 | 总经理、高层领导 |
| 2 | 高级房 | 350元/间 | 20间*3天 | 21000 | 专家、高级管理人 |
| 3 | 标准房 | 300元/间 | 20间*3天 | 18000 | 陪同人员 |
| 三、餐费:58000元 ||||||
| 序号 | 名称 | 单价 | 数量 | 合计(元) | 备注 |
| 1 | 早餐 | 10元/人 | 100人,3次 | 3000 | |
| 2 | 酒店餐会(含酒水、饮料等) | 800元/桌 | 10桌,2次 | 16000 | |
| 3 | 自助餐 | 80元/人 | 100人,2次 | 16000 | |
| 4 | 酒水及服务费 | 70元/人 | 100人,2次 | 14000 | |
| 5 | 会场茶歇 | 30元/人 | 100人,3次 | 9000 | |
| 四、交通费用:3300元 ||||||
| 序号 | 名称 | 单价 | 数量 | 合计(元) | 备注 |
| 1 | 大巴车 | 600元/辆 | 2辆 | 1200 | |
| 2 | 观光旅游车 | 300元/辆 | 7辆 | 2100 | 考察北京中关村科技园区 |
| 五、会议用品费用:2000元 ||||||
| 序号 | 名称 | 单价 | 数量 | 合计(元) | 备注 |
| 1 | 文件资料费 | 4元/份 | 100份 | 400 | 多印三份 |
| 2 | 宣传手册 | 4元/份 | 100份 | 400 | 多印三份 |
| 3 | 会标 | 200元/份 | 1份 | 200 | |
| 4 | 代表证 | 5元/份 | 100份 | 500 | |
| 5 | 文具 | 5元/份 | 100份 | 500 | |
| 六、劳务费:17600元 ||||||
| 序号 | 名称 | 单价 | 数量 | 合计(元) | 备注 |
| 1 | 礼仪 | 100元/(人·天) | 10人,4天 | 4000 | |
| 2 | 会场工作人员 | 80元/(人·天) | 20人,4天 | 6400 | |
| 3 | 后勤工作人员 | 60元/(人·天) | 30人,4天 | 7200 | |
| 七、不可预见费用:10000元 ||||||
| 合计:172400元 ||||||

## 复习思考题

1. 会议经费预算的原则有哪些?
2. 会议经费的筹措方式有哪些?

# 任务八　准备会议资料和会议物品

## 学习目标

**能力目标:** 能够对大中型会议所需的会议资料和会议物品进行准备。
**知识目标:** 了解会议资料和会议物品所包含的内容,掌握准备会议资料和物品的方法。

## 任务描述

香楠公司2022年度客户联谊会暨2023年新产品订货会准备工作已经基本就绪,眼看会期在即,刘梦晓总经理要求秘书张玉准备好会议资料和物品。

如果你是秘书张玉,请你根据会议的需要准备会议资料和会议物品。

**【任务分析】** 会议资料和会议物品是否准备妥当和充分是会议能否取得成功的重要影响因素之一。因此,会议组织者会前必须做好计划,提前准备好会议各种资料和用品。为做好此项工作,秘书必须了解会议资料和会议用品的种类,掌握必要的会议用品制作方法。

## 基础知识

### 一、会议资料

会议资料可分为来宾资料、会务资料和沟通资料三类,秘书人员应提前做好充分的准备,按时分发,保证与会者的使用。

会议资料和会议物品的准备

#### (一)来宾资料

来宾资料是来宾报到时分发的资料,整理后用资料袋装好,形成一份份的材料袋,无须来宾个人领取或索取。资料袋中应包括:会议文件资料(如重要人物讲话提纲等)、会议手册(会议日程表、会议须知等)、分组名单、笔记本、文具、代表证、房卡、餐券等。

#### (二)会务资料

会务资料是会议组织者处理各项会务所需的资料。会务资料包括:接站一览表、会议签到表、住宿登记表、用餐分组表、会议讨论分组表、会间乘车分组表、订票登记表、会务组成员通讯录(每人一份)等。当然,这些会务资料也因会议类型不同而有所差异。

#### (三)沟通资料

沟通资料是进行会议内外沟通的资料。沟通资料主要包括:会议宣传资料、会议参考文件、各种与会议有关的协议书、合同书等相关资料。

## 二、会议物品

会议物品主要包括会议期间使用的各种证件、会议指示标志、常用的会议设备和用品。

### (一)会议证件

会议证件是会议组织者发给参加会议的代表、嘉宾以及会议工作者佩戴的统一制作的证件。主要包括代表证、列席证、工作证、记者证等。

代表证发给参加并有表决权和选举权的代表;列席证发给旁听但无表决权的列席人员;工作证只能证明是会议工作人员,出入行走有一定限制;记者证只是发给新闻媒体的有关人员,工作区域有一定限制。

会议证件有以下4个作用:

(1)是与会者、嘉宾、工作人员的身份证明。

(2)有利于保证会议安全,控制会议出入人员。

(3)便于统计会议到会人数。

(4)有利于维持会议秩序。

### (二)会议指示标志

会议的指示标志是在会场和相关服务区域摆放或者设置的某些标志物,如各种指示牌、区域图或路线图、名签或台签等标志。

(1)指示牌。大中型会议应制作标志牌或指示牌,方便与会者顺利找到相关区域或地点。

(2)区域图或路线图。在一些会议场馆里,为方便与会者入座,事先画出区域图,张贴于入口处。

(3)名签或台签。在主席台或各种办事地方摆放名签或台签,以标明人员的身份或会议办事机构的名称。

### (三)常用的会议设备和用品

必备的设备和用品应在会议筹备过程中就提前准备好,以免使用时出现问题耽误会议的进程。

(1)常用的设备。包括笔记本电脑、打印机、复印机、传真机、灯具、音响、通风、录音、摄像和安全设备等。

(2)常用的用品。包括一次性水杯、电池、剪刀、纸张夹、裁纸刀、胶带纸、双面胶、订书机、尺子、绳线、订书钉、回形针、大头针、胶水、白板、白板笔、粉笔、信封、便笺、铅笔、钢笔、信纸、放大的公司标志、公司电话簿等。

此外,应根据某些会议的特殊需要,准备相关用品,如国歌和国际歌伴奏带、投票箱、旗帜、仪仗队、鲜花等。

### (四)会议物品准备注意事项

(1)根据会议经费的预算,量入为出。

(2)所备物品应经济适用,严禁奢华,避免浪费。

(3)学会精打细算,必需的开支应优先考虑,如会议资料、宣传材料、纸笔等;观光用品、纪念品、奖品等附属支出,可适当压缩。

(4)会议物品的准备有时可结合公关宣传工作,如在发放的纸笔或资料袋上印制会议举办企业名称及会议名称。也可以印制赞助企业的名称,开辟会议筹资渠道。

(5)准备就绪的物品在会议前要进行适当的试用或调试,如需用到黑板、白板,应将其附带的粉笔、水笔、指示棒或荧光笔、板擦等一起准备;会议正式开始前两小时开空调进行预冷或预热试验。

(6)使用到各种视听设备时,应安排有专人负责调试、维修和保管。在现代会议中,常用的视听设备有:表决投票系统、同声传译系统、发言讨论系统、多媒体设备(投影机、投影屏、投影仪、幻灯机)、摄像机、录像机、电视机、电视墙、数据监视器、音响设备、办公设备、音频视频会议系统等。

这类设备,一般由所签约的专业会议服务机构负责。会议组织者要做的是,提醒对方注意:做好使用及维修记录;准备一些应急的配件,如保险丝、电工盒、空白磁带、彩色粉笔等;租赁的设备若较多,应向出租方要求配备专门的应急维修人员并留存电话号码;陈旧的设备宁可更换新的,也不要在会议期间维修,以免耽误时间维修,更不能造成与会人员一同参与设备抢修的情况;一切设备最好能在会议前预演一遍。

## 工作实例

### 一、会议资料准备

#### (一)来宾资料

秘书张玉与会务组同事一起,根据会议需要,为了方便地将会议资料分发给与会代表,事先将会议文件资料、公司产品宣传手册、会议日程安排表、文具、餐券等,都装在材料袋里面。如图2-8-1所示。

#### (二)会议资料

按照此次会议的实际情况,会务组准备了会务资料,包括:会务组成员通讯录、用餐分组表(注意有无素食者)、会议讨论分组表、会间乘车分组表、住宿登记表(酒店负责)等,与会者每人一份。详见表2-8-1至表2-8-5。

为保证会议接待工作有序进行,秘书张玉将会务资料进行了整理,会务组每个成员都发了一份会务资料,包括:接站小组成员表、代表接站安排表、代表签到表、火车订票登记表、飞机订票登记表。详见表2-8-6至表2-8-10。

图 2-8-1　材料袋及资料

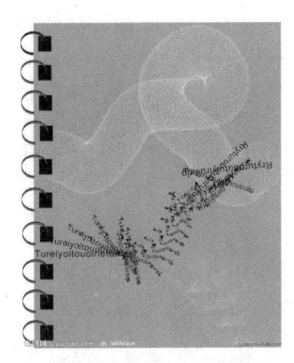

表 2-8-1　会务组成员通讯录

| 部　门 | 职　责 | 姓　名 | 电　话 | 备　注 |
|---|---|---|---|---|
| 会务组 | 负责人 | ××× | 1381234××× | 负责接待、会场服务 |
| ××× | 组员 | ××× | 1581234××× | |
| …… | …… | …… | …… | …… |
| 秘书组 | 负责人 | ××× | 1891234××× | 负责会议资料、会场记录 |
| ××× | 组员 | ××× | 1382234××× | |
| …… | …… | …… | …… | …… |
| 后勤组 | 负责人 | ××× | 1383234××× | 负责住宿、餐饮、用车、安保 |
| ××× | 组员 | ××× | 1389234××× | |
| …… | …… | …… | …… | …… |

表2-8-2　用餐分组表

（第一组　桂花厅）

| 桌别 | 成员 ||||||||||
|---|---|---|---|---|---|---|---|---|---|---|
| | 1 | 2 | 3 | 4 | 5 | 6 | 7 | 8 | 9 | 10 |
| 1 | ××× | ××× | ××× | ××× | ××× | ××× | ××× | ××× | ××× | ××× |
| 2 | ××× | ××× | ××× | ××× | ××× | ××× | ××× | ××× | ××× | ××× |
| 3 | ××× | ××× | ××× | ××× | ××× | ××× | ××× | ××× | ××× | ××× |
| …… | …… | …… | …… | …… | …… | …… | …… | …… | …… | …… |

注：每桌10人，少于8人请联系会务组与其他组拼桌。

表2-8-3　用餐分组表

（第二组　荷花厅）

| 桌别 | 成员 ||||||||||
|---|---|---|---|---|---|---|---|---|---|---|
| | 1 | 2 | 3 | 4 | 5 | 6 | 7 | 8 | 9 | 10 |
| 1 | ××× | ××× | ××× | ××× | ××× | ××× | ××× | ××× | ××× | ××× |
| 2 | ××× | ××× | ××× | ××× | ××× | ××× | ××× | ××× | ××× | ××× |
| 3 | ××× | ××× | ××× | ××× | ××× | ××× | ××× | ××× | ××× | ××× |
| …… | …… | …… | …… | …… | …… | …… | …… | …… | …… | …… |

注：每桌10人，少于8人请联系会务组与其他组拼桌。
素食：×××，×××，……

表2-8-4　会间乘车分组表

| 车号 | 乘车成员 |
|---|---|
| 1号车 | 前导车 |
| 2号车 | ×××总经理，×××总经理，×××副总经理，×××教授，…… |
| 3号车 | ×××，×××，×××，×××，×××，×××，×××，×××，×××，×××，×××，×××，×××，×××，×××，×××，×××，×××，×××，…… |
| 4号车 | ×××，×××，×××，×××，×××，×××，×××，×××，×××，×××，×××，×××，×××，×××，×××，×××，×××，×××，×××，…… |
| …… | …… |

表2-8-5　香楠公司2022年度客户联谊会会议讨论分组表

| 第一组:32人 ||
|---|---|
| 召集人:××× | 参加领导:××× |
| 地点:第×会议室 | 联络员:×××　1891234××× |
| 参加人员:×××,×××,×××,×××,×××,×××,×××,…… ||
| 第二组:35人 ||
| 召集人:××× | 参加领导:××× |
| 地点:第×会议室 | 联络员:×××　1891234××× |
| 参加人员:×××,×××,×××,×××,×××,×××,×××,…… ||
| …… ||
| …… ||

注:以上资料发给与会者。以下资料发给会务组成员。

表2-8-6　香楠公司客户联谊会接站小组成员表

| 姓名 | 部门 | 联系电话 | 主要负责工作 |
|---|---|---|---|
| 张玉 | 总经理秘书 | 136×××××××× | 整体协调 |
| ××× | 生产部副经理 | 135×××××××× | 接待重要客户 |
| ××× | 销售部业务员 | 133×××××××× | 接待参会人员 |
| ××× | 公关部业务员 | 135×××××××× | 接待参会人员 |
| ××× | 办公室 | 165×××××××× | 司机 |
| ××× | 办公室 | 159×××××××× | 司机 |
| …… | …… | …… | …… |

注:接站人员分成3个小组,轮流接待。

表2-8-7　香楠公司客户联谊会代表接站安排表

| 姓名 | 性别 | 单位 | 职务 | 联系方式 | 车次/航班 | 时间 | 到达地点 | 接站工作人员 | 接站出发时间 | 接站出发地点 | 接站司机 | 接站车号 |
|---|---|---|---|---|---|---|---|---|---|---|---|---|
| ××× | 男 | 大连××公司 | 总经理 | 13520364××× | ××× | 10:30 | 萧山机场 | 第一小组 | 8:30 | 公司 | ××× | ××× |
| ××× | 男 | 北京××有限公司 | 总经理 | 13515922××× | ××× | 17:45 | 杭州城站 | 第一小组 | 16:30 | 公司 | ××× | ××× |
| ××× | 男 | 广州××公司 | 采购部业务员 | 15623200××× | ××× | 18:00 | 萧山机场 | 第一小组 | 16:30 | 公司 | ××× | ××× |
| ××× | 女 | 陕西××公司 | 副总经理 | 13998256××× | ××× | 21:15 | 萧山机场 | 第二小组 | 20:15 | 公司 | ××× | ××× |
| …… | …… | …… | …… | …… | …… | …… | …… | …… | …… | …… | …… | …… |

表2-8-8　香楠公司2022年度客户联谊会代表签到表

| 序号 | 姓名 | 职务或职称 | 单位 | 联系电话 | 电子邮箱 | 备注 |
|---|---|---|---|---|---|---|
| 1 | | | | | | |
| 2 | | | | | | |
| 3 | | | | | | |
| …… | …… | …… | …… | …… | …… | …… |

表2-8-9　火车订票登记表

| 序号 | 姓名 | 联系电话 | 乘车日期 | 车次 | 到站时间 | 硬座/硬卧/软座/软卧 | 预收款额(元) | 张数 |
|---|---|---|---|---|---|---|---|---|
| 1 | | | | | | | | |
| 2 | | | | | | | | |
| 3 | | | | | | | | |
| …… | …… | …… | …… | …… | …… | …… | …… | …… |

表2-8-10　飞机订票登记表

| 序号 | 姓名 | 联系电话 | 乘机日期 | 航班 | 头等舱/公务舱/经济舱 | 预收款额(元) | 张数 |
|---|---|---|---|---|---|---|---|
| 1 | | | | | | | |
| 2 | | | | | | | |
| 3 | | | | | | | |
| …… | …… | …… | …… | …… | …… | …… | …… |

### (三)沟通资料

沟通资料主要包括：会议宣传资料、会议参考文件、与会议有关的此前各种记录、各种与会议有关的协议书、合同书等相关资料(略)。

## 二、准备会议物品

### (一)各种会议证件

在制作会议各类证件时，应根据与会者的不同类别、不同身份，在颜色的选择、样式的设计、尺寸大小等方面适当区分，以方便识别与服务。

秘书张玉与会务组成员一起，设计并制作了会议代表证、工作证和记者证，以区分参会代表、工作人员和媒体工作人员。详见图2-8-2。

会议物品

图 2-8-2　各种会议证件

## (二)会议标志

一种情形是由会议组织者制作简易的指示标志;另一种是由专业的会议承办机构、图文制作公司,根据会议组织者的要求进行制作。

(1)指示牌。为了能使与会代表能够顺利找到会议地点,秘书张玉设计并制作了道路指示牌,如图 2-8-3 所示。

(2)区域图或路线图。为方便与会者入座,设计并制作了一份会场区域图,如图 2-8-4 所示。

(3)名签或台签。根据会议的需要,准备了主席台就座领导和嘉宾的台签,如图 2-8-5 所示。

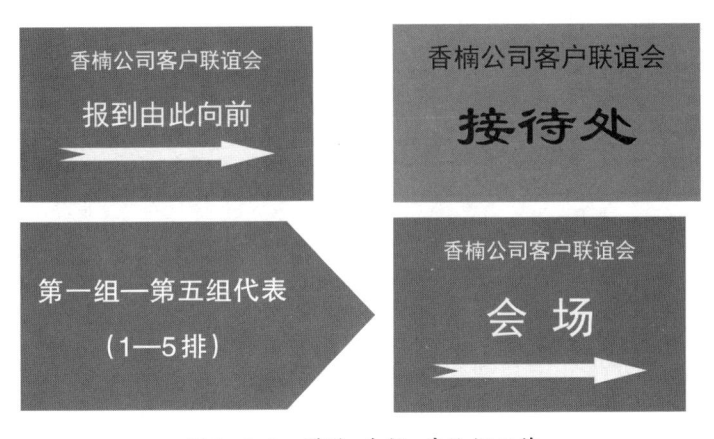

图 2-8-3　道路、会场、座位指示牌

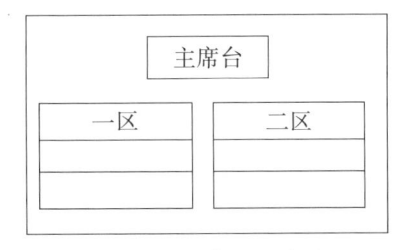

图 2-8-4　会场区域图　　图 2-8-5　会议台签

### (三)必备的设备和用品

秘书张玉根据会议的需要准备会议设备和物品,并设计制作了香楠公司2022年度客户咨询会暨2023年新产品订货会会议设备、物品准备一览表,见表2-8-11。

表2-8-11　会议设备、物品准备一览表

| 设备或物品名称 | 数量 | 准备情况 准备中 | 准备情况 准备完毕 | 备注 |
| --- | --- | --- | --- | --- |
| 空调、灯具、音响 | 2 |  | √ |  |
| 笔记本电脑 | 2 |  | √ |  |
| 打印机 | 1 |  | √ |  |
| 复印机 | 1 |  | √ |  |
| 传真机 | 2 |  | √ |  |
| 录音和摄像设备 | 2 | √ |  |  |
| 饮用水、一次性水杯 | 2/1000 | √ |  |  |
| 电池 | 20 | √ |  |  |
| 剪刀 | 5 |  | √ |  |
| 纸张夹 | 15 |  | √ |  |
| 订书钉 | 10 |  | √ |  |
| 大头针 | 5盒 |  | √ |  |
| 禁烟标志 | 5 |  | √ |  |
| 放大的公司标志 | 5 |  | √ |  |
| …… | …… | …… | …… | …… |

### (四)订货会展品

订货会展品的准备、运输、布展,由香楠公司市场销售部负责,公关部配合。

## 训练项目

**准备会议资料和物品**

(1)实训目标。通过实训,要求学生掌握准备会议资料和会议物品的基本方法。

(2)实训背景。某校人文艺术学院拟召开人才培养创新研讨会,会议将邀请全国相关院校领导、专家约200人与会。

(3)实训内容。如果你是该分院办公室秘书,请根据实训背景,准备会议所需要的物品和资料。

### 参考知识或案例

#### 会议室会场建设建议

会议室是开会的场所，又是放置视频会议设备的场所，因此会议室的设计合理性决定了视频会议图像的质量，也直接影响着开会的效率。完整的视讯会议室规划设计除了可提供参加会议人员舒适的开会环境外，更重要的是可逼真地反映现场（会场）的人物和景物，使与会者有一种临场感，以达到视觉与语言交换的良好效果，由会议室传送的图像包括人物、景物、图表、文字等应当清晰可辨。

视频会议与普通会议不同，因为使用摄像装置，会议室的灯光、色彩、背景等对视频图像的质量影响非常大。摄像是一门专业学问，建议在进行会议室装修时，请具有专业摄像知识的装修机构进行设计与制作。

#### 会议室的布局、照度、音响效果

**会议室的布局**

影响画面质量的另一因素，是会场四周的景物和颜色，以及桌椅的色调。一般忌用"白色""黑色"之类的色调，这两种颜色对人物摄像将产生"反光"及"夺光"的不良效应。所以墙壁四周、桌椅均采用浅色色调较适宜，如墙壁四周用米黄色、浅绿色，桌椅用浅咖啡色、米黄色等。南方宜用冷色，北方宜用暖色，使所提供的视频电平近似0.35V。摄像背景（被摄人物背后的墙）不适挂有山水等景物，否则将增加摄像对象的信息量，不利于图像质量的提高。可以考虑在室内摆放花卉盆景等清雅物品，增加会议室整体高雅、活泼、融洽的气氛，对促进会议效果很有帮助。

从观看效果来看，监视器常放置在相对于与会者中心的位置，距地高度大约一米，人与监视器的距离为4~6倍屏幕高度。各与会者到监视器的水平视角应不大于60度。所采用的监视器屏幕的大小，应根据视频会议的数据速率、参加会议的人数、会议室的大小等几方面的因素而定。对小型会议室，只需采用32寸至50寸的监视器，或者大会议室中的某一局部区也可采用此类监视器；大型会议室应采用投影仪或DLP拼接电视墙，最好将电视机置于会议室最前面正对人的地方。

摄像机放置的最佳位置应与监视器的位置基本相同，扬声器的位置可放置在会议室的四角，离墙壁至少0.5米。

**会议室照度**

灯光照度是会议室的必要条件。摄像机均有自动彩色均衡电路，能够提供真正自然的色彩，从窗户射入的光（色温约5800K）比日光灯（3500K）或三基色灯（3200K）偏高，如室内有这两种光源（自然及人工光源），就会产生有蓝色投射和红色阴影区域的视频图像；另外是召开会议的时间是随机的，上午、下午的自然光源照度与色温均不一样，因此会议室应避免采用自然光源，而采用人工光源，所有窗户都应用深色窗帘遮挡（外层为纱窗层，中间为遮光布，里层为装饰层）。在使用人工光源时，应选择冷光源，诸如"三基色灯"（R、G、B）效果最佳。有条件的会议室应保障摄像机至第一排前安装可调节角度的三基色灯提供照明,以加强第一排的面光。如受到条件限制无法安装可调节三基色灯,可考虑增加整体会议室顶部灯光,由现在的一行三组增加到四组,增强会议室整体照度。另外,建议会议室灯管选择冷色光源,在提高亮度的情况下也能提高整体会议室的辨识度。

### 会议室音响效果

为保证声绝缘与吸声效果,室内铺有地毯、天花板、四周墙壁内都装有隔音毯,窗户应采用双层玻璃,进出门应考虑隔音装置。

根据声学技术要求,一定容积的会议室有一定混响时间的要求。一般来说,混响的时间过短,则声音枯燥发干;混响时间过长,声音又混淆不清。因此,不同的会议室都有其最佳的混响时间,如混响时间合适则能美化发言人的声音,掩盖噪声,增加会议的效果。

### 复习思考题

1. 会议证件的作用有哪些?
2. 会议物品准备的注意事项有哪些?

## 任务九 会场布置

### 学习目标

**能力目标:** 能够进行会场布置,能够正确地选择会场布局。
**知识目标:** 掌握会场布置的原则和方法,掌握选择会场布局的原则和方法。

### 任务描述

香楠公司准备召开2022年度客户联谊会暨2023年新产品订货会,听取客户对公司产品的意见和建议,确定次年产品订购情况。眼看会期一天天逼近,总经理刘梦晓要求秘书张玉将会场布局、会场布置情况拿个方案交给他审核。

如果你是秘书张玉,你应该如何去布置会场。

**【任务分析】** 会场布局选择和会场的布置是会议筹备中的一项重要的工作,会场布局选择是否恰当、会场布置是否和会议主题符合等,直接影响着会议的效果。

进行会场布局和布置要了解布局形式、方法以及座次排序的准则,并能够根据会议主题布置会场环境。

### 基础知识

会场包括举行会议的场所和场内设施。从狭义上讲,会议会场仅指会议厅室。但从广义上讲,它还包括会议厅室外的办公和活动区域。会场布置虽然都是细节问题,但会场的布局是否合理,会场营造的气氛是否与会议主题一致,会场大小是否适中,设施是否齐全,设施能否正常运行,直接影响到会议效果。会场布置是否合理,对于会议的成功与否具有很重要的作用。设计良好的会议会场是确保会议达到良好效果的重要因素,除了可提供参加会议人员舒适的开会环境外,更可以提供较好的临场感,改善会议的效果。

## 一、会场布置的基本原则

### (一)切合会议主题

会场布置要突出会议的主题,要与会议的中心内容相一致。有的会议要求气氛热烈,有的会议要求会场布置简洁明快,有的会议要求庄严肃穆。例如,党代会、人民代表大会的会场要布置得朴素、庄重、大方,庆祝大会要布置得喜庆热烈,座谈会要布置得和谐、融洽、自然,纪念性会议要布置得隆重典雅,日常性工作会议的会场要布置得简洁舒适。

### (二)区别会议类型

会场布置要与会议的类型相吻合。不同性质的会议,对会场的功能有不同的要求。如有的会议以看为主,有的会议以听为主,而有的会议要听看结合。因此,在布置会场时要有所侧重,区别对待。一切从会议要达到的效果出发,会议需要哪些功能,会场布置就突出哪些功能。

### (三)追求整体协调

(1)色彩协调。会场的颜色要协调,如墙壁的颜色、桌椅的颜色、桌布的颜色、幕布的颜色、会标的颜色等,要协调一致。

(2)大小适中。会场内诸要素的大小要适中,如会标的大小、旗子的大小、音响设备的体积大小等,要大小适中。

(3)物品相宜。会议桌上摆放的物品要与会议的性质相符,如座谈会、茶话会等可适当摆放些水果、瓜子、香烟、糖果、矿泉水(茶水)等,而一般会场只宜摆放茶水(矿泉水),或只在主席台上摆放茶水(矿泉水)。

## 二、会场布局

会议代表的座位有多种排列方式。一般来说,代表们都希望自己的座位能面对主席台,而且要居前、居中。但这些要求由于种种原因不能都得到满足,多种排列方式的出现,就是为了最大限度地适应会议的客观条件和满足代表的要求。布置会场应体现会议的性质和需要,还要视会议的内容、场地条件和参加人数进行选择。

会场的布局可以有多种形式,大体上可分为上下相对式、全围式、半围式、分散式等,在实际工作中需要根据会议的性质、规模、需要等进行选择和安排。

## （一）上下相对式会场布局

这种会场布局的主要特征是主席台和代表席采取上下面对面的形式,从而突出了主席台的地位,使整个会场显得较庄严和肃穆。上下相对式又可以分成礼堂式(见图2-9-1)、而字形(见图2-9-2)等。

1. 礼堂式(剧院式)

礼堂式也叫剧院式。它是在会议厅内面向讲台摆放座椅,中间留有较宽的过道。其特点是:在留有过道的情况下,最大限度地摆放座椅,最大限度地将空间利用起来,在有限的空间里可以最大限度容纳参会者,但参会者没有地方放资料,也没有桌子可用来记笔记。礼堂式适合单位内部行政动员会议、工作部署会议。

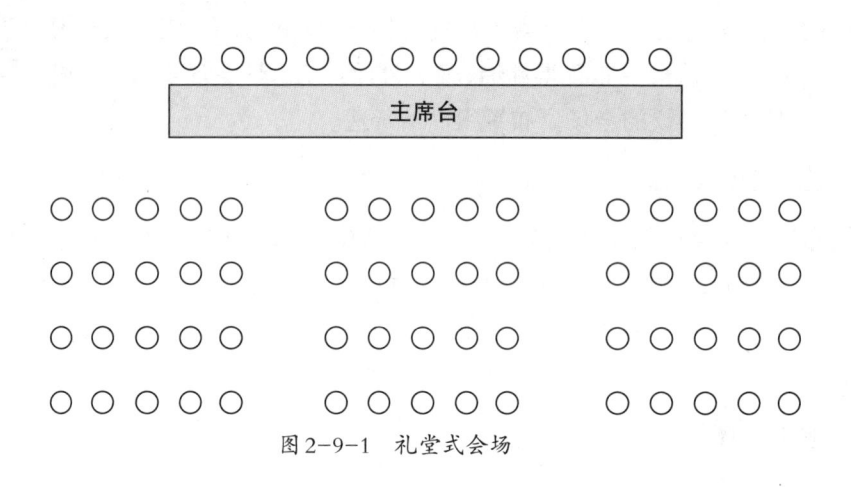

图 2-9-1　礼堂式会场

2. 而字形

座位不固定的会议厅,可选择而字形格局安排,其形式较为灵活。

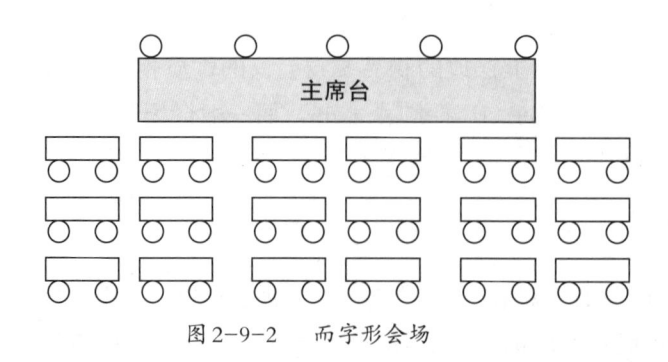

图 2-9-2　而字形会场

3. 教室式

它是将桌椅按排端正摆放或成V形摆放。按教室式布置会议室,每个座位的空间将根据桌子的大小而有所不同。其特点是:此种桌型摆设可针对会议室面积和观众人数在安排布置上有一定的灵活性;参会者可以有放置资料及记笔记的桌子,还可以最大限度容纳参会者。教室式布置适合各类讲座。具体见图2-9-3。

图 2-9-3　教室式会场

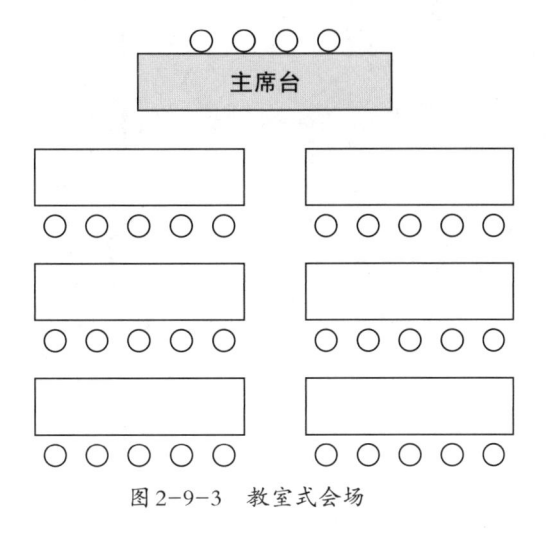

## (二)全围式会场布局

全围式会场的主要特征是不强调主席的重要性,而强调平等,鼓励与会者之间进行讨论。这种会场不设专门的主席台,会议的领导人和主持人同其他与会者围坐在一起,这样容易形成融洽与合作的氛围,体现平等和相互尊重的精神,这有助于与会者互相了解、熟悉和畅所欲言,充分交流思想,沟通情感,同时也便于会议主持人细致观察每位与会者的动作、表情,及时准确地把握与会者的心理状态,并采取措施引导会议向既定目标发展,或根据实际情况调整目标,从而保证会议取得成功。全围式格局适用于召开小型会议以及讨论性、座谈性、协商性等类型的会议。国际会议也常用圆桌型布置。

全围式格局有圆形(图 2-9-4)、长方形(图 2-9-5)、八角形(图 2-9-6)、回字形(图 2-9-7)等具体形式。

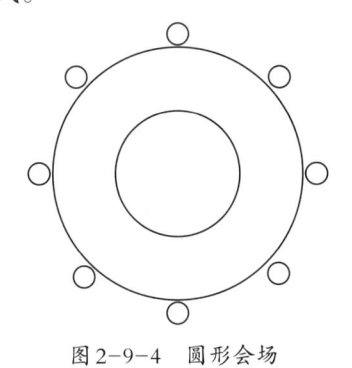

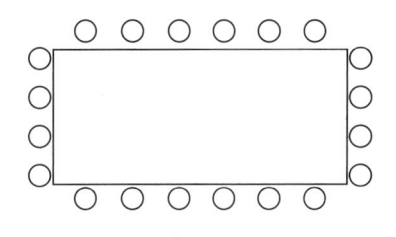

图 2-9-4　圆形会场　　　　　图 2-9-5　长方形会场

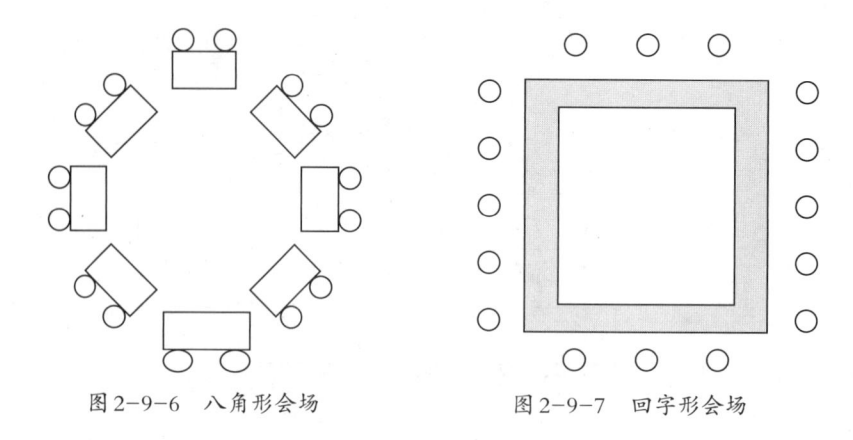

图 2-9-6　八角形会场　　　　　图 2-9-7　回字形会场

其中回字形布局是将会议室里的桌子摆成方形中空,不留缺口,椅子摆在桌子外围,通常桌子都会围上围裙,中间通常会放置较矮的绿色植物,投影仪会有一个专用的小桌子放置在最前端。方形中空式会场前方设置主持人的位置,可分别在各个位置上摆放上麦克风,以方便不同位置的参会者发言。此种台型容纳人数较少,对会议室空间有一定的要求。

### (三)半围式会场布局

这种会场布局介于上下相对式和全围式之间,即在主席台的正面和两侧安排代表席,形成半围状,既突出了主席台的地位,又增添了融洽的气氛。它是将桌子连接着摆放成长方形,在长方形的前方开口,椅子摆在桌子外围。通常开口处会摆放放置投影仪的桌子,中间通常会放置绿色植物以做装饰。这种形式的特点是:不设会议主持人的位置,以营造比较轻松的氛围;多摆设几个麦克风,以便自由发言。马蹄形(U形)适合展示研讨等类型的会议。

此种格局适用于中小型的工作会议或者研讨会等。半围式又可分为T形(图2-9-8)、U形(图2-9-9)等。

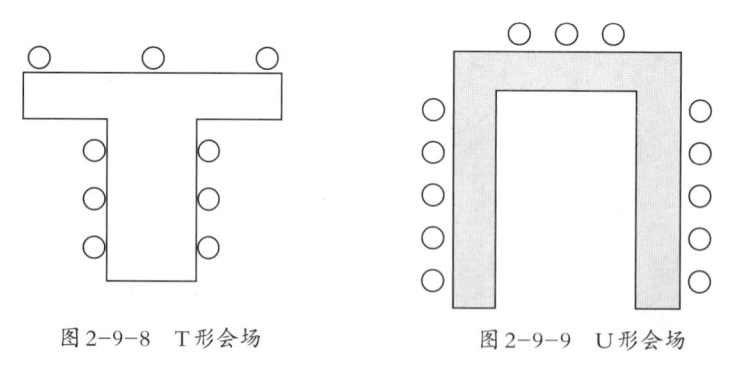

图 2-9-8　T形会场　　　　　图 2-9-9　U形会场

### (四)分散式会场布局

分散式会场布局是将会场座位分解成若干个会议桌组成的格局,每一个会议桌形成一个谈话交流中心,与会者根据一定的规则就座,其中领导和会议主席就座的桌席称为"主桌"。这种座位格局在一定程度上突出了主桌的地位和作用,更重要的是,给与会者提供了多个谈话、交流的中心,使会议气氛更为轻松、和谐。此格局适用于召开规模较大的联欢会、茶话会等。如分散式V形格局(见图2-9-10)。

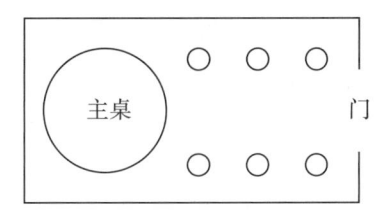

图2-9-10　分散式V形会场

### (五)其他类型的会场布局

1. 鱼骨式

像鱼骨一样的摆台样式,适合小型的培训会。如图2-9-11所示。

图2-9-11　鱼骨式会场布局

2. 个性化布局

会议的形式不是固定不变的,有时会有多种会议类型混用,如"双U",就是把U形格局和课桌式结合在一起;按照客人要求摆设的个性化会议格局也日渐兴起。如图2-9-12所示。

图2-9-12　个性化布局

### 三、会场布置

会场可分为固定会场与临时会场、大型会场与中小型会场、室内会场与室外会场等。一般来说，日常工作会议的会场要相对固定，如部门办公会、行政工作会议等；一些展示性的会议则需要临时会场。

会场的布置

会场布置要根据会议目标和主题、会议性质、会议规模等进行。会场的大小要适中，并留有余地。会场过大，空空荡荡，不便营造气氛；会场过小，又显得拥挤狭窄，不便于与会人员和服务人员出入。这种情况下可以考虑选择有活动挡板功能的会议场所，根据需要进行适当的调整。

一般来说，会场的大小主要根据参加会议的人数确定。与会人数在300人以上时，要设置大型会场；100人至300人之间可设置中型会场；不足100人时可设置小型会场。如召开庆功表彰大会、年终总结大会、先进事迹报告会、学术报告会、大型联欢晚会等，应布置大型会场；召开单位、部门工作会、学术研讨会等，人数多在百人以下，可布置中型会场；召开常委会、座谈会、办公会、交接会、工作汇报会等，可布置小型会场。

会议会场从狭义上讲，仅指会议厅室。但从广义上讲，它还包括会议厅室外的办公和活动区域。因此，会场布置可分为室外、室内两大部分。

#### （一）会议场所的室外布置

会议场所的室外及入口布置可根据需要选择：

(1) 主会标；

(2) 欢迎拱门、条幅；

(3) 彩球、鲜花、氦气球；

(4) 地毯；

(5) 展架、易拉宝、广告板；

(6) 引导牌；

(7) 灯箱；

(8) 签到台；

(9) 休息座椅等。

#### （二）会议场所的室内布置

会议场所的室内布置可根据需要选择：

(1) 会标、背景板；

(2) 主席台/听众席、演讲台的布置；

(3) 鲜花、彩球、彩带等装饰；

(4) 音像辅助设备；

(5) 灯光、电源设备；

(6) 茶点；

(7)奖品、礼品、活动道具；

(8)台签；

(9)摄像设备等。

### (三)会场布置相关知识

会场布置的内容因会议场所而异,一般包括会场环境布置、主席台(讲台)布置和会议设施及器材布置等。

1. 会场环境布置

会场环境布置要与会议的主题、内容相匹配。会场环境布置的基本要求是庄重、美观、舒适,体现出会议的主题和气氛,同时还要考虑会议的性质、规格、规模等因素。会场的环境布置包括整个会场色调的选择、会场的装饰、会场内座位的布置等方面。

2. 主席台的布置

主席台是会场中最醒目的地方,也是会场的核心,因此是会场布置的关键。一般要在主席台上方悬挂会标,天幕悬挂会徽或红旗以及其他艺术造型(在主席台的后方是否悬挂标志或旗帜,要根据会议的性质确定),主席台下和讲台上摆放鲜花,主席台上放置台签,以便对号入座。

(1)会标。重要会议和大型会议均应书写、悬挂会标。会标一般用红布制作,横挂于主席台口上方或主席台后壁上方。会标的字体多为宋体或黑体,字为黄色或白色。会标要写全称,不能写简称。根据需要,可标示会议地点、时间。

(2)会徽。体现或象征会议精神的图案性标志。可用组织的徽标作为会徽,如国徽、党徽等,也可专为某一会议设计特有标志。

(3)讲台。重要的代表大会、报告会,为了供主持人或与会人员代表发言,应在主席台设置专门的讲台。可设在中央,位置应低于主席台,以免报告人挡住领导人的视线。也可设在主席台的一侧;较大的会场也可在主席台两侧均设置讲台。

(4)鲜花及装饰。欢迎会、动员会、总结表彰大会,尤其要搞好摆设和装饰,以便把气氛烘托得热烈一些。

3. 会场设施及器材布置

(1)音响与照明器材的布置。音响主要是指有线话筒、扩音器和音箱。在室外开会时可安放高音喇叭。一般在主持人、发言席上各设置一个座式有线话筒。讨论会还应有流动麦克风,供与会者即席发言时使用。在会场前方左右两侧放置音箱。在准备和设置音响与照明设备的同时,要注意调试音响,检查线路、插头等,使其保持良好状态。对重要会议,应在会场周围提前准备好备用电源(发电机),电工人员在主席台后侧待命,随时准备维修和调试。小型会议由于与会人员少,坐得比较集中,一般用不着扩音设备。大、中型会议,一般要有扩音设备,还可给听觉不好的同志配备耳机。有不同民族的同志参加的需要同声传译的会议,要配备同声传译设备。

对于需要录音、摄影或摄像的会议,事先要做好准备。内容保密的会议,录音时要用有线话筒,不要用无线话筒,因为无线话筒可将声音变为电波,发射出去很远,容易被窃听。电话会议要事先准备好有关设备。

(2)多媒体器材的布置。室内会议需要配合字幕、录像时,要提前准备好大屏幕,或在会场前方中间适当位置放置几台电视显示设备。发达国家现在已开始使用现代化的声像手段来辅助开会,比如使用立体电视、激光和全息投影、组合录像、电脑控制的多镜头幻灯等,可以使报告人的讲话内容特别是数字图表等非常直观。我们的会场的基本设施建设也会逐步向这个方向发展。

### 四、座次安排及注意事项

#### (一)主席台的座次安排

会议主席台上的座次安排是会场布置工作中一件非常重要的工作,会议组织者必须按照一定的级别和隶属关系等因素精心安排,不能出错。

(1)国内会议主席台的座次安排。座次的主次之分,是按照职务的高低从中间向两边,面向台下先左后右的顺序排列。

主席台必须排座次、放台签,以便领导同志对号入座,避免上台之后互相谦让。

主席台座次排列,领导为单数时,主要领导居中,2号领导在1号领导左手位置,3号领导在1号领导右手位置;领导为偶数时,1、2号领导同时居中,2号领导依然在1号领导左手位置,3号领导依然在1号领导右手位置。如图2-9-13所示。

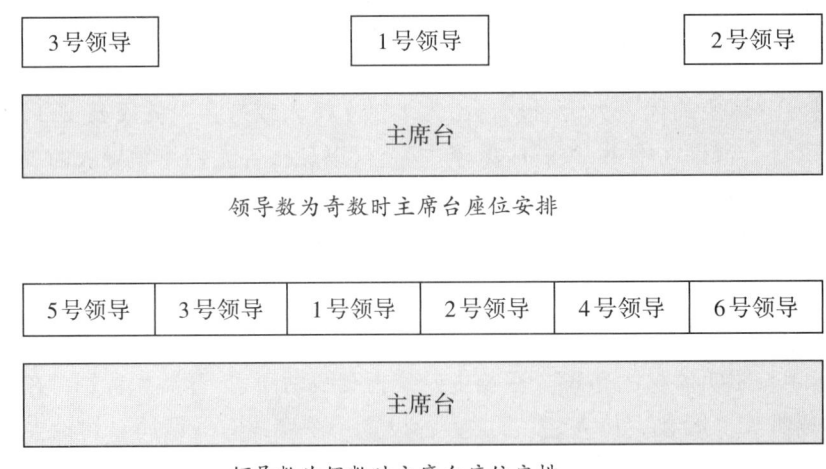

| 3号领导 | | 1号领导 | | 2号领导 |

| 主席台 |

领导数为奇数时主席台座位安排

| 5号领导 | 3号领导 | 1号领导 | 2号领导 | 4号领导 | 6号领导 |

| 主席台 |

领导数为偶数时主席台座位安排

图2-9-13 主席台座次安排的两种情形

(2)国际会议主席台的座次安排。主办方身份地位最高者居中,其他来宾按照国际礼宾次序先右后左(以主席台的朝向为准)向两边排列。这一点与国内会议排法正好相反。这是因为中国传统礼仪以左为贵,而国际惯例是以右为贵。

(3)主持人座次安排。主持人既可在前排边座入座,也可按照职位高低顺序就座。

主席台座次排好后,要把主席团座次图表张贴在休息室门口,并在主席台上摆放台签,以便领导对号入座。

(4)主席台座次安排的具体情形。主席台安排座次有以下几种情况。一是当无上级领导到会时，本级领导按职务高低依次排列。二是当有上级部门以上领导到会时，应安排在正中位置，两侧安排本单位主官。有上级机关干部到会时，安排在本单位主官之后。当上级有多个层次的机关干部到会时，应以机关的级别高低为准，而不按个人职务高低安排。三是当有离退休老干部与会时，按老干部离退休之前的职务，安排在现职领导之前的位置。

对主席台的领导同志能否按时出席会议，在开会前务必逐一落实。领导同志到会场后，要安排在休息室休息，再逐一核实，并告之上台后所坐方位。如主席台人数很多，还应准备座位图。如有临时变化，应及时调整座次、台签，防止主席台上出现台签差错或领导空缺。还要注意认真填写台签，杜绝错别字出现。

另外，还应准备少数台签备用，以备不时之需（如不能出席的某位领导突然来临）。

### (二)与会代表的座次安排

为了保证与会代表顺利地对号入座，保证会议和活动井然有序地进行，大中型会议必须会前安排与会代表的座次。

(1)竖排法。把每个代表团、单位、小组的座席从前向后排成纵向一列，再按代表团顺序从左到右横向排列座次。排列按照参加会议的代表团名称笔画、汉语拼音字母顺序，或约定俗成的顺序。

国际性会议的座次往往按照与会国家英文名称的第一个字母顺序排列。这种排法要注意先排出正式代表，后排出列席代表。

(2)横排法。按照既定的次序把参会的各个代表团、单位、小组的座席排成横向的一行，再按代表团顺序从前到后依次纵向排列，选择这种方法也应注意将正式代表或成员排在前，职位高者排在前，列席成员、职位低者排在后。

(3)左右排法。这种排列方法的要领是，把每个参会的代表团、小组、单位的坐席安排成纵向的列，再以会场的中心为基点，将顺序在前的排在中间位置，然后先左后右（以主席台的反向为准），一左一右向两侧横向交错扩展排列座次。

选择这种方法时应注意人数。如果代表团、小组、单位数量为单数，排在第一位的成员应居中；如果代表团、小组、单位数量为双数，那么排在第一、二位的两位成员应居中，以保持两边人数的均衡。

整体排列布局参见前述"会场布局"部分，可以根据需要选择合适的方案。

## 五、会前检查

为保证会议顺利进行，会前要对会场布置进行严格认真的检查。检查的注意内容包括：会场布置是否与会议议题相适应，会标是否端正醒目，主席台是否按照议定次序摆放，领导人台签是否妥当，旗帜、鲜花等烘托气氛的装饰物是否放置得体，音响、照明、通信、录音、录像、通风、安全保卫等设备、措施是否完备。大型会议还应该检查场地划分是否合适，以及进场、退场路线的安排是否妥当。

进行会场检查,应该准备一份详细的《会场检查单》(见表2-9-1),以免因会务工作繁杂、项目众多而出现疏漏。

表2-9-1 会场检查单

| 序号 | 项目 | 备注 |
| --- | --- | --- |
| 1 | ☐ 清洁会场 | |
| 2 | ☐ 大厅电子屏幕　　☐ 指示牌　☐ 会议条幅 | |
| 3 | ☐ 企业画册　☐ 文化手册　☐ 企业报<br>☐ 企业宣传光盘　　☐ 产品样本 | |
| 4 | ☐ 所需准备会议资料复印　　份 | |
| 5 | ☐ 电脑　☐ 投影仪　☐ 幕布　☐ 音响　☐ 宣传影片 | |
| 6 | ☐ 矿泉水　☐ 水果　☐ 湿巾 | |
| 7 | ☐ 香烟　☐ 烟灰缸　☐ 打火机 | |
| 8 | ☐ 茶叶　☐ 茶杯　☐ 杯垫　☐ 热水　☐ 抽纸 | |
| 9 | ☐ 台签　☐ 话筒　☐ 签到簿　☐ 部门区域标示 | |
| 10 | ☐ 会场布景花　　☐ 座席桌面鲜花 | |
| 11 | ☐ 外商国旗　☐ 咖啡　☐ 咖啡杯 | |
| 12 | ☐ 空调调节会场温度　☐ 会场照明　☐ 通风 | |
| 13 | ☐ 饮水机　　☐ 一次性纸杯 | |
| 14 | ☐ 摄影　　☐ 摄像 | |
| 15 | ☐ 教杆　☐ 彩笔　☐ 展板　☐ 白板笔　☐ 黑板擦 | |
| 16 | ☐ 签字笔　☐ 记录本 | |
| 17 | ☐ 备用椅子 | |
| 18 | ☐ 赠送的礼品 | |
| 19 | ☐ 用餐所需烟酒 | |
| 20 | ☐ 打扫洗手间　　☐ 洗手间干手抽纸 | |
| 21 | ☐ 备用接待室 | |
| 22 | …… | |

注:可根据需要增减项目。

### 工作实例

### 香楠公司2022年度客户联谊会暨2023年新产品订货会会场布置

## 一、会场布局

### (一)会场整体布局

秘书张玉根据本次会议的规模、会议的主题,以及会场租借费用等方面综合考虑,确定在全体大会上选择礼堂式与教室式结合型会场。主要考虑是,礼堂式能够营造隆重的气氛,尤其在奖励杰出代理商时更显庄重;而教室式比较方便客户代表做记录,方便摆放茶水等。具体如图2-9-14所示。

为方便与会者讨论、观摩,营造热烈的氛围,分组会采用U形会场,如图2-9-15所示。

图2-9-14 礼堂教室综合式会场

图2-9-15 U形会场

## (二)会场人员安排

根据会场的客观情况,采用主席台和与会人员面对面的大小方形布局,并把经销商的位置排在前面,以体现对客人的尊重之意,如图2-9-16所示。

| 主席台 | | |
|---|---|---|
| 经销商 | 经销商 | 经销商 |
| 经销商 | 经销商 | 经销商 |
| 经销商 | 经销商 | 经销商 |
| 生产部 | 销售部 | 研发部 |
| 售后服务部 | 外联部 | 人事部 |
| 后勤部 | 公关部 | 财务部 |

图2-9-16　会场人员布局示意图

## 二、会场布置

### (一)环境布置

为营造热烈喜庆的气氛,在会场入口处放置了一个拱门,拱门内容为"热烈欢迎参加香楠公司2022年度客户联谊会暨2023年新产品订货会的代表",如图2-9-17所示。

图2-9-17　会场外的拱门

鲜花60盆，分别摆放门口两边，花色为红色。

会场外设置欢迎标语，悬挂彩旗，烘托喜庆热烈的氛围，要求颜色醒目。彩旗如图2-9-18所示。悬挂升空气球，底下悬挂大型条幅，如图2-9-19所示。

图2-9-18　彩旗样式　　　　　　图2-9-19　升空气球

礼仪小姐在会场主入口通道两侧站立，如图2-9-20所示。

图2-9-20　迎宾礼仪小姐

**(二)主席台布置**

(1)讲台。设置在主席台右侧，上面摆放鲜花，如图2-9-21所示。

图 2-9-21　讲台布置

（2）会标。会标一般为红底黄字，内容为会议活动的名称。会标悬挂在主席台上方。会场内主席台背景墙上悬挂横幅，横幅内容为"热烈祝贺香楠公司2022年度客户联谊会暨2023年新产品订货会隆重召开"，如图2-9-22所示。

热烈祝贺香楠公司2022年度客户联谊会暨2023年新产品订货会隆重召开

图 2-9-22

（3）天幕。采用红色为背景色，以体现喜庆气氛。字体采用艺术字，以突出效果，如图2-9-23所示。

图 2-9-23　天幕布置

（4）主席台。台下摆放鲜花，台上铺红色台布，摆放领导人台签、话筒、水杯、矿泉水。主席台正前方摆放摄像机，如图2-9-24所示。

图 2-9-24　主席台布置

## 三、座次安排

### (一)主席台座位安排

根据公司惯例和刘梦晓总经理的要求,此次客户联谊会到主席台就座的有总经理刘梦晓、副总经理何××、副总经理兼财务总监刘××、童装专业委员会副会长张××、北京××有限公司副总经理王××等,秘书张玉对主席台的座次进行了安排,并在相应的位置放置了台签,如图 2-9-25 所示。

| 刘×× 副总经理 | 王×× 副总经理 | 张×× 副会长 | 刘梦晓 总经理 | 何×× 副总经理 |
|---|---|---|---|---|

| 主席台 |
|---|

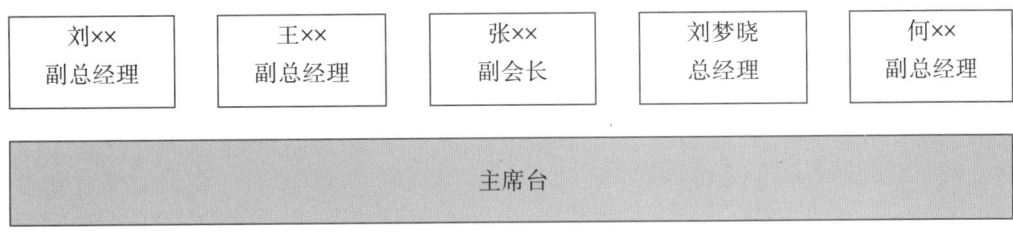

图 2-9-25　主席台座次安排

### (二)与会人员座次

参加会议的经销商代表的座次排列见前述"会场人员安排"部分。

本公司与会者选用竖排法,按照既定的次序把参会者排成纵向的一列,再按各单位字母顺序从左到右依次横向排列。选择这种方法也应注意将正式代表或成员排在前,职位高者排在前,列席成员、职位低者排在后,如图 2-9-26 所示。

```
┌─────────────┐      ┌─────────────┐      ┌─────────────┐
│ 生产部人员1 │      │ 销售部人员1 │      │ 研发部人员1 │
└─────────────┘      └─────────────┘      └─────────────┘
┌─────────────┐      ┌─────────────┐      ┌─────────────┐
│ 生产部人员2 │      │ 销售部人员2 │      │ 研发部人员2 │
└─────────────┘      └─────────────┘      └─────────────┘
┌─────────────┐      ┌─────────────┐      ┌─────────────┐
│    ……       │      │    ……       │      │    ……       │
└─────────────┘      └─────────────┘      └─────────────┘
```

图 2-9-26　与会人员竖排法座次示意图

## 训练项目

**进行会场布局和会场布置**

（1）实训目标。通过实训，要求学生掌握会场布局选择和会场布置的方法。

（2）实训背景。某校人文艺术学院拟召开人才培养创新研讨会，会议将邀请全国相关院校领导、专家约200人与会。该分院将邀请全国各地职业院校文秘专业负责人参加会议，到会的嘉宾有中国高教秘书学会副会长×××、秘书长×××，浙江省高教学会会长×××，××学院人文系主任李××教授等。

（3）实训内容。如果你是该分院办公室秘书，请根据实训背景，合理选择会场布局，并对会场进行布置，对主席台座位进行合理安排。

## 复习思考题

1. 会场布局有几种形式？试比较每种形式的优缺点。
2. 主席台座次安排应该遵循什么原则？

# 项目三　会中服务工作

## 任务一　接站和报到工作

### ■ 学习目标

**能力目标**：能做好接站、报到、签到和引导工作。
**知识目标**：掌握接站、报到、签到和引导工作的程序和要求，并熟悉相关的礼仪。

### ■ 任务描述

香楠公司2023年度新产品订货会将于2022年11月25日在杭州国际会议中心召开。总经理刘梦晓要求秘书张玉和会议接待人员做好会议的接站和报到工作。张玉将会议接待人员召集在一起开了一个小会，对会议接站和报到等相关工作进行了布置，明确责任到人，并听取了大家的问题和意见。会后，大家开始分头行动，以保证顺利完成此次接站和报到任务，给经销商留下良好的第一印象。

【任务分析】会议接站和报到等工作是与会者到达会议所在地后的第一个接待环节。这些工作的好坏，直接影响到与会者对会议主办方的第一印象的优劣。良好的接站服务，就是要让与会者产生亲切感，有一个宾至如归的感觉。当然，要做好接站、报到等相关工作，需要秘书和会议接待人员做好充分的准备，熟悉相关的工作程序和要求，并且有热情友好、细致周到的态度。

### ■ 基础知识

会议接待工作的第一个环节就是做好与会者的接站、报到、签到和引导工作。这一系列工作的完成有助于保障会议活动顺利进行，也有助于会务主办方树立良好的外部形象。

### 一、接站工作

所谓接站，就是会议接待人员前往车站、码头、机场等迎接与会对象。一般跨地区、全国性和国际性会议需要接站。接站是接待工作的第一道环节。优质的接站服务能给与会人员提供极大的方便，并留下良好的第一印象，对初次到访的参会对象来说尤其如此。总之，接站工作应让与会客人有一种宾至如归的亲切感。

接站工作的程序和要求如下。

### (一)确定迎接规格

重要领导或外宾前来参加会议,要事先确定迎接的规格,主办方应当派有一定身份的人士前往机场、车站、码头迎接。会议接待人员要事先了解他们抵达的具体时间以及所乘的交通工具,并通知迎接人员提前到达迎接现场。

### (二)做好接站准备

会议接待人员在接受接待任务后,要通过汇总回执、报名表以及打电话等渠道,尽快充分地掌握与会人员的基本情况,包括人数、姓名、性别、年龄、身份、职务、级别等。要弄清楚他们所乘飞机、火车、轮船等交通工具的班次、抵达日期和具体时间,及早安排接待人员、车辆,安全、准时接站。同时要做好各项生活服务准备工作,迎接与会人员的到来。

### (三)竖立接站标志

当与会人员集中抵达时,在出口处以及交通工具上要竖立醒目的接待标志,如"×××会议接待处",以便参加对象辨识。如果接站现场较大、人员较杂,还应准备好手提式扩音机。当个别接站又是初次见面时,接站人员可以手举欢迎标志,上书"欢迎×××先生(或女士)"等字样。

### (四)掌握抵达情况

接站人员要随时掌握并统计抵达的名单和人数,特别要留意晚点抵达的与会者,避免漏接现象发生;同时注意与机场、火车站、码头等联系,了解准确抵达信息。抵达信息往往可以在会议参会申请表、报名表中体现,或单独的接站回执中反映。参加会议代表接站回执如表3-1-1所示。

表3-1-1 会议代表接站回执

| 姓　名 |  | 单　位 |  |
|---|---|---|---|
| 联系电话 |  | 到达航班(车次) |  |
| 到达日期、时间 |  | 离开日期 |  |

### (五)介绍宾主双方

与会者到达时,接待人员应迎上前去自我介绍,并主动与其握手以示欢迎。如果领导人亲自前去迎接重要的与会者,且双方是初次见面,可由接待人员或翻译人员进行介绍。通常先向来宾介绍会议主办方欢迎人员中身份最高者,然后再介绍来宾。主客双方身份最高者相互介绍后,再按先主后宾的顺序介绍双方其他人员。这种介绍有时也可以由主办方身份最高者出面。介绍时要注意以下几点:

一是被介绍人的姓名、职务、职称、头衔要准确、清楚。这要求接待人员事先掌握迎接人员的基本情况。

二是介绍时要遵循一定的介绍顺序。应该本着"让尊者优先了解对方情况"的原则来定。一般是：在一般社会交际活动中，先把男性介绍给女性，把年轻人介绍给老年人，把社会地位低者介绍给地位高者，把主人介绍给客人，把未婚者介绍给已婚者，把和自己关系密切的一方介绍给另一方。在公务活动中，是以职位的高低来决定介绍顺序的，这里不考虑性别和年龄。一人与多人见面，要先把一人介绍给大家。但是如果来者身份地位很高，即使一人，也应该先把其他人介绍给他。

三是介绍时要有合理的手势。接待人员或翻译人员在介绍主宾双方时，应该手心向上，有礼貌地用手示意，不能用手指指点点。

四是在介绍后主办方接待人员或领导要与来宾主动握手。握手是国际、国内常见的礼节；主人主动、热情的握手会增加亲切感。

### (六)安排与会人员上车

接到与会人员后，应及时安排客人上车。陪同客人乘车时要注意座位次序。小轿车座位的礼宾次序通常为"右为上，左为下；后为上，前为下"，即小轿车的后排右位为上座，安排坐客人；后排左位为次座，安排坐主办方领导人；接待人员坐在司机旁的座位。接待人员受领导委托单独陪车时，坐在客人的左侧。上车时，接待人员应打开右侧车门，请客人从右门上车，自己从左侧门上车，避免从客人座前穿过。遇到客人上车后坐到了左侧的情况时，则不必请客人挪动座位。但如果是重要的外宾，车前挂有双方国旗时，则应严格做到主左客右。

## 二、报到工作

会议报到是针对需要集中住宿的大中型会议而言的，是指与会者从自己的工作单位或住地到达指定的开会地点时所办理的登记注册手续。报到是会议秘书部门掌握与会人员准确到会情况并组织会议的重要一环。

一般说来，重要的大中型会议要求报名。与会人员接到会议通知后向会议秘书部门报名，会议秘书部门就开始为其做必要的准备工作，如制发证件、准备文件、排列座次、安排食宿和交通工具等。报名只说明与会人员准备参加或可以参加会议，但临时有紧急公务或突发性事件都可能导致其不能参加会议，因此必须依靠履行报到手续，来确认与会人员的身份和数量。普通的会议只履行签到手续即可。

报到工作

与会者报到时，会议接待人员要做好以下工作。

### (一)查验证件

查验证件的目的是确认与会者的与会资格。需查验的证件包括会议通知书、单位介绍信、身份证和其他相关有效证件。

### (二)登录信息

登录信息即请与会者在登记表上填写个人的有关信息，如姓名、性别、年龄、单位、职务、职称、联系地址、电话等。既可以根据会议报到登记表统计参加会议的人数,以便做好会议期间的各项服务工作,又可据此编制与会者通讯录。

会议报到登记表参考格式见表3-1-2。

表3-1-2 ××××会议报到登记表

(20××年×月×日)

| 序号 | 姓名 | 性别 | 年龄 | 工作单位 | 职务 | 通信地址 | 电话 | 房间号 | 备注 |
|---|---|---|---|---|---|---|---|---|---|
| 1 | | | | | | | | | |
| 2 | | | | | | | | | |
| 3 | | | | | | | | | |
| 4 | | | | | | | | | |
| 5 | | | | | | | | | |
| 6 | | | | | | | | | |
| …… | | | | | | | | | |

### (三)接收审查

接收审查即由会议接待人员统一接收与会者随身带来的需要在会上分发的材料,经审查后再统一分发,以免由于与会者在会场上自行分发而影响会场秩序,同时也可防止自行分发材料可能造成的其他不良后果。

### (四)发放文件

分发会议文件、证件、文件袋等会议用品。会议文件应当按照保密级别分类发放和管理。重要文件必须履行签收手续,保密和需要清退的会议文件还要发给与会者"文件清退目录",请其妥善保存,会后退回。

### (五)预收费用

有些会议须由与会者支付一定费用,如会务费、食宿费、资料费等。这些费用有的是事前通过转账支付的,有的是在报到时用现金支付的,因此报到现场应该安排会务财务人员预收费用并开具收据或发票。

### (六)安排住宿

住宿要根据与会者的身份和要求,在现有的条件下尽可能合理安排。住宿安排好后,接待人员应当在登记表上标明每个与会者的房间号码,以便会议期间联系。

## 三、签到工作

签到,是为了及时了解该到会的人是否都已到会,并准确地统计出到会的实际人数。

### (一)会议签到的作用

会期较长、具体活动较多、内容较重要、需要集中接待的会议活动,与会者除了办理报到手续外,还要在每一场会议活动的签到簿上签名,表明其参加了这一次会议。尤其是各级党代会和人代会,通过签到可以确切掌握出席人数是否达到法定的人数,这对于表决和选举结果是否有效将是至关重要的。会议签到有以下作用:

(1)便于统计实到人数。实到人数往往是确定法定性会议有效性的必要因素。签到能够精确统计参加会议的人数,因而是法定性会议不可缺少的工作程序。一般的会议活动通过签到,统计出实到人数,为会议效果评价提供依据。

(2)检查缺席情况。参加对象的缺席,会影响会议精神的全面贯彻落实。签到能够准确反映缺席情况,以便及时通知有关人员到会,或通知缺席对象另行补会,防止会议精神在这些单位得不到及时传达和贯彻。

(3)留作纪念。庆典仪式、纪念性和追悼性会议活动的签到簿可以珍藏,留作永久的纪念。

(4)历史凭证。参加对象的亲自签名是第一手签到记录,是其参加会议活动的书面证明,可为日后的查考提供历史凭据。

### (二)签到的方法

(1)簿式签到。与会者在会议工作人员预先备好的签到簿上按要求签署自己的姓名,表示到会。有的签到簿还要同时写上自己所在单位、职务、通信地址、联系电话等。签名应用毛笔或钢笔。签到簿装帧精美,亲自签名还具有纪念意义,常常用于邀请性会议。簿式签到的优点是利于保存,便于查找。缺点是这种方法只适用于小型会议,一些大型会议,由于参加会议的人数很多,用这种方式签到会影响入会速度。签到簿的封面或扉页上应当写明会议活动的名称、时间和地点,以便将来查考。

签到的方法

(2)表式签到。与会者在会议工作人员事先准备好的格式规范的表格上签名,以示到会。通常情况下,会议活动都可以采用这种方式签到。规模较大、参加人数较多的会议活动,要多准备一些签到表,采取分头签到的方法,会议活动结束后,再装订成册。特别要避免用白纸或普通信笺签到,这样既不方便统计人数、检查缺席情况,也不利于将来查考。

(3)会议工作人员代为签到。会议工作人员事先制定好出席、列席本次会议人员的花名册,开会时,来一人就在该人名字后画上记号,表示到会,缺席和请假人员也要用规定的记号表示。例如:"√"表示到会,"×"表示缺席,"○"表示请假等。这种会议签到方法比较简便易行,但要求会议工作人员必须认识绝大部分与会人员,所以这种方法也只适宜于小型会议和工作例会。对于一些大型会议,由于与会人员很多,会议工作人员不可能认识每个人,逐个询问到会人员的姓名很麻烦,所以大型会议不适宜采用这种方法。

(4)证卡签到。会议工作人员将印好的签到证事先发给每位与会人员,签证卡上一般印有会议的名称、日期、座次号、编号等,与会人员在签证卡上写好自己的姓名,进入会场时,将签证卡交给会议工作人员,表示到会。其优点是比较方便,可以解决开会入场签到所造成的拥挤问题,缺点是不便保存查找。目前,国内绝大部分地区和部门召开的大中型会议,大都采用此种方式。

(5)座次表签到。会议工作人员事先编制座次表,座次表上每个座位填上与会人员的姓名和座次号。参加会议的人员到会时,就在座次表上销号,表示出席。印制座次表时,与会人员座次安排要有一定规律,如从×号到×号是某地区(部门)代表座位,将同一地区、同一部门的与会人员集中在一起,以便与会人员查找自己的座次号。采用此种方式,可使与会人员在签到的同时了解自己的座次号,起到引导座位的效果。

(6)电子签到。即将电子签到卡预先发给与会者。与会者入场时,只需将签到卡放在电子签到机感应板上,或通过非接触式扫描,系统就会自动记录和显示与会者的姓名、性别、年龄、单位、职务、职称、代表性质、组别、代表证编号等信息,并自动进行统计分析,在显示屏上显示出到会和缺席等一系列数据。电子签到卡往往和代表证组合制作,这样使用起来更方便。例如现在的两会采用的就是这样的形式。电子签到的特点是快速、准确、简便。

### (三)报到与签到的联系与区别

报到和签到都是与会者到达会场时应办理的手续。会期较短、无须集中接待的会议,一般只需办理签到手续;会期较长、会议活动较多、需要集中接待的会议,不仅要求与会者签到,而且还要办理报到手续。

报到是指与会者在到达会议举办地时所办理的登记注册手续,但不表明其将出席或参加每一次会议和活动;签到则是与会者参加或出席每一次会议或活动时的签名,表明他参加或出席了这次会议或活动。在一些法定性会议上,签到是一种法律行为。

会议签到和引导工作

## 四、引导工作

引导是指会议、活动期间会务工作人员为与会者指引会场、座位、展区、餐厅、住宿的房间以及与会者问询的路线、方向和具体位置。引导有利于会场内外正常秩序的建立。

引导工作贯穿于整个会议期间,每一位会务工作人员都应当履行为与会者引导的义务。但在大型或重要会议中,与会者报到以及进入会场时应派专人负责引导,这类专职引导人员常常称为礼仪人员。负责引导的礼仪人员要统一着装,熟悉会场的布局以及各种配套设施的情况。大型会议活动的礼仪人员还要了解本地的交通、旅游、购物等情况,以备与会者随时咨询。引导时要注意引导的礼仪。

### 工作实例

**香楠公司新产品订货会接站工作**

总经理秘书张玉和会议接待人员接到各自的任务后,就首先为会议的接站工作忙了起来。

## 一、接站工作

### (一)做好接站准备

(1)接站人员任务分工。根据各地经销商需要接站的实际情况,总经理秘书张玉将接站人员分成了五组。同时为了明确大家在接站工作中的职责,她拟制了一份接站人员工作任务分工表。具体如表3-1-3所示。

表3-1-3 接站工作任务分工表

| 组别 | 负责人 | 职务 | 联系方式 | 组员名单 | 司机和车号 |
|---|---|---|---|---|---|
| 第1组 | ××× | 公关部副经理 | | | |
| 第2组 | ××× | 生产部副经理 | | | |
| 第3组 | ××× | 销售部副经理 | | | |

备注:1. 第1组负责萧山国际机场接站工作,第2组负责城站火车站接站工作,第3组负责九堡客运中心站接站工作。
　　　2. 由总经理秘书张玉负责总协调工作。

除了明确分工,保证责任到人外,接站人员还应统一穿正装,佩戴会议工作证,注意自身的仪表仪容和神态姿势,穿戴合适,言谈得体,给人留下亲切热情的印象。

(2)接站工具准备。会议接待人员提前制作了接站工作需要的工具,主要有接站指示牌(或横幅)、手提式扩音器、接站安排表、接站工作任务分配表、列车时刻表、航空时刻表、公司内部电话号码本等。

各接站处可以悬挂印有"香楠公司2023年新产品订货会接待处"字样的横幅,或者放置"香楠接站处"字样的接站牌或接站标志,还可以在交通工具上放置印有"香楠公司接站专用车"字样的标志。接站标志统一制作,上面除了公司名称外,还可以增加公司的标志等。接站标志如图3-1-1所示。

**香楠公司**
**XIANGNAN CORPORATION**

**接站处**

**香楠公司接站专用车**

图3-1-1 接站标准牌

(3)接站车辆安排。由于此次会议参加人数较多,而且与会者到达机场、车站的时间不一,因此秘书张玉安排了5辆小汽车、3辆商务车进行接站。安排的运力分别是:萧山国际机场2辆小汽车、1辆商务车,城站火车站2辆小汽车、1辆商务车,九堡客运中心站1辆小汽车、1辆商务车,并且安排了6位司机。

(4)统计客人抵达信息。总经理秘书张玉根据客人所寄回的报名回执表中需要接站的信息,统计了客人抵达的情况,包括乘坐的交通工具及其班次、抵达日期和时间、人数等。为了方便接站人员全面掌握客人抵达情况,张玉又制作了客人抵达信息表。具体如表3-1-4所示。

表3-1-4　客人抵达信息表

| 序号 | 姓名 | 性别 | 单　位 | 职务 | 联系方式 | 交通工具 | 班　次 | 抵达时间 | 抵达地点 |
|---|---|---|---|---|---|---|---|---|---|
| 1 | | | | | | | | | |
| 2 | | | | | | | | | |
| 3 | | | | | | | | | |
| 4 | | | | | | | | | |
| 5 | | | | | | | | | |
| …… | …… | …… | …… | …… | …… | …… | …… | …… | …… |

对于无须接站,自行到达会场参会的本地以及外地与会人员,可以在会议通知中列出前往会议中心详细的路线图以及乘车指南。

(二)接站

接站时,会议接站人员考虑了以下几个问题:

(1)提前到达飞机场或火车站。一般大型或重要的会议,会议通知中一般告知了报到的时间,而且报到时间一般比较集中,比如开会的前一天。可以避免客人到达的时间比较分散,会议接待人员需要分批分次地去飞机场或火车站迎接,这样比较费时费力。此次会议的通知也规定了报到时间为一天,即11月25日,因此,各接站小组在11月25日早上8点就赶到了各接站点。

如果接的客人数量较少,而且到站的时间比较分散,那么会议接站人员一般至少应在飞机、火车、轮船等到达前15分钟赶到,以避免因客人提前到站找不到接站人员的尴尬,同时也会让经过长途跋涉到达目的地的客人有宾至如归的感觉。

(2)将接站标志放置在出口处比较醒目的地方。接站人员将接站处设在离出口较近的地方,而且悬挂了横幅。接待人员还在出口处高举接站牌等待客人到来,使客户一出站就能看到接站人员。

(3)服饰穿着要整齐、大方。接站人员应注意自己的仪态、举止、语言等,以体现公司良好的形象与风貌。

(4)要热情迎客、亲切介绍。在出口看到客人后,要热情迎上前去,先介绍自己,然后确认客人的身份,在征得客人同意的情况下,可帮客人拿行李,然后带领客人到接站处。到接站处后,接待人员应将主办方的领导介绍给客人,然后再介绍客人。履行简单的见面礼节之后,接站人员可将客人送到休息地点休息,以等待相近时间到达的客人,或将客人直接送上安排好的车辆。一般的客人可由接待人员陪同,重要的客人要领导亲自陪同。

### (三)乘车返回

把客人安排上车后,陪同工作人员及司机要将客人送到报到处即下榻的宾馆。在乘车时,一定要注意乘车的礼仪(相关内容详见本节"参考知识或案例"部分)。要选择合适的话题与客人交谈,比如会议举办城市的风土人情、天气情况、公司的情况介绍等,切忌询问客人私人问题。

## 二、报到工作

在接站的同时,报到工作也在杭州国际会议中心大厅井然有序地进行着。负责报到工作的会议接待人员是从以下几方面来做好报到工作的。

### (一)报到准备工作

在客人报到的前一天,会议接待人员联系酒店准备好了接待用的桌椅、横幅和指示牌。桌椅一般用红色或蓝色的金丝绒布罩起来。酒店大门正上方悬挂了一条红底黄字的横幅,上写:"热烈欢迎参加香楠公司2023年新产品订货会的各界朋友!"指示牌上是"香楠公司2023年新产品订货会报到处"的字样。

除了酒店方协助准备的东西外,会议接待人员前一天分装了客人报到时要分发的资料袋,准备了签字的笔,印制好了会议报到登记表。

### (二)查验证件和登记信息

2022年11月25日,与会人员陆续抵达杭州,设在杭州国际会议中心大堂的报到处的工作人员开始忙碌起来。他们通过会议通知书、单位介绍信、身份证以及其他相关有效证件验证了与会代表的身份,并请他们在会议报到登记表上登录个人的相关信息;同时,将已安排好的住宿情况告诉与会者。会议报到登记表如表3-1-5所示。

表3-1-5　香楠公司2023年新产品订货会报到登记表

(2022年×月×日)

| 序号 | 姓名 | 性别 | 工作单位 | 职务 | 联系电话 | 通信地址、邮编 | 电子邮箱 | 备注 |
|---|---|---|---|---|---|---|---|---|
| 1 | | | | | | | | |
| 2 | | | | | | | | |
| 3 | | | | | | | | |
| 4 | | | | | | | | |
| 5 | | | | | | | | |
| …… | …… | …… | …… | …… | …… | …… | …… | …… |

### (三)分发资料袋

报到处工作人员将预先准备好的资料袋(包括公司宣传册、新产品介绍单、会议日程表、会场座次图、代表证、餐券、房卡、笔记本、文具等)发给与会人员。对于需要引导或对会议召开情况等有咨询需要的客人,接待人员应及时给予必要的帮助。

### (四)做好返程票预订统计工作

在接待报到时,工作人员应当主动询问与会客人是否需要预定返程车、船、机票,请有需要的参会者填写返程票预订统计表,并对在"回执"中已经进行登记的客人订票情况进行确认。详见表3-1-6和表3-1-7。

表3-1-6　香楠公司2023年新产品订货会返程车票预订统计表

| 序号 | 姓名 | 联系电话 | 乘车日期 | 车次 | 到站时间 | 硬座/硬卧软座/软卧 | 预收款额(元) | 张数 |
|---|---|---|---|---|---|---|---|---|
| 1 | | | | | | | | |
| 2 | | | | | | | | |
| 3 | | | | | | | | |
| …… | …… | …… | …… | …… | …… | …… | …… | …… |

表3-1-7　香楠公司2023年新产品订货会返程机票预订统计表

| 序号 | 姓名 | 联系电话 | 乘机日期 | 航班 | 头等舱/公务舱/经济舱 | 预收款额(元) | 张数 |
|---|---|---|---|---|---|---|---|
| 1 | | | | | | | |
| 2 | | | | | | | |
| 3 | | | | | | | |
| …… | …… | …… | …… | …… | …… | …… | …… |

### (五)随时统计报到人数,汇报报到情况

接待人员要及时统计与会人员报到的人数,并及时向会议主办方领导汇报。这有助于会议主办方准确了解和把握会议的整体进展,并为后续工作打下基础。

### 三、签到工作

由于此次会议参会人数较多,为了体现快速、便捷的原则,会议签到准备采用电子签到的方法。由于电子签到机的价格较贵,因此在会前,会议主办方应根据需要,联系租赁公司,租用电子签到机。

会议秘书处应根据参会人员的信息,在会前制作好电子签到卡。参会人员进入会场时,

将磁卡插入(接触式)专用机,或靠近(非接触式)签到机,与此相连的电脑就会自动记录和显示与会者的姓名、性别、年龄、单位、职务、代表的性质、组别、代表证编号等信息。电子签到机可以实时查询到某位参会人员或者某组的签到情况,可以实时查询并打印签到情况,包括到会人数、缺席人数、到会比例、到会人员名单、缺席人员名单。

### 四、引导工作

引导工作贯穿于整个会议期间,每一位会务工作人员都应当履行为与会者做引导的义务。在本次会议中,我们将雇用礼仪公司的礼仪人员,专门负责酒店门口、电梯口、会场门口和会场内的引导服务。礼仪人员要统一着装,熟悉会场的布局以及各种配套设施的情况。会务接待人员要和礼仪人员一起做好引导工作。

此外,会议接待人员还应了解本地的交通、旅游、购物等情况,以备与会者随时咨询。引导时要注意引导的礼仪?

## 训练项目

### 做好外地与会人员送站工作

(1)实训目标。通过实训,要求学生掌握接站、报到、签到和引导的相关知识,能做好相关的准备工作,并顺利完成接站、报到、签到和引导等会议接待工作。

(2)实训背景。思科电子有限公司定于2022年11月20日至25日在杭州戴斯大酒店召开分销商会议,有新老客户共20人参加会议。

(3)实训内容。假如你是此次会议接待工作的负责人,你会从哪些方面考虑会议的接站、报到、签到和引导工作?

## 参考知识或案例

### 一、接待规格

秘书人员必须根据来访者的身份,确定接待的规格。接待规格是以陪同领导的角度而言的。接待规格过高,影响领导的正常工作;接待规格过低,影响上下左右的关系。所以,确定接待规格时应慎重全面地考虑。接待规格分为以下三类:

(一)高规格接待

即主要陪同人员比来宾的职位要高的接待。如上级领导派工作人员来了解情况,传达意见,兄弟企业派人来商量要事等,需高规格接待。

(二)低规格接待

即主要陪同人员比客人的职位要低的接待。如上级领导或主管部门领导到基层视察,只能低规格接待。

(三)对等接待

即主要陪同人员与客人的职位同等级的接待。这是最常用的接待规格。

## 二、接待礼仪

### (一)次序礼仪

接待过程中,遵从次序礼仪的要求,能准确地突出来访者的身份,是对来访者的尊重。接待过程中的次序礼仪一般有以下要求。

(1)就座时,右为上座。即将客人安排在企业领导或其他陪同人员的右边。

(2)上楼时,客人走在前,主人走在后;下楼时,主人走在前,客人走在后。

(3)迎客时,主人走在前;送客时,主人走在后。

(4)进电梯时,有专人看守电梯的,客人先进、先出;无人看守电梯的,主人先进、后出并按住电钮,以防电梯门夹住客人。

(5)奉茶、递名片、握手、介绍时,应按职务从高至低进行。

(6)进门时,如果门是向外开的,把门拉开后,按住门,再请客人进。如果门是向内开的,把门推开后,请客人先进。

总之,社交场合,一般以右为大、为尊,以左为小、为卑,进门上车,应让尊者先行,一切服务均从尊者开始。

资料来源:http://baike.baidu.com/view/3227574.htm

### (二)乘车礼仪

乘坐轿车时,应当注意的礼仪问题主要涉及座次、上下车顺序、举止等三个方面。

#### 1. 座次

在比较正规的场合,乘坐轿车时一定要分清座次的主次,而在非正式场合,则不必过分拘礼。轿车上的座次,从礼仪上来讲,主要取决于四个因素。

(1)轿车的驾驶者。主要适用于双排座,三排位轿车。由主人亲自驾驶轿车时,一般前排座为上,后排座为下;以右为上,以左为下。乘坐主人驾驶的轿车时,最重要的是不能令前排座空着。一定要有一个人坐在那里,以示相伴。由专职司机驾驶轿车时,通常仍讲究右尊左低,但座次同时变化为后排为上,前排为下。

(2)轿车的类型。吉普车,大都是四座车。不管由谁驾驶,吉普车上座次由尊而卑依次是:副驾驶座,后排右座,后排左座。四排以及四排以上座次的大中型轿车,不论由何人驾驶,均以前排为上,以后排为下,以右为尊,以左为卑,并以距离前门的远近,来排定其具体座次的尊低。

(3)轿车上座次的安全系数。乘坐轿车要考虑安全问题。在轿车上,后排座比前排座要安全得多。最不安全的座位,当数前排右座。最安全的座位,则当推后排左座(驾驶座之后),或是后排中座。

(4)轿车上嘉宾的本人意愿。在正式场合乘坐轿车时,应请尊长、女士、来宾就座于上座,这是给予对方的一种礼遇。当然,不要忘了尊重嘉宾本人的意愿和选择,并要将这一条放在最重要的位置。嘉宾坐在哪里,即应认定哪里是上座。即便嘉宾不明白座次,坐错了地方,也不要轻易指出或纠正。

上面的这四条因素往往相互交错,在具体运用时,可根据实际情况而定。

2. 上下车顺序

基本要求是：倘若条件允许，须请尊长、女士、来宾先上车，后下车。

（1）主人亲自驾车。要后上车，先下车，以便照顾客人上下车。乘坐由专职司机驾驶的轿车时，坐于前排者，要后上车，先下车，以便照顾坐于后排者。

（2）乘坐由专职司机驾驶的轿车，并与其他人同坐于后一排时，应请尊长、女士、来宾从右侧车门先上车，自己再从车后绕到左侧车门后上车。下车时，则应自己先从左侧下车，再从车后绕过来帮助对方。若左侧车门不宜开启，于右门上车时，要里座先上，外座后上。下车时，要外座先下，里座后下。总之，以方便易行为宜。乘坐多排座轿车时，通常应以距离车门的远近为序。上车时，距车门最远者先上，其他人随后由远而近依次而上。下车时，距车门最近者先下，其他随后由近而远依次而下。

3. 举止

（1）动作要雅。在轿车上切勿东倒西歪。穿短裙的女士上下车时，最好采用背入式或正出式。即上车时双腿并拢，背对车门坐下后，再收入双腿；下车时正面面对车门，双脚着地后，再移身车外。

（2）要讲卫生。不要在车上吸烟，或是连吃带喝，随手乱扔。不要往车外丢东西、吐痰或擤鼻涕。不要在车上脱鞋、脱袜、换衣服，或是用脚蹬踩座位，更不要将手或腿、脚伸出车窗之外。

（3）要顾安全。不要与驾车者长谈，以防其走神。不要让驾车者听移动电话。协助尊长、女士、来宾上车时，可为之开门、关门、封顶。在开、关车门时，不要弄出大的声响，夹伤人。在封顶时，应一手拉开车门，一手挡住车门门框上端，以防止其碰人。当自己上下车、开关门时，要先看后行，不要疏忽大意，以免伤人。

### 复习思考题

1. 接站工作的详细流程与要点是什么？
2. 报到工作的详细流程与要点是什么？

## 任务二　进行会间服务

### 学习目标

**能力目标：** 能够做好宴会的各项准备工作，能够正确安排中西餐宴会的座次，能够安排好会议交通，能够组织好会议的参观和娱乐活动。

**知识目标：** 了解餐饮服务的意义，掌握会议餐饮服务的程序；了解交通服务的意义，掌握会议的交通服务内容；掌握组织参观、娱乐活动的要点。

## 任务描述

香楠公司2023年新产品订货会于2022年11月26日顺利开幕了。此次会议为期两天,会议期间将安排参观公司的活动和组织联欢晚会,并在第一天晚上安排宴会。为了做好会间服务,总经理秘书张玉召集会议接待人员在一起开了一个小会,要求落实好会议餐饮、交通服务和参观、娱乐等相关工作,并对大家的疑问进行了解答。会后,大家开始分头落实,以保证会间服务工作的顺利完成。

**【任务分析】** 会间服务质量的优劣,直接影响到与会人员对会议的满意度。安排好与会代表的饮食要考虑餐饮的经费、与会代表的身份、餐饮的形式等内容。会议如有参观活动还应做好交通服务工作,满足会议的交通需求。会议的参观和娱乐活动要选择好项目,并具体落实。

## 基础知识

### 一、会议餐饮服务

有外单位人员参加的、时间在一天或一天以上的会议,一般要安排会议的用餐。如果会议时间在两天以上,还要注意安排早餐。

#### (一)会议餐饮服务的内涵

餐饮服务是会议进行阶段不可或缺的组成部分。合理安排会议餐饮有利于促进整个会议的顺利进行,有利于达到会议目标。会议期间的每一次宴会都为与会者提供了增进认识和了解的机会,所以会议餐饮成为会议期间人们交往不可缺少的活动。

会议餐饮服务

会议组织者在策划会议餐饮服务时,必须考虑方方面面的环节。诸如餐饮预算、同酒店的洽谈细节、与会者的特殊餐饮要求等。比如,在与酒店洽谈时,要就各个方面与酒店餐饮部门反复磋商,如餐厅的选用、场面气氛的控制、时间节奏的掌握、空间布局的安排、音乐的烘托、餐桌的摆放、台面的布置、餐具的配套、菜品的定价、菜肴的搭配、菜肴的命名、服务员的服饰等,都要紧紧围绕宴会主题来进行。

#### (二)餐饮服务的要求

(1)饮食卫生。餐饮服务,卫生第一。食品与餐具卫生要有严格的检测制度与措施,严防食物中毒。只有清洁卫生的饮食才能使与会代表吃得好,吃得满意。因此,要按照有关食品卫生的要求和规定,采取得力的措施实施严格管理,确保与会代表的饮食安全,从而保证会议活动的顺利进行和圆满结束。

会议餐如何安排

(2)规格适中。会议主办方应确定会议的合理饮食规格,饮食标准应当由会议活动的领导机构确定,并进行经费预算。会议活动中的饮食安排一定要根据经费预算进行,并贯彻勤俭节约的原则,反对大吃大喝和铺张浪费。

(3)照顾特殊。会前,组织者应及早了解与会者中是否有不同饮食习惯的少数民族代表、外宾或其他有特殊饮食要求的代表,如果有,一定要尊重他们的饮食习惯与宗教信仰、特殊要求(如清真、素食、软食、忌食、病号餐等),注意与会者的饮食禁忌,事先安排好部分特殊用餐者的餐饮食谱,同时也应在烹调方式、餐厅安排、服务顺序等方面做仔细安排。

### (三)餐饮服务的工作程序

(1)制订餐饮服务工作方案。会期较长的大型会议活动,要事先依据会议活动整体要求制订一套详细工作方案,主要内容包括:

①就餐标准。就餐标准要分解到早、中、晚三餐的具体支出。

②就餐时间。就餐时间一般要同会议活动的作息时间综合考虑,同时要符合人们的日常生活规律。

③就餐场所。根据就餐的形式,可安排不同的就餐场所。

④就餐形式。采取个人分食制还是同桌合餐制,是自助餐还是宴会等。

⑤就餐人员组合方式。就餐时是自由组合还是按会议活动的编组组合。

⑥就餐凭证。凭餐券入场还是凭会议证件入场就餐。

⑦保证饮食安全的具体措施。

(2)预定餐厅。餐厅的选择要考虑以下几点:

①餐厅大小是否能够容纳会议活动全部就餐人员,包括参加对象和工作人员。

②餐厅的卫生条件是否达到规定的标准。

③饭菜品种和质量是否满足要求。

④餐厅与会场和代表驻地的距离是否适当。

⑤价格是否合理。

(3)印制和发放就餐凭证。由于餐饮服务人员很难准确辨认每一位与会者,且与会者在用餐问题上有一定的变动性,为加强就餐管理,大中型会议组织者可以通过发放餐券或要求凭会议证件进入餐厅等来控制就餐数。餐券一般在与会人员报到时由工作人员和会议文件一起统一发放。

(4)统计就餐人数。为了有针对性地准备食物以及配备服务人员,避免出现备餐不足或过多等情况,会议组织者必须准确统计就餐人数,并提前与酒店接洽(提前的时间可以从24小时到1周不等)。一般会议主办方会签单担保,如果届时与会者没有按计划数到场进餐,餐厅有权要求会议组织者为他们付费。统计人数的方法一是根据会议签到情况进行统计,二是分组统计,然后汇总。

(5)商定菜谱。会议工作部门要十分重视菜谱的制订。要在经费预算的框架内,尽可能与餐厅商定一份科学、合理的菜谱,并尽可能满足少数民族代表以及一些有特殊饮食习惯的代表的需求。若是国际会议,要考虑中西方饮食文化的不同特点。

(6)餐前检查。就餐之前,要对饭菜质量、份数、卫生状况等进行必要的检查,发现问题,及时纠正或者调整。

（7）餐后反馈。接待人员在与会人员就餐后,应主动听取他们对饭菜质量以及餐厅服务态度的意见,以便及时改进。

### (四)会议的宴会服务

宴会是在普通用餐基础上发展而成的一种高级用餐形式,是指宾、主之间出于表示欢迎、祝贺、答谢、喜庆等目的而举行的一种隆重、正式的餐饮活动。

1. 宴会的种类

宴会种类复杂,名目繁多。

（1）从规格上分,有国宴、正式宴会、便宴、工作餐会、家宴。

①国宴。是欢迎外国元首、政府首脑来访或庆祝重要节日而举办的宴会。宴会厅内悬挂国旗,设乐队,奏国歌,席间致辞,菜单和席卡上印有国徽。宴会的规格最高,盛大隆重,礼仪严格。

②正式宴会。通常是政府和人民团体有关部门,为欢迎邀请来访的宾客,或来访宾客为答谢主人而举行的宴会。这种宴会无论是规格和标准都稍低于国宴,不挂国旗,不演奏国歌。其安排与服务程序大体与国宴相同。

③便宴。即便餐宴会,用于非正式的宴请。一般规模较小,菜式有多有少,质量可高可低,不拘严格的礼仪、程序,随便、亲切,多用于招待熟悉的宾朋好友。

④工作餐会。工作餐会是现代国际交往中经常采用的一种非正式宴请形式。按用餐时间可分为工作早餐会、工作午餐会和工作晚餐会,即利用进餐时间边吃边交换意见、讨论工作。这种形式的活动一般只请与工作有关的人员参与。双边工作进餐要排座位,宜用长桌便于谈话。其座位排法与会谈桌座位的安排相仿。

⑤家宴。是在家中以私人名义举行的宴请。一般人数较少,不讲严格的礼仪,菜式多少不限,宾主席间随意交谈,气氛轻松活泼、自由。

（2）按宴会的就餐形式分,有围餐式宴会、自助式宴会、半自助式宴会和分餐式宴会。

①围餐式宴会,即主人和客人按事先排列的座位以宴会桌为中心围坐就餐,由服务员按菜谱上菜。中式、西式宴会都可以采用这种形式。宴会桌可有多种形状,如圆桌、方桌、长方桌等。

②自助式宴会,即冷餐会,通常在出席人数较多时举行。自助式宴会既可以在室内举行,也可以在室外举行。一般不排座位,客人站立而食,活动自由,取食随意,便于与会者之间进行交流。食物以冷餐为主,食物与酒水连同餐具都陈设在餐桌上让客人自取,也可由招待员端送。

③半自助式宴会。半自助式宴会介于围餐式和自助式之间,一般设座位,由服务员按菜单上部分菜肴,而大部分食物则放在旁边的餐桌上,让客人自由取食。

④分餐式宴会。即由服务员事先将食物、菜肴按人头分装在每个人的盘中,上菜时直接端给就餐者。西式宴会一般采用分餐式。

此外,宴会从餐别上分,有中餐宴会、西餐宴会、中西合餐宴会;按时间分,有早宴、午宴和晚宴;按礼仪分,有欢迎宴、答谢宴会;按性质分,有鸡尾酒会、冷餐酒会、茶会、招待会等。

2. 宴会的准备

(1)确定宴会的目的。举行宴会必须"师出有名",其目的多种多样,有礼节性的,如庆祝节日、纪念日;有交谊性的,如接风、送行、答谢等;也有工作性的,如祝贺开竣工、开张、谈判成功等喜事、盛事。明确了宴请目的,也就便于安排宴请的范围、对象、形式和规格等。

会议的宴会服务之宴会的准备

(2)确定宴请对象。会议主办方应根据既定的邀请范围,草拟出被邀请人的具体名单,其中包括姓名、职务、称呼以及是否有配偶等,同时应了解其习惯、爱好与忌讳。邀请对象应当根据宴会的目的以及规模确定,可参加可不参加的就不安排参加。除必要的陪同人员外,主办方人员应尽量减少。

宴会的名义与宴请对象要相适应。也就是说,宴会出面邀请者与宴请对象的身份要大体相当。宴会出面人身份低,会使客人感到受到了冷落,宴会出面人身份过高有时也无必要。宴会一般可以领导或组织的名义进行邀请。

(3)确定宴会规格和形式。在明确了邀请对象后,就可以确定宴会的规格和形式。

宴会的规格高低主要体现在两方面:一是出席宴会的宾主双方的身份高低,身份越高,规格越高;二是宴会的等级,包括饭店的星级、服务的水平、酒水菜肴的质量档次等。确定规格要考虑宴会的目的、宴请对象的身份、宾主的关系等因素。

宴会的形式应根据宴会的规格、规模、经费以及时间安排来确定。如,举行一般的会议可设便宴欢迎与会者;会议规模较大,客人较多时,可举行冷餐会或鸡尾酒会;如果时间较紧,可举行茶会或工作餐会;举行签字仪式时,双方往往仅以香槟酒举杯相庆。

(4)确定宴会时间。确定宴会时间的注意事项:

一是时间安排是否适当。如,欢迎宴会一般应当安排在客人到达的当天,最晚不超过第二天。

二是是否考虑到了客人的习俗。应避免选择对方的重大节假日和有重要活动或有禁忌的日子。如宴请基督教徒不要选十三日,更不要选既是十三日又是星期五的日子,伊斯兰教徒在斋月内白天禁食,宴请宜在日落之后举行。

(5)确定宴会地点。确定宴会地点的注意事项:

一是规格适当,即设宴的宾馆或饭店是否具有同宴会的规格相适应的星级水平和服务水准。

二是交通方便。宴会地点要使客人能方便抵达。

三是考虑形式。宴会形式不同,场地安排也可做一些灵活变通。如正式宴会一定要在专门的宴会厅中举行,以示庄重;冷餐会、酒会等也可放在露天举行。

四是各方满意。宴请对象可能来自不同国家,具有不同的宗教信仰和文化背景,在选择宴会地点时要注意这些问题,使各方满意。

(6)确定主持人和致辞人。宴会主持人由主办方安排有一定身份的人士担任。

致辞人的安排视以下不同情况而定：

一是大型活动举行的宴会，由主办方的领导人致辞，对客人表示欢迎或欢送，或者对会议活动或客人访问活动的成功举行表示祝贺，或者对有关方面的支持表示感谢，等等。

二是双边活动中举行宴会，主人和主宾都要致辞，如欢迎宴会由主人致欢迎词，客人致答谢词。双方致辞人的身份要一致。

三是为庆祝喜事、盛事举行的宴会，除主办方致辞外，可安排若干方面的代表致辞。这些代表可以是合作单位的，也可以是具有突出贡献的人士。

四是如赴宴对象中有上级领导，可请其致辞，但必须事先提出请求，让其做好准备，不要搞"突然袭击"。致辞如需翻译，应事先确定译员人选。

(7)发出邀请。会议活动接待中举行的宴会，一般都已在会议日程表中注明具体安排，只需提前以口头方式提醒邀请对象。

单独举行的宴会，一般应提前一两周发出请柬，以表示对对方的尊重。如果已经口头或电话邀请，最好也补送请柬。

(8)拟定菜单。拟定菜单应根据宴请的规格、形式和预算经费来安排。拟定菜单应注意以下几点：

一是照顾客人的喜好与禁忌。大众性会议的与会者来自不同地区、民族，其生活习惯差别较大，菜单拟定要照顾到民族习俗与地域饮食文化。因此，订菜前要了解客人(主要客人)的饮食习惯、喜好与禁忌。对客人的饮食禁忌要慎重对待，不可马虎。如伊斯兰教徒忌食猪肉制品，印度教徒忌食牛肉制品，佛教徒忌食荤，有些人忌葱、姜、蒜，而一些西方人忌食青蛙、鸽子、蛇、猫、狗等动物。会议主办方应根据掌握的情况，合理安排菜单。

二是要有地方特色。在尊重客人喜好、照顾客人饮食习惯的前提下，一般宴会以地方菜系为主。这从某种意义上讲，也是对饮食文化的一种宣传。

三是要品种多样。准备的菜肴要从荤素、咸甜、凉热、干稀诸方面统筹安排。这包括烹调方法要多样，菜肴品种要丰富多彩；原料选用要广泛，注意营养的平衡和色彩的变化；味道要多种，不能单一化；造型要美观，使每道菜肴都能做到色、香、味、形俱佳。

四是注意季节特征。宴会的菜色必须与季节密切配合，尽量采用当季的材料或时令菜式。一是配合季节特征设计宴会菜肴，既可以反映时节特色，又可以降低食物成本；二是结合季节特征来设计宴会菜肴的口味，以迎合季节变化对人的视觉及味觉的影响。

(9)宴会餐位安排。根据主客双方出席宴会的名单，按照礼宾次序排列餐位，一般以面门为主、右高左低、由近而远的惯例排列。

举办中餐宴会一般用圆桌。宴会的主人应坐在主桌上，面对正门就座，同一张桌上位次的尊卑，根据距离主人的远近预定，以近为上，以远为下，以右为尊，以左为卑。每张餐桌上，安排就餐人数一般应限制在10个人之内，并且为双数，人数过多，过于拥挤，会照顾不过来。

西餐宴会的座次安排是右高左低。与中餐宴会不同的是西餐宴会一般都是男女宾客穿插入座。

3. 宴会的程序

(1)迎宾。小型宴会开始前,主人一般在宴会厅或休息室门口迎接客人。客人抵达时主人应主动与其握手表示欢迎,然后主人引导客人进入休息室休息,宾主寒暄。大型宴会,主人只需迎候主要客人,其他客人由第二主人或工作人员迎候。

(2)入场。小型宴会客人到齐后,由主人陪同客人从休息室进入宴会厅,主人和主宾应走在前面,其他人按身份高低的次序依次进入。参加大型宴会的普通客人应提前进入宴会厅。主要客人到齐后,由主人陪同按礼宾次序排列先后进入宴会厅。这时全场起立,鼓掌表示欢迎。主人与主宾入席后,其他人方能坐下,宴会即开始。

(3)宣布宴会开始。举行大型招待会一般先由主持人宣布:"××宴会(或酒会、冷餐会)开始。"

(4)介绍主要来宾。宴会开始后,主持人介绍主人、主宾和其他来宾。如相互熟识,可免去此项。

(5)致辞。我国举行的宴会,致辞一般都放在宴会一开始,先致辞,后用餐。国外举行宴会,致辞一般是在热菜之后,甜食之前。冷餐会和酒会的讲话时间则比较灵活。致辞前,主持人应介绍致辞人的身份。欢迎或欢送宴会上宾主双方都要致辞,顺序为先主后宾。

(6)祝酒。宴会中宾主双方相互祝酒(又称敬酒),以表达美好的祝愿。宴会祝酒有以下方式:一种是致词人宣读事先准备好的祝酒词,然后提议共同干杯;二是在一些便宴中,经主持人同意,参加对象可即兴致辞,然后提议共同干杯;三是主人与客人、客人与客人之间相互碰杯,相互祝愿。

(7)散宴和送别。小型宴会,吃完水果,宴会自然结束。主要客人起身告辞,主人送至门口或车前。大型宴会,可以在主持人发表一番热情洋溢的祝词之后,宣布宴会结束。先请主要客人和领导退席,然后其他客人相互告别离去。

## 二、会议交通服务

### (一)会议交通服务的作用

大中型会议与会人员的住地和会场不在一起或者有参观游览活动的,要安排好会议期间的交通。会议交通服务是对会议车辆进行科学调配以保证会议用车的工作。它直接关系到与会人员的集体活动的顺利开展、会议目标的顺利实现,应引起会议工作人员的高度重视,否则就可能贻误会议的正常活动,甚至造成更加严重的后果。

### (二)会议交通服务的主要内容

如果会议驻地距会场较远,必须有车辆接送与会代表,那就要调配足够的车辆,以保证会议的需要。对于集体活动用车,必须加强派车管理、用车检查和驾驶员的管理,保证与会人员有序乘车、安全抵达。零星用车,必须建立用车制度,规定用车的范围和任务,履行批准手续。

会议交通服务的内容主要有:

1. 准备会议用车

如会议需要较多车辆,而主办者自身车辆不够,则必须调用其他单位车辆或租用车辆。会议车辆的调用(租用)应严格遵循必要和合理的原则。做到既保证会议用车,又符合节俭的原则。

2. 拟定会议用车纪律

大会主办方也应拟定会议用车纪律,对用车进行规范。大会用车或大会工作机构用车要提前预订,并履行必要的审批手续。参加会议人员办理与会议无关的公务和私事时不提供车辆。与会议无关的参观、游览,其交通费由个人自理。

3. 合理调度会议用车

会议秘书部门要会同行政后勤部门安排好会议交通用车。要根据与会人员的身份、规模等确定交通用车。用车能固定的尽可能予以固定,如某一小组乘坐几号大车,哪几个人合用一辆小轿车等,防止差错。这样有利于乘车的有序和人员的安全。交通车辆的安排应以节俭、方便为原则,既要保证会议用车需要,又要注意节约,还要保证行车安全。会议要印发车辆通行证,并应指定专人负责会场周围的交通指挥和管理工作,做到秩序井然。

4. 加强驾驶人员管理

调度人员要把车辆调度一览表发给每一位司机,并且提前通知司机用车情况,特别是在原有的安排出现变化的时候。

此外,还要合理安排司机的时间,以免疲劳驾驶,发生事故。

5. 意外事故的应急处理

如果车辆在行驶过程中出现因车子抛锚等不能正常行驶的情况,应有备用方案可以采用。除了制定车辆使用备用方案外,在会前应急预案中应涉及关于会议意外交通事故处理方面的内容。一旦发生意外,会议工作人员和相关部门就应启动应急机制,处理好危机。

### (三)会议车辆的停放管理

大中型会议人多车多,需考虑如何提供足够的停车场地、如何有序停车等涉及会议车辆的停放管理的问题。会议交通车辆停放管理的问题,主要任务是指挥到会车辆的集结与疏散,维护停车秩序,保证行车安全与畅通。

交通车辆的停放管理工作应从以下几个方面入手:

1. 准备好停车所需场地

会前,会议工作人员应根据会议的性质和规模,充分预计到会车辆情况,如车类、车型及数量等,充分考虑所需停车场地大小、来去的行驶路线等。若不是在单位内开会,还应与会场租借方协商停车区域,或在开会前就考虑到停车比较方便的地方开会。在确定了停车所需场地后,就要根据分类停放、保证重点、照顾一般的原则,划分停车区域,确定停车办法。

会议娱乐服务、会议车辆的停放管理和会议签到的作用

2. 确定指挥停车方法

与会人员驾车到会场后,交通调度人员指挥现场停车,要因地制宜,一般可采取三种方式:

一是会场门前停车。场地宽阔,可指挥车辆进入停车场地停车,然后客人下车。

二是停车场地狭窄,乘车人又需要在会场门前下车,就要指挥车辆在会场门前停车下客,待客人下车后,立即指挥车辆到指定地点停放。

三是当首长、外宾所乘车辆在会议场所门前不便停放时,应事先在附近选择临时停车场地,待首长、外宾下车后,指挥车辆到指定地方停放。

### 三、会议参观、考察、游览和娱乐服务

#### (一)会议参观、考察和游览服务

一些大中型会议为了引导、教育与会代表,或是向与会代表展示单位的良好形象,有时会安排参观、考察或游览活动。会议参观、考察或游览服务就是安排好参观、考察或游览事宜,使活动取得圆满的结果。会议参观、考察或游览服务包括以下内容:

会议参观、考察和游览服务

1. 策划项目

进行会议参观、考察和游览服务时首先要策划一个项目,项目的选择要考虑以下因素:

(1)切合会议主题。项目的选择要尽可能与会议活动的目标和主题相适应,否则就达不到参观、考察和游览的预期目的。

(2)照顾参加对象的兴趣。参加对象若对项目兴趣不大或者毫无兴趣,则组织参观游览就显得毫无意义。

(3)考虑接待能力。要考虑参观、考察、游览的接待方是否具有足够的接待能力。有些项目虽然非常合适,但是如果当地的接待能力有限就不能选择这一参观项目或改变参观的方式,如分批考察、减少考察时间等。

(4)做到内外有别。有的项目不宜组织外人参观游览,有的项目参观时应有一定的限制要求。安排时应当了解有关的规定,做到内外有别,注意做好保密安排。

2. 安排落实

参观项目确定后,就要做好参观活动的安排落实工作。主要应从如下几方面入手:

(1)及时联系接待单位。将参观项目告知接待单位,听取接待单位的意见,如对方无法接待,要及时更换项目。旅游项目也可委托信誉良好的旅行社实施。

(2)制订参观计划。主要包括安排参观游览的线路、时间、行程安排等,并将计划明确告知参加对象,让他们做好思想准备和物质准备。

(3)落实好车辆。根据参观对象的身份、人数等,安排好交通车辆。最好将参观对象分组,固定乘坐车辆,甚至还可安排车长或组长,以做好基本的组织工作。

(4)安排好食宿。如果参观、考察和游览活动历时一天以上,还必须提前安排好食宿。

(5)准备必要的资金和物品。如摄像机、照相机、手提扩音机、对讲机、团队标志、卫生急救药品等。

#### 3. 陪同安排

组织参观、考察和游览应当派有相当身份的领导人陪同。专业性较强的参观、考察,应当选派既懂业务又有身份的人员进行陪同。除必要的工作人员外,其他陪同人员不宜过多。每到一处,被考察、参观单位应当派有一定身份的领导人出面接待欢迎并做概况介绍。如果是游览,应配备导游。

#### 4. 介绍情况

每参观、考察或游览一处,应由接待人员、解说员或导游人员做具体解说和介绍,以给参观对象留下深刻的印象。介绍时要注意信息的准确性。

#### 5. 摄影

遇到不让摄影的项目或场所,应当事先向客人说明,现场应竖有"禁止摄影"的标志。

#### 6. 注意安全

参观游览,安全第一。在参观、考察和游览的过程中,一定要注意交通安全和参观对象的人身安全。

### (二)会议娱乐服务

会议的娱乐服务即以丰富与会者文化生活及调节与会者情绪为目的所开展的娱乐活动。根据会议的一般规律,会期在3天左右的,娱乐活动一般不少于1次;4天至7天的会议,娱乐活动一般不少于2次。会议活动期间适当安排娱乐活动,可以丰富与会代表的业余生活,做到劳逸结合,提高会议效率。

会议参观——会议娱乐服务

#### 1. 选择娱乐项目

一般娱乐项目可以选择观看电影、文艺演出(如音乐剧、戏剧、舞蹈表演等)、组织社交娱乐活动(如交际舞会、化装舞会等)、组织与会人员自娱联欢等。

#### 2. 安排具体时间

大中型会议的娱乐活动一般作为议程安排在会议日程表中。会议开始后应根据实际情况做适当调整。娱乐活动应安排在休会时间,如晚上或休息日,不应影响会议活动的进行。

#### 3. 安排好接送

组织观看文艺演出或电影,应当集体行动,因此要事先统计好人数,安排好来回接送的车辆,并注意上车后清点人数,避免漏接、漏送。

#### 4. 组织好专场演出的入席与退席

专场演出即专为欢迎双边会议活动的客人而安排的文艺演出。演出前,安排普通观众先入席。主宾在开幕前由主人陪同入场。此时,全场起立鼓掌表示欢迎。演出进行中,观众不得退场。演出结束后,全场起立向演员热烈鼓掌以示感谢。观众应待主人和主宾退场后再离去。如果主宾向演员献花篮并合影,观众不应立即散去,应在主人和主宾与演员合影结束离去后方能退出演出剧场。

在会议期间,除了餐饮服务、交通服务、参观服务、娱乐服务外,还包括住宿服务、茶水服务等。

### 工作实例

总经理秘书张玉和会议接待人员就会间相关服务进行了策划,具体情况如下:

### 一、会议饮食安排

#### (一)制定餐饮服务工作方案

香楠公司2023年新产品订货会于2022年11月26日召开,会期两天。会议期间的饮食全部由杭州国际会议中心提供。会前,会议接待人员制订了餐饮服务工作方案,确定了餐饮相关内容,具体如下:

(1)就餐标准。早餐一般包含在酒店房间价格中,因此早餐无须制定就餐标准。不过不同星级的酒店,其早餐的档次是不一样的。午餐标准是50元/人,晚餐标准是150元/人(1500元/桌)。这是根据会前编制的经费预算中关于餐饮部分的内容确定的。

(2)就餐时间。早餐:7:00—8:00,午餐12:00—13:00,晚餐18:00—19:00。

(3)就餐形式和场所。为了便于会议活动顺利进行,午餐采用自助餐的形式,即酒店方将烹饪好的菜肴和餐具摆放在桌子上,由与会人员自己取食。因为晚上大家有充分的时间就餐,所以晚餐定为围餐式,较为正式,大家也可在餐桌上进行深入的认识和交流。就餐地点跟酒店方沟通后,根据就餐的形式,将午餐、晚餐地点暂定在杭州国际会议中心桂花厅。如有改动,将临时通知与会代表。当然,会议工作人员会与酒店方保持联系,尽量确保不更改用餐场地。

(4)就餐人员组合方式。为了增进沟通与交流,会议工作人员将与会代表按地区(华北、东北、华东、华中、华南、西南和西北)进行了分组。晚餐时,要求与会人员按小组就餐。

(5)就餐凭证。早餐凭服务员发放的酒店的早餐券就餐。午餐和晚餐凭代表证就餐。会议工作人员应提醒与会代表佩戴好代表证。

#### (二)宴会安排

为了迎接和欢送与会代表,香楠公司将根据日程表安排在11月26日晚上由总经理刘梦晓以公司的名义在杭州国际会议中心荷花厅宴请与会客人。会议工作人员将在会议期间及时提醒与会人员。

宴会安排主要涉及菜单的确定、座次的设计和宴会的程序。

(1)晚宴菜单。会议接待人员考虑到与会代表来自全国各地,因此在确定菜单时,尽量兼顾到各地的饮食习惯,照顾各位与会人员的口味,同时也突出杭州地方菜的特色。在制定菜单时还考虑了菜肴的品种、季节特征等因素。当然,现在很多人走南闯北,饮食习

惯也都在逐渐改变。在会议经费预算的范围内,会议接待人员制定了晚宴菜单,具体如下:

凉拌海蜇　杧果芦荟　面酱黄瓜　泡椒凤爪　五谷丰登　宋嫂鱼羹　鲜莲芦笋
龙井虾仁　铁板牛柳　风味扣肘　麻婆豆腐　云耳西芹　蒜蓉娃娃菜
千岛湖大鱼头　叫花童子鸡　珍菌汤　葱包桧儿　片儿川　水果拼盘

(2)晚宴座次安排。此次会议共有150人,因此会议接待人员将与会代表按地区分组,加上主陪人员和工作人员,每桌10人,共分成15桌。餐桌的摆放采用众星拱月形,主桌在中间,其他餐桌依次围绕而放。香楠公司总经理刘梦晓作为宴会主人坐在主桌上,面门而坐,然后按照"以近为上,以远为下;以右为尊,以左为卑"的原则安排主桌就餐人员的座次。具体座次安排如图3-2-1所示。

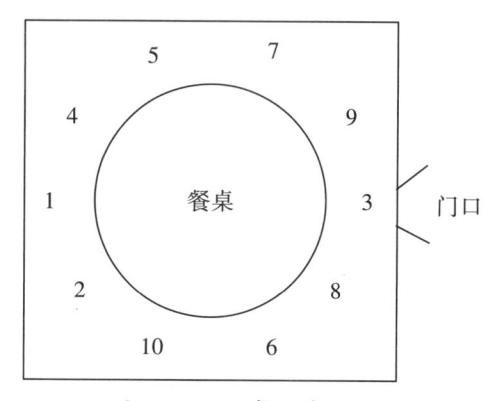

图3-2-1　就餐人员座次图

注:1.总经理刘梦晓,2.童装专业委员会副会长张××,3.副总经理何××,4.北京××有限公司副总经理王××,5.副总经理兼财务总监刘××,6.客户经理1,7.客户经理2,8.客户经理3,9.客户经理4,10.秘书张玉

其他各桌可以安排一位部门经理作为主陪人员,具体座次安排参照主桌。为了方便各位入座,会议接待人员应在圆桌上放置桌牌,在主桌上还应放置座签。安排完餐位后,一定要注意不要遗漏邀请的客人,以免引起不必要的尴尬。

(3)宴会的程序。

①迎宾。重要客人由总经理刘梦晓陪同,进入宴会厅。其他客人可自行前往,但在宴会厅门口,各部门经理和总经理秘书张玉应在宴会厅门口进行迎接,其他接待人员进行引导,帮助他们入座。迎宾及引导应注意相应的礼仪礼节。

②宣布宴会开始。等所有客人入住,尤其是主桌客人坐定后,由主持人宣布:"香楠公司2023年新产品订货会欢迎宴会现在开始。"

③致辞。为了表示对各位到会客人的热情欢迎或对会议顺利召开的感谢,总经理刘梦晓进行热情洋溢的致辞,同时也可请重要客人代表致辞。如请客人致辞,一定要提前打好招呼,不能搞突然袭击。

④祝酒。致辞后,总经理刘梦晓提议大家一起举杯,共同预祝"香楠公司2023年新产品订货会"圆满成功。宴会开始后,各桌宾主之间、宾客之间相互敬酒。随后,总经理刘梦晓和秘书张玉到各桌敬酒,对各位客人的到来表示衷心的感谢。

⑤散宴和送别。宴会结束后,对于当晚住在酒店的客人应送至宴会厅或电梯门口,对于要离开驻会地的宾客可送至酒店门口,重要客人还可送至车门口或停车场。

## 二、会议交通安排

会议交通安排主要包括参观环节的用车安排及酒店现场的停车安排。

本次订货会中由于安排了参观环节,因此需要安排车辆将与会代表接送至公司。由于公司只有两辆容量为40人的大客车,于是会议工作人员又向外单位租借了1辆大客车,事先确定了租金和司机事宜。工作人员将三辆客车分别编为1号车、2号车、3号车,并确定了每辆客车的坐车人员名单。重要客人可和总经理刘梦晓、秘书张玉一起分坐两辆小轿车前往。

工作人员应记录各司机的联系方式和车牌号码,提前告知出车时间、集合地点等,并提醒他们检查好车辆情况(包括汽油多少),注意行车安全等。同时,工作人员还做好了应急预案。万一有车辆出现抛锚等情况,工作人员将启动应急预案,将联系好的车派往现场,接送与会人员。

对于驾车来参加会议的与会人员,会议工作人员联系了酒店,了解了停车容量后,又联系了附近的停车场,以保证与会代表的车辆能安全、妥善地存放。

## 三、会议参观、娱乐活动安排

### (一)会议参观活动

为了更好地让与会代表了解香楠公司的童装生产情况,会议主办方安排了参观香楠公司生产基地的活动。

会议工作人员在参观前,对生产基地做了一些布置。比如,要求厂区(包括各车间)全面搞好卫生,要求员工精神饱满,厂区大门口挂上欢迎横幅等。

会议工作人员还安排好了参观路线,主要是各个车间。各车间安排一个技术人员介绍本车间的生产情况,由生产部门经理介绍整体情况。由于参观人员较多,工作人员准备了手提式扩音器,并且按车别,分批进行参观。

参观完毕后,由工作人员负责清点各车人数,安全返回酒店。

### (二)会议娱乐活动

为了增进与会代表之间的了解,也为了让与会代表劳逸结合,会议主办方特在26日晚上安排了一个联欢晚会。联欢晚会的场地就在酒店的文娱活动中心。这个联欢晚会主要是让与会代表自娱自乐。工作人员事先联系酒店,检查了娱乐设备。

为了让联欢晚会能顺利进行,会议主办方事先安排员工准备了一些歌舞、小品节目,以调动现场的气氛。然后,可以由与会代表自由上台表演。

联欢晚会结束后,与会代表各自回房休息。工作人员一定要保证联欢晚会按时结束,不能影响第二天的会议活动。

## 训练项目

### 合理安排会议的餐饮服务、交通服务、参观服务和娱乐服务

(1)实训目标。通过实训,要求学生掌握会议期间的餐饮服务、交通服务、参观服务和娱乐服务的相关知识,能做好相关的准备工作,并合理安排会议的饮食、交通和参观、娱乐活动。

(2)实训背景。为答谢经销商一年来对公司事业发展的支持,远达公司定于2022年10月20日举办一次大型联谊会,会后安排宴请并有文艺表演。此次活动将邀请工业局的张局长、税务局的周局长、凯利公司的赵经理等,此外还特邀媒体记者和经销商等共约150人参会。远达公司总经理刘建成让秘书高一芳全权负责会议期间的服务工作。

(3)实训内容。假如你是总经理秘书高一芳,请你帮助她做好以下几件事情:

①拟订宴请计划(包括确定宴请规格、邀请对象、宴会形式、菜单、座次安排、宴请程序等内容);

②做好会议交通服务(包括筹齐车辆、拟定用车制度、合理调度会议用车和确定车辆停放办法等内容);

③安排好文艺表演的相关工作(包括设备检查、确定主持人、设计节目、挑选演员、安排摄影等内容)。

## 参考知识或案例

### 宴会餐桌座次安排

正式宴会开始前的准备工作之一,就是安排席位。西餐座次安排和中餐有很大不同。情况不同,座次也不同,下面就中西餐餐桌座次安排做一番介绍。

宴会餐桌座次安排1

#### 一、中餐宴席座次安排细则

中餐的席位排列,关系到来宾的身份和主人给予对方的礼遇,所以是一项重要的内容。

(一)桌次排列

在中餐宴请活动中,往往采用圆桌布置菜肴、酒水。排列圆桌的尊卑次序,有两种情况。

第一种情况,是由两桌组成的小型宴请。这种情况,又可以分为两桌横排和两桌竖排的形式。当两桌横排时,桌次是以右为尊,以左为卑。这里所说的右和左,是由面对正门的位置来确定的。当两桌竖排时,桌次讲究以远为上,以近为下。这里所讲的远近,是以距离正门的远近而言的。

第二种情况,是由三桌或三桌以上的桌数所组成的宴请。在安排多桌宴请的桌次时,除了要注意"面门定位""以右为尊""以远为上"等规则外,还应兼顾其他各桌距离主桌的远近。通常,距离主桌越近,桌次越高;距离主桌越远,桌次越低。

在安排桌次时,所用餐桌的大小、形状要基本一致。除主桌可以略大外,其他餐桌都不要过大或过小。

为了确保在宴请时赴宴者及时、准确地找到自己所在的桌次,可以在请柬上注明对方所在的桌次、在宴会厅入口悬挂宴会桌次排列示意图,安排引位员引导来宾按桌就座,或者在每张餐桌上摆放桌次牌(用阿拉伯数字书写)。

(二)位次排列

宴请时,每张餐桌上的具体位次也有主次尊卑的分别。排列位次的基本方法有四条,它们往往会同时发挥作用。

方法一,主人大都应面对正门而坐,并在主桌就座。

方法二,举行多桌宴请时,每桌都要有一位主桌主人的代表在座,其位置一般和主桌主人同向,有时也可以面向主桌主人。

宴会餐桌座次
安排2

方法三,各桌位次的尊卑,应根据距离该桌主人的远近而定,以近为上,以远为下。

方法四,各桌距离该桌主人相同的位次,讲究以右为尊,即以该桌主人面向为准,右为尊,左为卑。

另外,每张餐桌上所安排的用餐人数应限定在10人以内,最好是双数,比如,6人、8人、10人。人数如果过多,不仅不方便照顾,而且也可能坐不下。

根据上面四个位次的排列方法,圆桌位次的具体排列可以分为两种具体情况。它们都是和主位有关。

第一种情况:每桌一个主位的排列方法。特点是每桌只有一名主人,主宾在右首就座,每桌只有一个谈话中心。

第二种情况:每桌两个主位的排列方法。特点是主人夫妇在同一桌就座,以男主人为第一主人,女主人为第二主人,主宾和主宾夫人分别在男女主人右侧就座,从而每桌在客观上形成了两个谈话中心。

如果主宾身份高于主人,为表示尊重,也可以安排主宾坐在主人位子上,而请主人坐在主宾的位子上。

为了便于来宾准确无误地在自己位次上就座,除招待人员和主人要及时加以引导指示外,应在每位来宾所属座次正前方的桌面上,事先放置醒目的个人姓名座位卡。举行涉外宴请时,座位卡应以中、英文两种文字书写。我国的惯例是,中文在上,英文在下。必要时,座位卡的两面都要书写用餐者的姓名。

就座的位序有讲究,主要如下:

右高左低:当两人一同并排就座时,通常以右为上座,以左为下座。这是因为中餐上菜时多以顺时针为上菜方向,居右者因此比居左者优先受到照顾。

中座为尊:三人一同就餐时,居中座者在位次上要高于在其两侧就座之人。

面门为上:倘若用餐时,有人面对正门而坐,有人背对正门而坐,依照礼仪惯例则应以面对正门者为上座,以背对正门者为下座。

观景为佳:在一些高档餐厅用餐时,在其室内外往往有优美的景致或高雅的演出,可供用餐者观赏,此时应以观赏角度最佳处为上座。

临墙为好:在某些中低档餐厅用餐时,为了防止过往侍者和食客的干扰,通常以靠墙之位为上座,靠过道之位为下座。

临台为上:宴会厅内若有专用的讲台时,应该以靠讲台的餐桌为主桌,如果没有专用讲台,有时候以背邻主要画幅的那张餐桌为主桌。

各桌同向:如果是宴会场所,各桌子上的主宾位都要与主桌主位保持同一方向。

以远为上:当桌子纵向排列时,以距离宴会厅正门的远近为准,距门越远,位次越高贵。

## 二、西餐座次安排

(一)西餐座次安排原则

(1)恭敬主宾。在西餐中,主宾极受尊重。即使用餐的来宾中有人在地位、身份方面高于主宾,或更年长,主宾仍是主人关注的中心。在排定位次时,应请男、女主宾分别紧靠男、女主人就座,以便进一步受到照顾。

(2)女士优先。在西餐礼仪里,女士备受尊重。在排定用餐位次时,主位一般应请女主人就座,而男主人则须退居第二主位。

(3)以右为尊。在排定位次时,以右为尊依旧是基本指针。就某一特定位置而言,其右位高于其左位。例如,应安排男主宾坐在女主人右侧,应安排女主宾坐在男主人右侧。

(4)面门为上。有时又叫迎门为上。它所指的是,面对餐厅正门的位子,通常在序列上要高于背对餐厅正门的位子。

(5)距离定位。一般来说,西餐桌上位次的尊卑,往往与其距离主位的远近密切相关。在通常情况下,离主位近的座次高于距主位远的座次。

(6)交叉排列。用中餐时,用餐者经常有可能与熟人,尤其是与其恋人、配偶在一起就座,但在用西餐时,这种情景便不复存在了。商界人士所出席的正式的西餐宴会,在排列位次时,要遵守交叉排列的原则。依照这一原则,男女应当交叉排列,生人与熟人也应当交叉排列。因此,一个用餐者的对面和两侧,往往是异性,而且还有可能与其不熟悉。这样做,据说最大的好处是可以广交朋友。不过,这也要求用餐者最好是双数,并且男女人数各半。

(二)西餐宴席座次安排细则

在西餐用餐时,人们所用的餐桌有长桌、方桌和圆桌。有时,还会以之拼成其他各种图案。不过,最常见、最正规的西餐桌当数长桌。下面,就来介绍一下西餐排位的种种具体情况,这将有助于商界人士更好地理解和掌握排位的基本规则。

(1)长桌。以长桌排位,一般有两个主要办法。一是男女主人在长桌中央对面而坐,餐桌两端可以坐人,也可以不坐人;二是男女主人分别就座于长桌两端。

某些时候,如用餐者人数较多时,还可以参照以上办法,以长桌拼成其他图案,以便安排大家一道用餐。

(2)方桌。以方桌排列位次时,就座于餐桌四面的人数应相等。在一般情况下,一桌共坐8人,每侧各坐两人的情况比较多见。在进行排列时,应使男、女主人与男、女主宾对面而坐,所有人均与自己的恋人或配偶坐成斜对角。

(3)圆桌。在西餐里,使用圆桌排位的情况并不多见。在隆重而正式的宴会里,则尤为罕见。其具体排列,基本上是各项规则的综合运用。

(4)桌子是按T形或门字形排列时,横排中央位置是男女主人位,身旁两边分别为男女主宾座位,其余依序排列。

资料来自:http://wenku.baidu.com/view/7bd7e3afdd3383c4bb4cd2b2.html

## 复习参考题

1. 会议的餐饮服务的注意点有哪些?
2. 会议的交通服务的注意点有哪些?
3. 会议的参观服务的注意点有哪些?
4. 会议的娱乐服务的注意点有哪些?

# 任务三 编写会议记录

## 学习目标

**能力目标**:能够完成一场会议记录的准备、整理等工作。
**知识目标**:掌握会议记录的格式,掌握编写会议记录的技巧。

## 任务描述

2022年11月26日上午9:00,香楠公司2022年度客户联谊会暨2023年新产品订货会在杭州国际会议中心第一报告厅隆重召开。会议由副总经理何××主持,出席会议的人员有童装专业委员会副会长张××、来自全国各地的客户代表以及公司所有中层以上干部。秘书张玉负责会议记录。如果你是秘书张玉,你如何完成此项工作。

【任务分析】会议记录是对会议进程客观、原始、真实的记录,是编发会议简报、会议纪要等文字材料的基础性材料。某些会议的记录具有一定法律效力。

完成会议记录要注意两点:一是记录的项目要完整,相关会议信息要齐全;二是记录内容要客观、准确、真实、完整。同时,会议记录人员应具备较广的知识面、快速的记录能力、良好的语言组织能力,以及较强的记忆力。

### 基础知识

会议记录是在会议进行过程中,由记录人员对会议基本情况、大会报告、代表发言、会议决议等内容所做的记载,是对会议客观进程原始而真实的记录。原始性、客观性、规范性是会议记录的主要特点。

### 一、会议记录的作用

(1)会议记录是进行会议总结的重要依据。会议记录还可以作为日后分析、研究、处理有关问题的参照依据。

(2)会议记录经整理可作为向下传达的文件,也可以作为向上级汇报的原始材料。

(3)会议记录可作为编写会议纪要和会议简报的基础材料。

(4)会议记录是重要的档案资料,是编史修志、查证组织沿革、核实历史事实的原始资料。

(5)某些法定性会议的会议记录经发言者和会议领导人确认签字后,具有法律效力。

### 二、会议记录的基本格式

会议记录一般包括会议基本情况、会议内容和会场情况、结尾三个部分。

#### (一)基本情况

可在会议召开之前或之初写好,其内容一般包括:

(1)会议名称:最好写全称。

(2)性质:描述会议属于何种类型或性质。

(3)次数:该次会议属于某专题下的第几次会议。

(4)开会的时间、地点:准确记录会议时间、地点。

(5)出席会议的人数(人名)和缺席人数(人名)。如果到会人数不多,可逐一写明姓名;如果是群众性大会,只要记录参加对象和总人数,以及出席会议的重要领导成员即可;如果会议出席的对象来自不同单位,应设置签名簿,请出席人员签署姓名、单位、职务等。对缺席人员,应注明缺席原因;对列席人员,可逐一写出姓名。

(6)主持人:交代主持人姓名及职务。

(7)记录人:记录人本人签名,以示对所记录的内容负责。

## (二)会议内容和会场情况

会议内容的记录：主要记录发言内容、议定事项两项内容，具体包括会议提出了哪些动议与事项、表决的结果、研究的决策等。对于会议发言的内容，记录人应根据会议性质、目的、要求等综合考虑采用恰当的记录方法。对一般发言，可以采用摘要记录；对重要发言，应该采用详细记录。会议内容是会议记录的主体部分，需重点记录。

对于会议期间会场内发生的、与会议进程有关且具有记载价值的情况，也应及时记录在册，如与会者的掌声、笑声、迟到、中场退场等情况，以便更加真实、全面地反映出会议的实际情况。

## (三)结尾

会议记录的结尾没有固定程式，标注"散会""结束""完"等均可，如中途休会，则写明"休会"。最后在会议记录的右下方，由主席（或主持人）和记录人签名，以示对记录内容负责。

以下是两种常用的会议记录的格式。

格式一：

---

**××公司会议记录**

会议名称：×××××××××

会议时间：××××年×月×日×时×分至×时×分

会议地点：××××××

主持人：×××

出席(人数)：×××、×××、×××、×××

列席(人数)：×××、×××、×××、×××

缺席(人数)：×××、×××、×××、×××

审阅人：×××　　签字：×××

记录人：×××　　签字：×××

主要议题：×××××××××

发言记录：

××××××××××××××××××××××××××××××××××××××××××××。

××××××××××××××××××××××××××××××××××。

　　　　　　　　　　　　　　　　　　　发言人签署：×××　×××　×××

格式二：

```
              ××市人民政府第(　)次常务会议记录

时间：××××年×月×日×时×分
地点：×××
主持人：×××（职务）
出席（人数）：×××、×××、×××、×××
列席（人数）：×××、×××、×××、×××
缺席（人数）：×××、×××、×××、×××
会议内容记录：
×××：××××××××××××××××××××××。
×××：××××××××××。
……
散会（会议于×时×分结束）。

                                       主持人：×××（签名）
                                       记录人：×××（签名）


（本会议记录共×页）
```

## 三、会议记录方法

（1）摘要记录。只记录会议要点和中心内容，即只需记录会议的议题、议程、发言人姓名、发言要点与主要事实、决议情况等会议概况，而对会议气氛、与会者发言的态度等只做摘要记录。

一般的研讨会、汇报会、座谈会等小型会议的记录，大多采用摘要记录法。

（2）详细记录。多用于重要会议记录，除了要记录会议概况和会议过程等内容，对每一位与会代表的发言也要求做到有言必录。详细记录不仅在开会时要认真记，会后还要及时加以整理和补充，必要时还要由会议主持人或发言人审阅和签字。当然，详细记录也并非要一字不漏地全记下来，那些口头禅、重复使用的语句，就不必记录。

（3）速记法。速记是指运用各种速记符号对语言进行记录的方法，它与通用文字记录不同，是采用同音归并和近音归并的方法，对信息进行压缩，以使记录的速度与讲话人的语言、表达速度基本相同。由于速记符号不同于常用文字，但又具有文字的部分功能，所以，要掌握速记法需经过专门的学习和训练。一旦掌握了速记这种专业性较强的技能，其记录的效率将比一般的文字记录要高出四五倍。

会议记录的方法、重点、整理原则、注意事项目前,随着技术进步,又出现了电脑速录机,会议记录者经过练习,可以达到同步记录的程度。

### 四、会议记录的重点

会议记录应该突出的重点有:
(1)会议中心议题以及围绕中心议题进行的讨论发言、展开的有关活动。
(2)会议讨论、争论的焦点及其各方的主要见解。
(3)权威人士或代表人物的言论。
(4)会议开始时的定调性言论和结束前的总结性言论。
(5)会议已议决的或议而未决的事项。
(6)对会议产生较大影响的其他言论或活动。

### 五、会议记录的整理原则

(1)忠实于讲话人、发言人的原意。
(2)保持讲话人、发言人的风格。
(3)要整理得完整、全面,不仅会议内容、讲话人主要精神、关键句子不要遗漏,而且重要的插话、会场动态如表决等都要如实记录。
(4)整理时要做到层次分明,段落清楚,语句通顺,标点符号、字迹清晰,避免错别字。
(5)会议记录整理出来后,如果是一个人的讲话记录,应送讲话者本人、会议主持人或召集人审阅。
(6)录音记录稿的整理,要注意辨别讲话人的声音,不可张冠李戴。

### 六、会议记录的注意事项

(1)记录的项目要完整。会议情况包括:会议名称、届数或次数、时间、地点、出席人、列席人、缺席人、主持人、记录人等。会议内容包括:会议议题、议程、讨论过程、发言内容、决定事项等。
(2)记录内容要客观、准确、真实、完整。记录人员应忠实记录发言人的原意,重要的地方应记原话,不得任意取舍增删、断章取义,不得添加自己的主观判断和主张。对于会议决定,要确保一字不差。
(3)会议记录一般不宜公开发表;如需发表,应征得发言者的审阅同意。
此外,会议记录前,要做好相关准备工作,如熟悉会议情况和文件,熟悉与会人员,熟悉会议环境,做好物质上的准备。同时,为保证会议记录的质量,可在会前安排好一人主记、一人辅记。对重要会议,应安排录音、录像。

### 工作实例

香楠公司召开的客户联谊会暨新产品订货会对公司未来的发展非常重要,做好会议记录是一项重要的会中工作。要做好一次会议记录,一般有以下几个步骤。

#### 一、必要的准备

做会议记录,准备工作做得充分与否直接影响着会议记录的效果。

香楠公司秘书人员为了做好此次会议记录,做了充分的准备,准备好了充足的记录本和草稿纸、记录用笔,还准备了录音笔。

除了上述物质材料以外,为了进一步做好会议记录,秘书张玉还准备了会议议程、会议日程、与会人员名单等材料。

#### 二、在会议上进行记录及录音

掌握了会议记录的基本要求、记录的重点和记录的技巧,在会议正式开始后,要使用录音笔进行会议录音,然后在草稿纸上利用一快、二要、三省、四代的方法进行记录。

一快,即记得快。字要写得小一些、轻一点,多写连笔字。要顺着肘、手的自然姿态,斜一点写。

二要,即择要而记。就记录一次会议来说,要围绕会议议题、会议主持人和主要领导同志发言的中心思想,与会者的不同意见或有争议的问题、结论性意见、决定或决议等做记录。就记录一个人的发言来说,要记其发言要点、主要论据和结论,论证过程可以不记。就记一句话来说,要记这句话的中心词,修饰语一般可以不记。

三省,即在记录中正确使用省略法。如使用简称、简化词语和统称。省略词语和句子中的附加成分,比如"但是"只记"但";省略较长的成语、俗语、熟悉的词组,句子的后半部分,以一波浪线代替;省略引文,记下起止句或起止词即可,会后查补。

四代,即用较为简便的写法代替复杂的写法。一可用姓代替全名,二可用笔画少易写的同音字代替笔画多的字;三可用一些数字和国际上通用的符号代替文字;四可用汉语拼音代替生词难字;五可用外语符号代替某些词汇;等等。但在整理和印发会议记录时,均应按规范要求办理。

#### 三、对会议记录进行整理

根据会议记录整理的原则和会议记录的基本格式,在初步记录的基础上,结合录音,对会议记录进行整理。在整理时,根据会议录音的内容对会议记录进行了补充和完善,最后形成了如下会议记录。

# 香楠公司客户联谊会记录

会议时间：2022年11月25日上午9：00
会议地点：杭州国际会议中心第一报告厅
主持人：何××（副总经理）
记录人：张玉（秘书）
出席人员：何××副总经理、刘梦晓总经理、童装专业委员会副会长张××、客户代表、各部门经理

会议主要内容：

何××副总经理宣布会议议程：

第一天上午，领导致辞、嘉宾和客户代表讲话，专题报告（一）；第一天下午，专题报告（二），产品预订；第一天晚上，文艺演出；第二天，参观考察；第二天晚上，刘总经理宴请宾客；第三天，返程。

刘梦晓总经理致辞：

1. 对光临会议的各级领导、各位来宾、各界朋友表示热烈的欢迎和衷心的感谢。
2. 对2022年公司销售情况进行总结。
3. 展望未来。

服装协会童装专业委员会副会长张××：

1. 欢迎来自全国各地的童装企业的代表来到杭州参加香楠公司的客户联谊会。
2. 对香楠公司2022年超额完成生产、销售任务表示衷心的祝贺；对香楠公司以后的生产销售提出期望，希望香楠公司进一步提高产品和服务质量，争取更多的市场份额，争取创建全省乃至全国童装龙头企业。
3. 希望经销商、广大客户一如既往地支持香楠，关注香楠的发展，关注香楠的产品。

王××（北京××有限公司副总经理）：

1. 对香楠公司2022年超额完成生产、销售任务表示衷心的祝贺。
2. 代表经销商、客户表示，将会一如既往地支持香楠，关注香楠的发展，关注香楠的产品，加强和香楠合作。
3. 祝香楠的事业蒸蒸日上。

刘梦晓总经理做专题报告：

1. 2022年香楠公司童装生产报告（略）。
2. 2023年国内外童装形势分析报告（略）。

会议于上午11：30结束。

主持人：＿＿（签名）
记录人：＿＿（签名）

## 四、进行签名

秘书张玉将整理好的会议记录交给何××副总经理审核,何××副总经理审核后,在会议记录文末主持人签名处签上了自己的名字,秘书张玉拿到何××副总经理签好字的会议记录后,在文末记录人签名处签上了自己的名字。至此,秘书张玉完成了此次会议记录的任务。

## 训练项目

### 进行会议记录

(1)实训目标。通过实训,要求学生掌握做会议记录的一般方法和要求。

(2)实训背景。××公司2022年3月1日在公司会议室召开公司各部门主任参加的项目会议,会议由公司副总经理马××主持,办公室秘书许××记录。

(3)实训内容。如果你是公司办公室秘书,在召开会议期间,总经理安排给你的主要工作就是做会议记录。根据实际情景,演练做会议记录的过程。

## 参考知识或案例

### 会议记录的技巧

会议记录的技巧

要做好详细记录,必须掌握以下一些技巧:

一是简称法。在他人能够看懂的情况下,对单位的名称、地址、人名、术语等可只记录简称。如:"中山大学"可记录为"中大","广州市人民政府"可记录为"市政府"。

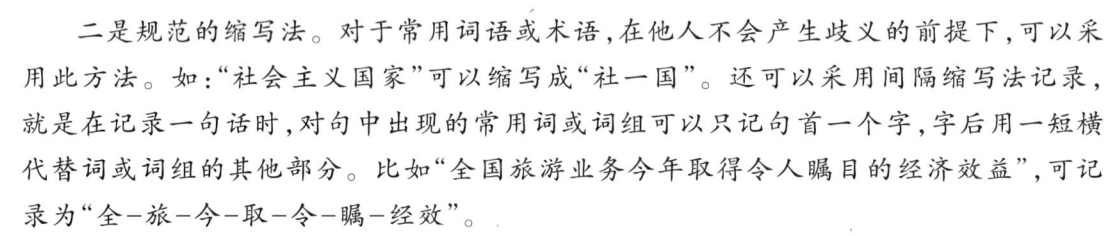

二是规范的缩写法。对于常用词语或术语,在他人不会产生歧义的前提下,可以采用此方法。如:"社会主义国家"可以缩写成"社一国"。还可以采用间隔缩写法记录,就是在记录一句话时,对句中出现的常用词或词组可以只记句首一个字,字后用一短横代替词或词组的其他部分。比如"全国旅游业务今年取得令人瞩目的经济效益",可记录为"全-旅-今-取-令-瞩-经效"。

三是符号代替法。可以按照约定俗成的习惯自拟符号代替常用词。如"因为""所以"可以用"∵"和"∴","上升"和"下降"可以用"↑"和"↓","等于"可以用"="来记录。

四是省略法。这是指省略词语或句子的附加成分、相同成分。比如"可以"可只记"可",省掉"以",类似情况的词语还有"因为""经过""现在""盼望"等,均可只记录前一字。也有只记后一字的,如"希望"可以记成"望","依靠"可以记为"靠"等。

对于一些词语或句子中的相同成分,也可蒙后省略。如"幼年时代、少年时代、青年时代、中年时代、老年时代",可记成"幼、少、青、中、老年时代"。再有,可以省略比较长的成语、俗语、熟悉的词组。比如"——(路遥知马力),日久见人心""——(小葱拌豆腐)一青二白""心有余——(而力不足)"等。

五是拼音法。对于难写的、易忘易错的字,可以用汉语拼音代替。如"实Jì"(实际)、"实Shī"(实施)等。

六是外语辅助法。即用外语单词的缩写来记录中文词语,如"广东电视台"可以用英文缩写成"GDTV","世界贸易组织"可用英文缩写成"WTO"。

七是留空法。记录中遇到发言人引述有关材料时,如果一时难以详细记录下来,可以先记一两句提示,留下空当,待会后找本人核实或找有关资料查证后再补上去。

### 整理会议文字记录的技巧

当会后我们进行会议文字记录的补充、整理时,以下的技巧会有助于我们提高整理的速度和整理的质量。

(1)熟悉有关方针政策,提高思想理论水平,增强分析和理解能力。这是很能体现记录人水平的一个方面。

(2)善于对发言人讲话中的不足之处进行补正。发言人的讲话,尤其是即兴讲话,往往带有很强的随意性,或表达散乱,又或词不达意,这就需要记录人事后补正,将其发言记录变得言之有序、条理清晰。这是很能体现记录人水平的又一方面。

会议记录——详细记录的技巧

(3)加强平时的写作训练,提高表达能力和写作水平。由于会议记录是要把别人的口头语转换为记录人的书面语,因此有好的表达能力和写作能力,做记录时会更有把握。

资料来源:http://www.meetingschina.com

### 复习思考题

1. 会议记录的基本要求有哪些?
2. 会议记录的重点有哪些?
3. 会议记录的整理原则有哪几点?
4. 会议记录的写作技巧有哪几个方面?

## 任务四  编写会议简报

### 学习目标

**能力目标:** 能够编写会议简报。
**知识目标:** 掌握会议简报的格式,掌握会议简报的编写方法。

## 任务描述

香楠公司2022年客户联谊会暨2023年新产品订货会2022年11月25日—27日在杭州国际会议中心举行。会上首先由总经理刘梦晓致欢迎词；接着童装专业委员会副会长张××、北京××有限公司副总经理王××分别讲话；紧接着由刘梦晓总经理做了专题报告；最后与会代表对2023年产品进行预订。

请以香楠公司总经理办公室的名义拟写一份会议简报。

【任务分析】会议简报是会议信息传递的主要形式之一，是对会议情况、会议内容的简明扼要的报告。编写会议简报要注意及时、简明。会议简报的写作要抓准问题，有的放矢。要材料准确，内容真实；要简明扼要，一目了然；要讲究时效，反应迅速；内容要实在，不要空洞。

## 基础知识

会议简报是会议期间为反映会议进行情况、会议重要发言、会议的决定事项而编写的简要报告，又称"动态""简讯""要情""摘报""工作通讯""情况反映""情况交流""内部参考"等。

会议简报的作用主要有：第一，便于领导了解情况，推动会议深入进行；第二，便于沟通情况，交流经验；第三，便于备考存查归档。

### 一、会议简报的特点

会议简报有些近似于新闻报道，特点主要体现在快、新、真、简四个方面。

"快"是报道迅速及时，编写者必须是"快枪手"。简报写作要快，发送也要快，尽量让读者在第一时间了解到最新的现实情况。

"新"是指内容的新鲜感。简报要报道新事物、新情况、新动向、新趋势、新经验、新典型，否则就失去了意义。

"真"是简报的本质特性，指内容真实准确，简报反映的观点材料，必须是与会者所讲，一些关键词句，甚至要求是原话。

"简"是最重要的特点，指内容集中、篇幅短小、提纲挈领、不蔓不枝。简报通常是"千字文"，要求文字干净、简练；写法上开门见山，直截了当。

### 二、会议简报编写注意事项

(1)内容要简短、真实、新颖，格式要规范，归纳要精练，语言要准确，用书面语言，但必须忠实于发言内容，不能曲解其原意。

(2)内容要反映会议的议程、主题、解决的问题、形成的决议；要提供新鲜内容和有用信息，切忌只罗列一般议题和议程。

(3)各段文字要按会议进程的先后时间和逻辑次序排列，编发要迅速及时。

（4）简报一般在编报机关管辖范围内各单位之间交流，不宜甚至不能公开传播，特别是涉外机关和行政机关主办的会议简报更是如此。有的会议简报，往往是专给某一级领导人看的，有一定的保密要求，不能任意扩大阅读范围。

会议简报的格式

### 三、会议简报的格式

会议简报一般由会议秘书处或主持单位编写。规模较大、时间较长的会议常要编发多期简报，以起到及时交流情况，推动会议的作用。小型会议一般是一会一期简报，常常是在会议结束后，写一期较全面的总结性的情况反映。

会议简报通常由报头、正文、报尾三部分构成。具体如下：

#### （一）报头

报头约占首页的三分之一，主要包括简报名称、期号、编发单位、印发日期等。

（1）简报名称一般用套红印刷的大号字体居中排列。如有特殊内容而又不必另出一期简报时，就在名称或期数下面注明"增刊"或"××专刊"字样。秘密等级写在左上角，也有的印有"内部文件"或"内部资料，注意保存"等字样。

（2）期号，写在名称下一行，可用括号括上，也可不用。

（3）编印单位与印发日期，两者在同一行，前者居左，后者居右。

报头与正文之间用一条红色横线隔开，称为间隔线。

```
密级

                      ××会议简报
                      （第    期）
×××××××编                                    ××年×月×日
────────────────────────────────────
  按语：×××××××××××××××××××××××××××××××××
××××××。
                      ×××××（标题）
  导语：×××××××××。
  主体：×××××××××××××××××××××××××××××××××
××××××。
  结尾：×××××××××××。
  送：×××、×××                                共印××份
```

## (二)正文

正文,即简报所刊的一篇或几篇文章。简报的写法是多种多样的,因此,它的形式也较灵活。大多数是新闻报道式,包括按语、标题、导语、主体、结尾和穿插在叙述中的背景材料。除了消息,还有别的文体,所以,不是每篇简报都有这几项内容。

(1)按语,即对整个会议情况大概的说明,或对所编发文章的点评。按语不是简报必须有的内容,可根据需要取舍。

(2)标题,类似新闻的标题,要揭示主题,简短醒目。简报正文标题在报头横线之下居中书写,如果需要,也可以使用副标题。使用两个标题时,正标题是虚题,用以概括全文的思想意义或者内容要点;副标题是实题,用以交代单位及事件,对正标题起补充说明的作用。

(3)导语,通常用简明的一句话或一段话概括全文的主旨或主要内容,给读者一个总的印象。导语的写法多种多样,有提问式、结论式、描写式、叙述式等。导语一般要交代清楚谁(某人或某单位),什么时间,干什么(事件),结果怎样等内容。

(4)主体,用典型的、有说服力的材料,把导语的内容加以具体化。写作时要注意合理地划分层次,一般来说,主体层次的划分常有两种。一是以时间先后为序,把材料按照事件由发生、发展到结局的过程,逐层予以安排。这种写法多用于报道典型事件及一次性全面报道某一会议的简报,其优点是时序清楚、一目了然。二是按事物之间的逻辑关系,从材料的主从、因果、递进等关系入手,安排层次。这种写法的优点是便于揭示、表现事物的内在本质,突出主要内容和主题思想。

(5)结尾,或总结全文内容、点明文旨,或指明事情发展趋势,或提出希望及今后打算。是否要有结尾,要根据简报内容表达的需要而定。如果简报内容较多,篇幅较长,读者不易把握,就应在结尾概括一下;如果简报内容单一,篇幅较短,且在主体部位已把话讲完,就可以自然结尾。

(6)背景,即对人物、事件起说明作用的环境条件和历史情况。背景可以穿插在各个部分,也可以在文章末尾揭示。

## (三)报尾

在简报最后一页下部,报尾与正文之间用一横隔开,横线下左边写明发送单位和印发份数。发送单位应分别注明"报"(报呈上级单位)、"送"(送交同级或不相隶属的单位)、"发"(下发下级单位),在平行的右侧写明印刷份数。

### 工作实例

**一、确定简报的编发期数、时间与主要内容**

在会议正式开幕之前,应当指定专人负责简报编写工作。本次简报编写任务由秘书张玉负责,她根据会务组确定的日程,事先对会议的简报编发期数、时间与主要内容做出了大致的安排,见表3-4-1。

会议简报

表 3-4-1　会议简报编发安排表

| 期数 | 编发时间 | 主要内容 |
| --- | --- | --- |
| 第1期 | 11月25日晚 | 会议筹备情况、报到情况 |
| 第2期 | 11月26日晚 | 第1天日程开展情况（大会情况、分组讨论情况等信息） |
| 第3期 | 11月27日晚 | 第2天日程开展情况（参观、参会人员感想等） |

### 二、采编简报文章

简报文章的来源主要有两个：一是选择会议现成的文件，例如开幕词（闭幕词）等；二是编制人员亲自采访写作相关报道，例如会议开幕消息、参观活动消息等。

在本任务中，张玉注意随时搜集会议相关文件，考虑哪些文件可以在简报中直接使用；同时还积极搜集相关信息，撰写报道消息，具体的写作知识可参看相关书籍。

### 三、编写会议简报

根据会议简报的格式，将相关文章编辑在一期简报中。根据会议进行情况，香楠公司秘书人员制作了如下的会议简报。

---

香楠公司2022年度客户联谊会暨2023年新产品订货会

## 会 议 简 报

（第×期）

香楠公司总经理办公室编　　　　　　　　　　　　　　2022年11月26日

**总结过去　展望未来　明确方向　落实举措**
——香楠公司召开2022年度客户联谊会暨2023年新产品订货会

为了答谢广大客户对公司的支持，听取客户对公司产品的意见和建议，确定明年产品的订购情况，香楠公司2022年度客户联谊会暨2023年新产品订货会，于2022年11月25日如期召开。参加会议的有来自全国各地的客户代表共150人，公司总经理刘梦晓、公司中层以上干部出席了会议，中国服装协会童装专业委员会副会长张××应邀参加了会议，并做了重要讲话。

一、公司刘梦晓总经理致辞

刘梦晓总经理首先对光临会议的各级领导、各位来宾、各界朋友表示热烈的欢迎和衷心的感谢；接着，他对2022年公司生产、销售情况进行简要的总结；最后，他衷心希望能和与会代表精诚合作，共创美好未来。

**二、中国服装协会童装专业委员会副会长张××讲话**

张副会长对来自全国各地的童装企业的代表来到杭州参加香楠公司的客户联谊会表示欢迎；他对香楠公司2022年超额完成生产、销售任务表示衷心的祝贺，对香楠公司以后的生产销售提出期望，希望香楠公司进一步提高产品和服务质量，争取更多的市场份额，争取创建全省乃至全国童装龙头企业；最后，张副会长希望经销商、广大客户一如既往地支持香楠，关注香楠的发展，关注香楠的产品。

**三、客户代表北京××有限公司副总经理王××讲话**

王副总经理首先对香楠公司2022年超额完成生产、销售任务表示衷心的祝贺；他代表经销商、客户表示，将会一如既往地支持香楠，关注香楠的发展，关注香楠的产品，加强和香楠的合作；最后，他祝香楠的事业蒸蒸日上。

**四、刘梦晓总经理做专题报告**

刘总经理首先对香楠公司2022年度童装生产情况做了报告，在报告中刘总经理介绍了香楠公司的基本情况，对香楠公司2022年在生产和销售方面取得的成绩以及在生产、经营方面存在的一些不足进行了总结。接着，刘总经理就2023年国内外童装形势进行了精辟的分析。最后，他代表公司，向与会代表表示，一定加强管理，努力提高产品和服务质量，更好地为大家服务。

此次客户联谊会暨产品订货会全面总结了公司2022年度的生产和销售工作，并对2023年生产和销售工作进行了布置，提出了2023年公司工作的要求，明确了2023年公司生产、销售的目标，解答了与会客户提出的关于产品质量和售后服务等方面的问题，为下一步做好生产和销售工作，打下了基础，做好了准备。

报：中国服装协会童装专业委员会、市质量监督局　　　　　　　　共印120份

## 四、发放简报

简报完成编辑、印刷、装订等一系列环节后，应当及时向参会者发放。发放时可以人手一份；如果参会人员较多，也可以根据会议分组情况，每组若干份；也可以按照住宿情况，每个房间1份。在本任务中，由于人员数量较多，且分组不明显，因此可以按照住宿房间分发。分发时应当注意不能漏发、重发，可以使用发放登记表（见表3-4-2）对发放情况进行统计。

表3-4-2　会议简报发放登记表

| 简报期数 | 房间号 | 发放份数 | 接收签字 |
| --- | --- | --- | --- |
| 第1期 | ××× | ×× | ××× |
| …… | …… | …… | …… |

## 训练项目

### 制作会议简报

(1)实训目标。通过实训,要求学生掌握编制会议简报的一般方法和要求。

(2)实训背景及实训内容。参加本校的迎新生大会,在做好会议记录的基础上,编发一份格式规范、要素齐全的会议简报。

## 参考知识或案例

### 会议简报的写作技巧及范本

会议简报的写作方法主要有两种:

一是指导式写法,即采用新闻报道的形式,反映会议情况,这种写法要求简报编写者对会议情况进行综合分析,择取有价值的内容。

二是转发式写法,即直接登载某些代表的发言,在其前面加上一定的"按语"或"评论",以强调转发内容的意义。

简报印制数量和发送范围应视简报内容而定;简报发送前,一些重要的发言,要送发言者检阅,避免曲解原意。会议简报编排时,应编上整个会议的总顺序期号,以为以后的分类归档工作带来方便。

**会议简报范文一:**

11月12日,××××队组织全体干部职工召开专题会议,认真传达学习党的十八届四中全会精神。会议简要介绍了十八届四中全会的主题、学习时间安排和任务,传达学习习近平总书记在党的十八届四中全会上的重要报告、讲话和《中共中央关于全面推进依法治国若干重大问题的决定》精神。最后,就深入学习贯彻党的十八届四中全会精神,队长张福林从四个方面提出了贯彻意见:

一是要认真学习文件,统一思想认识。学习好、宣传好、贯彻好十八届四中全会精神是当前和今后一个时期的重大政治任务,全队上下要以强烈的责任感和使命感,深入学习领会全会精神,领导要带头学,干部要自觉学,切实把思想和行动统一到全会精神上来,学习贯彻全会精神要与巩固好党的群众路线教育实践活动成果结合起来。所有干部职工要结合自己的专业工作,求真务实,把学习成果运用到工作中去。

二是要学以致用,依法行政。紧紧围绕全队工作大局,学习贯彻全会精神与做好××法治宣传,严格××执法检查,提高××公信力相结合,对于我队在党的群众路线教育实践活动中健全完善的各项制度,要坚定不移地贯彻执行,使制度成为我队依法××、依法行政的硬约束。

三是要统筹安排,做到学习、工作两不误。队党支部要统筹组织安排学习任务,要把学习贯彻十八届四中全会精神与建设服务型××及实现年初制订的全年××工作任务、目标结合起来,使学习贯彻的过程成为统一思想、凝心聚力、开拓进取的过程,成为推动××工作科学发展、促进队伍团结奋进的过程。

四是要以全会精神为指导,集中精力做好全年收尾工作。要自觉用全会精神武装头脑、指导实践、推动工作,要按照全年工作进度安排,倒排时间,突出重点,抓好各专业年报和有关专项××工作,全力做好20××年各项收官工作,确保完成全年各项××××工作任务。

**会议简报范文二:**

为全面贯彻落实党的十八届四中全会精神,按照总队要求,××××队结合工作实际,迅速行动,及时部署,组织广大党员干部掀起了学习全会精神的活动热潮。

一是党组中心组带头学。11月11日,党组中心组召开了专题学习会,全面传达了党的十八届四中全会精神,对报告全文进行解读分析,充分认识依法治国在党和国家工作全局中的地位和作用,在全队领导干部中率先形成认真学习全会精神的良好氛围,以上率下,做好示范,先学一步,学深一步,确保学习活动的全面推进。

二是支部党员集中学。11月18日,召开全队支部大会,全体党员干部职工集中学习了党的十八届四中全会精神,做到了深入学习,深刻领会,准确把握精神实质。同时将集中学习作为年内政治理论学习的重要内容,经常开展,长期开展,并要求做好学习笔记和撰写心得体会,使全会精神真正植根于党员干部和职工群众的头脑之中,确保学习取得实效。

三是专题辅导深入学。12月上旬将邀请市委党校或市委讲师团教授做专题辅导,深入解析全会精神,把学习贯彻全会精神同××××工作实际结合起来,用中央精神统一思想,凝聚共识、指导工作实践。

11月13日,××××队召开全体干部职工大会,学习贯彻党的十八届四中全会精神。会议全文学习了《中共中央关于全面推进依法治国若干重大问题的决定》(以下简称《决定》),并就贯彻落实全会精神提出三个要求。

一是深刻学习领会会议精神。要把学习四中全会精神作为当前和今后的首要政治任务,制订学习计划,认真研读会议公报、《决定》和其他相关文件材料,组织好集中学习,要求全体人员撰写学习笔记和学习心得,全面理解、深刻把握十八届四中全会精神实质,内化于心,牢固树立依法××××意识。

二是积极掀起宣传高潮。要结合国家总局和总队的工作部署,迅速掀起全面深入学习宣传贯彻党的十八届四中全会精神的热潮。

三是贯彻落实会议内容。学习四中全会精神,要与当前工作相结合,做到统筹安排、周密谋划,学习的效果要体现在今年后两个月工作的落实和明年工作的筹划上,争取圆满完成各项××任务。

### 复习思考题

1. 请简述简报的特点和类型。
2. 请简述简报的结构、写法以及注意事项。

# 任务五　处理会中突发事件

## 学习目标

**能力目标**：能够制定会议的应急预案，能够正确地处理会议期间的突发事件。
**知识目标**：了解会议期间突发事件的内容，掌握会议期间处理突发事件的方法。

## 任务描述

在香楠公司2022年度客户联谊会暨2023年新产品订货会的会议期间，正当童装专业委员会副会长在讲话的时候，会场上一位年纪较大的客户代表突然晕倒，引起一阵骚动，为了不影响会场的秩序，刘梦晓总经理要求秘书张玉立即去处理这件事情。

如果你是秘书张玉，你应该如何处理这件事情？

**【任务分析】** 会议中可能随时出现各种意外情况，只有清楚了解可能出现的危机，并在会前就准备好应对"危机"的方案，才可能顺利地化解会议危机，保障会议的正常进行。

## 基础知识

### 一、突发事件的内涵

#### （一）突发事件的定义

会议突发事件是指会议过程中发生的，无法预料、难以应对的，必须采取非常方法来处理的事件。

#### （二）突发事件的特点

突发事件具有如下特点：

(1)突发性。对于事件是否发生，在什么时间、地点，以什么样的方式发生，以及发生的程度等情况，人们难以准确地把握。

(2)危害的严重性。突发事件造成的损害有直接损害和间接损害。其损害性不仅体现在人员的伤亡、财产的损失和环境的破坏上，而且还体现在突发事件对社会心理和个人心理所造成的破坏性冲击上，其可能会渗透到社会生活的各个层面上。

(3)变化发展的不确定性。突发事件发生后，事态的变化、发展趋势以及事件影响的深度和广度不能事先描述和确定，难以预测。

(4)处置的紧迫性。突发事件的合理处置十分重要，关系到社会、组织或个人的安危。对突发事件的反应越快，反应决策越准确，突发事件所造成的损失就会越小。

## 二、会议突发事件的类型和预防应对措施

突发事件的类型、预防和应对措施见表3-5-1。

表3-5-1 会议应急方案的内容和应对措施

| 突发事件类型 | 突发情况 | 预防和应对措施 |
|---|---|---|
| 人员问题 | 发言人、参加者或关键代表缺席或无法按时到会,致使会议无法按时开始,或者造成参会人数不足,从而影响会议的规模、财务收支和公共关系 | 发言人不能按时到会,可以考虑替代,甚至临时修改会议议程;可临时额外给每位发言人10分钟自由提问时间,以弥补发言人的缺席造成的时间空余 |
| 健康与安全问题 | 突发火灾、地震等危险事件,安全通道和消防通道不畅通;参会人员患有严重的疾病;由于天气等原因导致参会人员休克、突发心脏病、脑溢血等危重病情;参会人员出现食物中毒等 | 加强会前的检查,必要时要组织应对突发性的火灾、地震等各种灾害的演习,要派专门人员负责把守安全通道,有条件的单位应充分利用会场的监控摄像系统,以便随时掌握会场的方方面面和各种突发情况。此外,各种大中型会议事先应安排好医术一流的医护人员在会场应急,同时还要加强会议的值班工作 |
| 行为问题 | 发言人行为不当或某些参会人员行为不当等 | 审核发言人以往的情况,并在发言前加强与其沟通与交流,必要时请某些行为不当者暂时离开会场 |
| 设备问题 | 会场的扩音设备、灯光、投影机或录音录像设备等缺少或出现故障 | 加强会前检查与调试,准备好维修师的姓名、电话和地址,还应详细了解本地可以租到或购买相应设备的公司的名称、电话和具体地址 |
| 场地问题 | 制冷、取暖设备或通风系统出现故障,有时会议场所会因某种原因不可使用,这就需要临时找替代的场所 | 会前准备好维修师的姓名、电话和地址,并及时与之联系。如果会议场所因某种原因不可使用,可临时找附近的大礼堂、电影院、剧院和报告厅等应急 |
| 资料问题 | 参会人员超出既定人数,或是由于会议资料印刷质量欠佳可能造成会议资料不足的问题;有时由于各种原因,会议资料可能无法按时送到会议地点 | 秘书要随身带一份会议活动安排及会议需要使用文件的原稿,以便在会场附近随时复印,若会议资料无法按时送到会场,秘书应及时通知并催促相应的工作人员 |
| 应急人员 | 对可能出现的问题缺乏预见,未能安排相应的人员和物资,造成问题扩大 | 会前和会中提醒应急组织和人员随时做好工作准备,并备有其联系方式 |
| 车辆短缺 | 在接站、送站以及会场转场时,车辆短缺造成参会人员长时间等待,影响会议进程 | 加强会前检查,准备足够的应急车辆,提醒司机随时做好准备,并备有其联系方式 |
| 指挥混乱 | 会议的组织协调出现问题,会议流程衔接不当,会议信息无法及时进行传递 | 会前进行适当的突发事件演练和模拟,检验会议指挥沟通系统的灵敏性 |

## 三、处置突发事件的基本要求

如果在会议召开期间发生突发事件,应注意做到以下几点:

(1)及时报告。突发性事件发生之后,会场有关的工作人员要马上将事件发生的时间、地点、经过、危害程度等情况及时向单位的领导报告,涉及某些部门的事件先向其部门领导报告,然后再向单位的主管领导汇报。

(2)提前采取应急处置措施。必要时应拨打救护、消防等单位的电话,迅速组织人员急救,组织保护现场,积极抢险救灾。做好赴现场所需物品的保管和日常维护工作。

(3)妥善处理善后工作。事件(事故)处理工作结束后,写出事件(事故)处理经过,报领导审阅后归档。

(4)处理突发事件,既要大胆、果断,又要注意细致、稳妥。

## 工作实例

### 一、制定会议突发事件处理方案

对于会议突发事件的处理,秘书张玉根据以往会议的情况,考虑到此次会议可能发生的一些事情,在会前就制定了会议突发事件处理方案。

**香楠公司客户联谊会突发事件处理方案**

为确保2022年度客户联谊会安全、有序地召开,严防各类事故的发生,把损失降到最低程度,根据会议的相关情况,特制定此次会议突发事件处理方案。方案内容如下:

**一、发生火灾事故**

1. 当火源不大时,当事人或目击者应及时采取恰当的灭火措施,并向后勤与保卫组长和会议中心保安领班报告。

2. 重大火情则应立即向119报警,向总经理和会议中心领导报告,并通知会议中心保安员立即拉闸,切断楼层总电源。

3. 协助会议中心保安员、后勤与保卫组成员组织客人有序疏散,撤离火场。

4. 在保证安全的前提下,配合消防人员救火。

5. 事后,相关人员应积极配合有关部门,有组织地进行事故调查。

**二、发生被盗案件**

1. 应先由当事人或目击者报告会议后勤与保卫组,后勤与保卫组应立即报告主管领导。

2. 当事人、目击者和后勤与保卫组成员应配合保卫部门或公安部进行调查取证工作,积极提供线索。

3. 行政部相关工作人员应立即到达现场,及时处理。

### 三、发生重大疾病

应先由当事人或目击者报告会议后勤与保卫组,后勤与保卫组立即组织医疗组医生对病人进行急救,与此同时立即将病人的情况向总经理汇报。如遇特殊情况,要及时将客人送医院抢救,必要时拨打120,并通知病人家属或单位同事。

### 四、突然停电

如果在会议中突然停电,可以先稳定现场秩序,告诉大家不要慌乱,马上可恢复正常;指派专人做好现场所需物品的保管和维护工作;立即与会议中心联系,请求他们的支持和配合。

## 二、会议突发事件处理

会场上年龄较大的客户晕倒后,根据处理方案,秘书张玉立即将情况报告给刘梦晓总经理,请求指示。接到指示后,进行以下安排:

(1)立即通知会议医疗组医生赶到现场进行急救。
(2)自己和当日值班工作人员立即赶到会场。
(3)一方面维持会场秩序,一方面协助会议医疗组医生进行抢救。
(4)通知客房,将房间门打开,经过抢救后,如果没有重大问题,就送与会者回房间休息。
(5)根据情况,如果病情严重,随时准备与急救中心和与会者单位或家人联系。
(6)关注病人的情况,随时向总经理汇报病人的病情和急救情况,请求领导指示。

## 训练项目

### 处理突发事件

(1)实训目标。通过本实训,掌握处理会议突发事件的具体方法。
(2)实训背景。临近年末,公司在大礼堂设宴,招待本公司近2000名员工。在公司总经理讲话时,会场突然停电了。
(3)实训内容。根据实际情景,拟定一份会议突发事件应急处理方案,并演练秘书处理突发事件的过程。

## 参考知识或案例

### 主席台上乱了套

在某地的一次地方和驻军联合召开的表彰会上,颁奖仪式正在进行。盛装的礼仪小姐在热烈的乐曲声中鱼贯而出,手捧奖品交给在主席台前排就座的领导同志准备颁奖。不知是由于紧张还是疏忽,有一位礼仪小姐竟然没有跟上,把应交给前面的一位部队首长的奖品递给了下一个位置的地方领导人。而排在队伍末尾的礼仪小姐却为送不出奖品而惊慌失措,逃回后台。手上没有奖品的部队首长左顾右盼,未见礼仪小姐再送奖品,此时上台领奖的人已登台,首长站在那里,尴尬得面红耳赤,最后干脆离席退场。由于少了一位颁奖人,最后一名领奖的同志上台后,发觉没人给自己颁奖,只好灰溜溜地跑下台。而由于原定的颁奖顺序被打乱,领导们手拿奖品却找不到该来领奖的人。一时间,你问我,我问他,你跟我换位置,他跟我换奖品,主席台上一片混乱,表彰会应有的庄严、隆重、热烈的气氛,被这个差错一扫而空。而当时负责会务工作的几名秘书,在安排礼仪小姐上台后,认为万事大吉,就到信息室闲聊去了,当发现会场上的情况后,已经无法收拾。这件事给军地关系造成了不良影响,虽然事后地方领导和会务工作人员一再向那位部队首长赔礼道歉,但仍然在双方心里留下了一个遗憾的阴影。

会务工作看似小事,但小错误会导致大损失。颁奖环节是表彰会的关键环节。会务工作人员在颁奖过程中,应分工负责,分头把好礼仪小姐送奖品和受奖人员组织这两个关,事前对证书和人员进行编号,以便对应。会务人员要时刻"盯"住会场,发现问题后,及时协调、补救。

资料来源:http://www.pddd.pudong-edu.sh.cn

### 复习思考题

1. 什么是突发性事件?
2. 会议突发性事件的类型有哪些?

# 项目四　会议评估与会后工作

## 任务一　送别与会人员

### 学习目标

**能力目标**：能妥善、有序地安排和组织与会人员离场，做好外地与会人员送站工作。

**知识目标**：熟悉送别与会人员的工作要点，掌握送别与会人员的相关礼仪。

### 任务描述

香楠公司召开的2022年度新产品订货会取得了圆满成功。总经理秘书张玉清楚地知道，对于秘书人员来说，虽然会议已经成功召开，但会议工作还远远没有结束。对于会务工作而言，会后工作与会前、会中工作一样重要。

会议主持人"谢谢"的话音刚落，张玉和其他工作人员，就已经等在会场出口准备引导与会人员退场并进行送别了。

【任务分析】会议结束后，秘书人员的首要工作，就是要送别与会人员。在送别的过程中要有礼有节、热情大方，给与会人员留下深刻的印象。对于一般的与会人员，秘书和工作人员只需引导并送至会场门口、酒店门口、单位门口或停车场即可。对于身份特殊、职位较高的与会人员，会议主办方应派领导送别。对于外地与会人员，会议主办方应安排好交通工具和专门人员将其送至车站或飞机场。对于因公务或私人原因，仍需短暂停留的与会人员，会议主办方也应妥善安排。

### 基础知识

送别与会人员是会后工作中的一个重要环节。这一环节处理得好坏，直接关系到会前和会中工作的成败，甚至影响到整个会议的效果及在与会人员心目中印象的优劣。因此，要使整个会议有始有终，没有缺憾，就一定要认真、周到地做好送别与会人员的各项工作，切不可虎头蛇尾。会议结束后，秘书和工作人员首先应及时引导与会人员安全、有序地退场；其次要根据与会人员离会的时间和交通工具，安排交通工具和专人送行。

送别与会人员的工作有以下六个要点。

#### 一、结清参会费用

根据会议的性质，与会者需要交纳全部或部分或不交会议费用。会议费用包括培训费、资料费、住宿费、餐饮费、交通费等。有的会议与会者需向会议主办方交纳培训费、资料费、食宿费等，有的会议食宿免费，甚至可以报销交通费……会议主办方应在与会人员离开前与其结清各种参会费用,支付费用的要索取并保存好票据,收取费用的要提供规范的发票。

## 二、发放回程票

对于需购买返程车、船、机票的与会人员,秘书人员应根据他们离会的时间和交通工具,在会议期间代他们购买回程票,在会中或离会时将回程票及时地分发给与会人员。回程票必须发放至与会人员本人手里,不能由其他人代领,以免出现差错。

## 三、引导与会人员离场

会议一结束,秘书人员就要与会务人员一道引导与会者有秩序地离开会场。在通常情况下,都是主席台上的领导退场后,与会人员再离场。如果会场有多条离场通道,领导者和与会者可以各行其道。大型会议还要注意散会后引导车辆迅速、有序地离场,必要时可派专人指挥。

## 四、安排车辆送站

在送客前,会议主办方要根据与会人员返程的需要,安排好车辆送站。首先,要根据需送站人员的职务、人数及所预定车、船、机票的时间,确定交通工具的类型,如小汽车、商务车、普通中巴、大巴等,并合理分配运力;其次,要安排好车辆送站的负责人、路线和时间,确保与会人员安全、及时、舒适地到达车站、码头或飞机场,以免延误行程。此外,在送站时,要同接站一样注意乘车礼仪等相关礼仪。

## 五、安排人员送客

对于本地客人或一般客人,在会议结束后,会议主办方可安排礼仪小姐或专门的工作人员,欢送与会人员至会场门口、酒店门口、单位大门外或停车场车门口。

对于职务高的或身份特殊的与会人员(如上级领导、政府官员、专家等),会议主办方则应安排领导送行。

对需送站的与会人员,一般客人由专门的工作人员送行即可。如果是身份特殊的客人,则应根据其身份、职务等安排合适的领导送至车站、码头或飞机场。如有需要,还应提前到其下榻处进行话别并赠送礼物。

在送行时一定要充分注意礼仪,向对方表达出诚挚的惜别之情。

## 六、安顿暂留人员

由于公务或旅游、会见亲朋等私人原因,部分与会人员在会议结束后可能还要做短暂停留。这时会议主办方仍应继续做好服务工作,尽好地主之谊。除了妥善安排他们的住宿、饮食外,在旅游购物或车辆需求方面,会议主办方都应适当地给予协助,从而给与会人员留下热情好客的印象。

## 工作实例

### 一、引导与会人员离场

会议结束后,为了使与会人员安全、有序地离开会场,张玉进行了精心安排,对会议工作人员进行了分工,具体见表4-1-1。

表4-1-1 引导与会人员离开会场安排表

| 姓名 | 职务 | 工作内容 | 联系方式 |
|---|---|---|---|
| 李×× | 总经理秘书 | 负责与会人员离场的整体协调工作 | 1386710×××× |
| 张玉 | 公司办公室秘书 | 负责引导主席台领导、嘉宾离开会场 | 1362342×××× |
| 王×× | 公司办公室秘书 | 负责引导与会人员离开会场 | 1335726×××× |
| 赵×× | 生产部秘书 | 负责引导与会人员离开会场 | 1358727×××× |
| 张×× | 市场与研发部秘书 | 负责停车场车辆调度 | 1395361×××× |
| …… | …… | …… | …… |

### 二、送别与会人员

#### (一)发放返程票

对于需购买返程票的外地与会客户,张玉根据他们的要求,帮助他们订购了返程车票或飞机票。为了使与会客户能够及时、准确地拿到自己订购的返程票,张玉设计并制作了与会人员返程票领取登记表,详见表4-1-2。

表4-1-2 香楠公司新产品订货会会议代表返程票领取登记表

| 姓名 | 公司 | 职务 | 电话 | 预订返程票情况 | 金额(元) | 收费情况 | 签名 |
|---|---|---|---|---|---|---|---|
| 王×× | 天津市××童装公司 | 总经理 | 135×××××× | ×月×日飞机票 | 1500 | | |
| 张×× | 北京××童装有限公司 | 总经理 | 138×××××× | ×月×日火车票 | 2000 | | |
| 张×× | 台州市××公司 | 采购部业务员 | 156×××××× | ×月×日火车票 | 198 | | |
| 吴×× | 哈尔滨××童装总厂 | 厂长 | 139×××××× | ×月×日飞机票 | 1800 | | |
| …… | …… | …… | …… | …… | …… | …… | …… |

### (二)安排送站车辆和人员

秘书张玉根据返程人员乘坐交通工具的具体情况,制定了返程人员送站安排表,见表4-1-3。

表4-1-3 香楠公司新产品订货会会议代表送站安排表

| 姓名 | 性别 | 单位 | 职务 | 联系方式 | 车次/航班 | 时间 | 送站地点 | 出发地点 | 出发时间 | 送站工作人员 | 司机 |
|---|---|---|---|---|---|---|---|---|---|---|---|
| 王×× | 男 | 天津市××童装公司 | 总经理 | 135×××××× | HU4736 | 15日9点30分 | 萧山机场 | 杭州国际会议中心 | 8点30分 | 吴×× | 方×× |
| 张×× | 男 | 北京××童装有限公司 | 总经理 | 138×××××× | Z50 | 15日21点30分 | 城站火车站 | 杭州国际会议中心 | 16点30分 | 吴×× | 李×× |
| 张×× | 男 | 台州市××公司 | 采购部业务员 | 156×××××× | K195 | 15日13点 | 城站火车站 | 杭州国际会议中心 | 16点30分 | 王×× | 李×× |
| 吴×× | 女 | 哈尔滨××童装总厂 | 厂长 | 139×××××× | CA6140 | 15日21点15分 | 萧山机场 | 杭州国际会议中心 | 20点15分 | 张×× | 方×× |
| …… | …… | …… | …… | …… | …… | …… | …… | …… | …… | …… | …… |

## 训练项目

### 做好外地与会人员送站工作

(1)实训目标。通过实训,要求学生掌握送站的相关礼仪,能收集外地与会人员离会的相关信息,设计和制定相关表格,并安排和组织好外地与会人员的送站工作。

(2)实训背景。2022年10月22日,××职业学院在省人民大会堂举行30周年庆典大会。除了校内师生代表外,参加会议的代表还有政府领导(教育部、教育厅及其他部门相关领导)、兄弟院校的院长或书记、行业企业代表、校企合作企业代表、校友代表、媒体记者等。由于此次庆典大会规模较大,参与人员较多,为了保证会议各项接待工作的顺利进行,学院办公室主任杨霞作为此次会务工作的协调人,在会前详细收集了与会人员的相关信息。根据与会代表的离会情况,杨霞制定了与会代表送站安排表,合理安排车辆和人员做好送站工作。根据与会代表的信息反馈,大家对××职业学院30周年庆典大会的各项接待工作非常满意,尤其是工作人员和领导在送站时的热情、细心给他们留下了深刻的印象。

(3)实训内容。假如你是××职业学院办公室主任杨霞,请你:根据与会人员离会情况,设计并制作送站人员安排表,指出送站时应注意的礼仪礼节。

### 参考知识或案例

#### 送别客人礼仪

在确定来宾离开的时间后,如果来宾身份比较特殊,那么就应该到来宾的驻地去话别。如果来宾离开的时间是上午,那么在前一天下午或晚上,主人一方全体陪同人员要到客人下榻的宾馆去话别,时间不要过长,控制在半个小时之内为好。有礼物要送的话,就在这时送给客人。如果第二天到了机场或车站再送,客人就只能把它提在手里了,很不方便。如果客人离开的时间是在下午或晚上,也可以在当天上午到宾馆话别。此时应该告诉客人送行的人员、车辆及时间方面的安排,让客人心里有数。在目送来宾乘坐的交通工具驶出后,送行人员才可离开。

### 复习思考题

1. 会议的送站工作的流程是什么?
2. 会议的送站工作的注意点有哪些?

## 任务二 会场善后工作

### 学习目标

**能力目标:** 能妥善清理会场,归还租借设备物品和结清会议开支费用。
**知识目标:** 掌握会场善后工作内容及要点。

### 任务描述

香楠公司总经理秘书张玉和会议工作人员协助公司领导,将本地与会人员送走或将外地与会人员送至宾馆后,就开始着手清理会场,做好酒店方杭州国际会议中心的交接工作。

【任务分析】会议结束后,做好会场的善后工作,是将会场归还给酒店方的前提。会场的善后工作主要包括清理会场、归还租借物品和结清会议开支费用等内容。

### 基础知识

如果是内部会议,会场的善后工作相对比较简单。清理打扫会场或会议室,关闭设备,关好门窗,将物品放归原处即可。但是如果会场是租借的,则需要清理会场,归还会议租借物品,在与租借方交接完毕后,结清会议开支费用,并将会场中自带的物品拿回公司。

会场善后工作包括以下要点。

## 一、清理会场

### (一)清理会场宣传物品

会场的宣传物品主要包括通知牌、方向标志、会标、横幅、展板等。会议结束后,这些宣传物品便失去了作用,会务人员应及时撤走它们。这些宣传物品,如果是一次性的则应予以销毁。对于可重复利用的应统计、归类、入库,以便下次会议使用。这样做有利于节约材料、资源,节省人力物力财力。

### (二)清理会场设备

各个会议都需要各种不同的设备,如投影仪、电动屏幕、幻灯片放映机、手提电脑、复印机、打印机、考勤机、音响、空调、灯光、同声传译系统、电子表决系统等。这些设备如果是租借的,则应该调试整理好,归还租借方。如果是自带的,则应收拾好拿回公司。设备如需搬动,要注意轻拿轻放,以免损坏。

### (三)清理会议资料

会议结束后会在会场遗留一些会议资料。这些资料或是草拟的文件,或是参阅文件,或是财务报表。会议结束后,秘书人员在清理会场时,要收回所有应该收回的会议资料,要将所有纸张进行整理、清点、归类,找出有用的资料,不能再利用的纸张要销毁。

会议都有其保密性,会议结束后的剩余文件也要注意清理,避免在无形中泄露公司机密。

### (四)清理会议其他物品

除了宣传物品、设备和会议资料外,会场应清理的还有充气气球、充气拱门、彩旗、植物花卉等烘托会议气氛的物品,以及台签、签到本、饮用水等会议用品。同样,租借物品要及时归还,如充气气球、拱门等。自行购买的物品可带回公司,以备下次会议使用,如彩旗、台签、饮用水等。饮用过的矿泉水瓶清理进垃圾箱,若有未启封者则妥善装箱保存,以备下次会议饮用。签到本妥善保管,合理保存。

清理会场时,要认真仔细,如发现有遗失物品,要尽快与失主取得联系,及早送还。若距离遥远,可利用邮包寄送。会场清理完后,要认真打扫收拾,使会场恢复原状。

## 二、归还租借物品

会议结束后,要及时归还向酒店方或其他服务商租借的相关设备或物品。归还前一定要检查物品是否完好。如果损坏要按约定予以赔偿;不需赔偿的,归还时要特别说明或修好后再归还。

### 三、结算会议开支费用

如果是向酒店或其他单位租用的会场,会议结束后,秘书人员应及时与会场出租方结清会议的各项费用,主要包括会场租用费、设备租用费、开会期间的其他相关服务费用等,并及时与会场租借方进行交接。

同时,再一次检查会场,确认无误后,带好物品返回公司。

## 工作实例

香楠公司全国性新产品订货会结束后,总经理秘书张玉和其他会议工作人员一起开始清理会场。

### 一、清理会场并清点会务用品

由于会议的需要,会场仍存留许多会务用品。这些用品要及时清理,如及时拆除或撤离会场内外的充气拱门、充气气球、彩旗、通知牌、方向标志、横幅、展板等,恢复会场的原样。同时,为了保证会务用品清点时无遗漏,秘书张玉根据会前筹备时准备的会议物品,列出会务用品清单,然后根据清单在会场一一清点,并将收回的数量准确登记,对于缺少的应当注明原因,具体见表4-2-1。

表4-2-1 会务用品清单

| 序号 | 物品类型 | 物品名称 | 单位 | 发放数量 | 收回数量 | 缺少原因 | 负责人签名 |
|---|---|---|---|---|---|---|---|
| 1 | 会议宣传物品 | 通知牌 | 个 | | | | |
| 2 | | 方向标志 | 个 | | | | |
| 3 | | 横幅 | 条 | | | | |
| 4 | | 展板 | 块 | | | | |
| 5 | 会场设备 | 投影仪 | 台 | | | | |
| 6 | | 电动屏幕 | 块 | | | | |
| 7 | | 笔记本电脑 | 台 | | | | |
| 8 | | 打印机 | 台 | | | | |
| 9 | | 复印机 | 台 | | | | |
| 10 | | 音像设备 | 套 | | | | |
| 11 | | 摄像机 | 台 | | | | |
| 12 | | 照相机 | 台 | | | | |

续表

| 序号 | 物品类型 | 物品名称 | 单位 | 发放数量 | 收回数量 | 缺少原因 | 负责人签名 |
|---|---|---|---|---|---|---|---|
| 13 | 会议其他物品 | 音像光盘 | 张 | | | | |
| 14 | | 鲜花(束) | 束 | | | | |
| 15 | | 鲜花(盆) | 盆 | | | | |
| 16 | | 充气拱门 | 个 | | | | |
| 17 | | 充气气球 | 个 | | | | |
| 18 | | 彩旗 | 面 | | | | |
| 19 | | 台签 | 个 | | | | |
| 20 | | 签到本 | 本 | | | | |
| 21 | | 代表证 | 个 | | | | |
| 22 | | 工作证 | 个 | | | | |
| 23 | | 饮用水 | 瓶 | | | | |

同时,认真打扫会场环境卫生,将会场内的桌椅归位,力求恢复会场原貌。

## 二、归还租借物品

此次会议主要租借了酒店方杭州国际会议中心的投影仪、电动幕布、音响设备,向××文化传播有限公司租用了充气拱门和气球。在归还相关设备物品时,应当办理相应的交接手续,由出租方开具发票。

## 三、结算会议开支项目

会场清理完毕后,秘书张玉向酒店方结算会议的各项费用共计一万元,包括会场租用费和设备租用费,并由出租方开具发票。

## 四、清理文件资料

此次新产品订货会,公司曾向与会人员分发了产品宣传册等资料。秘书张玉和工作人员在清理会场时发现有些代表将这些资料遗留在了会场,于是及时清理回收。

### 训练项目

(1)实训目标。通过实训,要求学生能掌握会场善后工作要点,妥善做好会场清理工作。

(2)实训背景。2022年12月18日,浙江永明公司与香港时代公司在凯旋大酒店会议厅举行合作签约仪式。会议厅主席台的背景墙上布置着"浙江永明公司与香港时代公司合作签约仪式"的会标。主席台上有话筒、手提电脑、公司双方领导层人员的名签、鲜花、签约合同、签字笔、矿泉水等。台下的会议桌上放着出席仪式的双方公司职员代表的名签。主席台下会议桌的每个座位上均放有一份介绍双方公司情况的资料。酒店大厅及过道里摆放着本次会议的通知牌及方向标志。

(3)实训内容。假如你是会务组工作人员,请你指出会议结束后应如何做好会场清理工作。

### 参考知识或案例

#### 遗失的公文包

为期两天的会议终于结束,宏利公司的秘书刘琴总算可以松一口气了,因为这是公司领导第一次让她全面负责一个会议,居然没有什么差错,而且代表们都已离会,这怎么不令她暗地里高兴呢。想想开会前、会议中的种种事情,那根紧绷的弦也该放松了。现在坐在办公桌前的她,准备拟写会议总结。这时,电话突然响了起来,刘琴迅速抓起话筒来接,电话是刚离会不久的一位代理商(会议代表)打来的,他在电话里焦急地询问,刘琴以及她的同事有没有在会场拾到他的小公文包,因为会议结束时,他有要事急于回家,于是急急忙忙提着会议纪念品离开会场,而把公文包遗落在会场了。

包里的两千元钱倒是小事,问题是里面有他的许多证件,还有一份商务资料。刘琴一听,蒙了。公司里确实没听谁说拾到公文包。她一边控制住自己的紧张情绪安慰着他,一边答应代为查找。她放下电话,赶快给租用会场给宏利公司的鸿天宾馆打电话,询问公文包的下落。对方回答说,宾馆里没人看到遗失的公文包,而且宾馆里人来人往,来宾的贵重物品都是自己随身保管的。刘琴不放心,亲自去了一趟鸿天宾馆,在会场进行了查找,询问了工作人员,依然没有下落。刘琴一下子茫然无助,回去该怎样向失主回话,向上司交代呢?

【案例分析】会议结束后,与会人员可以离开会场了,但秘书人员的会务工作依然没有结束,还有许多后续工作要做。远的来说,有对会议精神贯彻落实的检查督促工作;近的来说,秘书人员应送别与会者,并及时清理会场,清理工作就包括了检查会场有无物品遗漏,携带进会场的资料和会议用品一定要带回等,至于撰写会议纪要总结还在其后。

案例中的刘秘书显然是笑得太早了一点。总结还没动笔,麻烦事就找上身了。对于代理商遗失的公文包,她是有一定责任的,因为秘书会务工作中有一项就是秘书会后应及时检查会场和与会者的驻地,以免遗失文件,而刘秘书显然对这项工作疏忽了。

资料来源:黄海.办公室工作实务[M].北京:电子工业出版社,2008

### 复习参考题

1. 会场善后的工作流程有哪些?
2. 会场善后的工作要点有哪些?

## 任务三　会议经费结算

### 学习目标

**能力目标**：能妥善进行会议经费结算。
**知识目标**：熟悉会议经费结算方法，掌握会议经费结算工作程序。

### 任务描述

香楠公司2022年度客户联谊会暨2023年新产品订货会于2022年11月25日—27日顺利举行，公司总经理办公室秘书张玉负责会议经费结算工作。假如你就是秘书张玉，请你结合本次会议的经费开支的具体情况，做好会议经费的结算工作。

【任务分析】会议经费结算是办会者在会议结束后对会议整个经费使用情况即收支费用的结算。会议经费结算应根据会前经费预算进行。首先，要了解会议经费收支项目；其次，要熟悉会议经费结算方法；最后，要掌握会议经费结算的工作程序。

### 基础知识

会议经费结算的依据是会前经费预算。会议筹备期间，办会者应进行会议收支预算，并经领导审核批准。在会议过程中，负责经费结算的秘书人员应准备专门的账册，及时对会议的各项开支进行详细的记录。会议结束后，秘书人员应根据领导审定的会议经费预算表进行结算。要遵循勤俭节约的原则，尽量减少不必要的开支。对于超过预算的项目和费用，无正当理由的不予报销。经费结算完毕后，应及时向领导汇报，并向财务部门报销。

结算会议经费

### 一、会议经费收支项目

会议经费分为收入和支出两个类别。会议的主要收入来源为上级拨款或向与会人员收取的相关费用。会议经费收支项目主要包括以下内容：会场租用费、会议设备租用费、会场布置物品费、邮电通信费、培训费、交通参观费、住宿费、餐饮费、会议资料费、纪念品购置费、会议宣传交际费、劳务费以及其他费用等。

### 二、会议经费结算的方法

#### （一）会议的收费与付费方法

会议经费使用情况一种是由会议主办方承担全部会议费用，与会人员无须支付任何费用，另一种是与会人员要向会议主办方支付一些必要的费用，如资料费、培训费、住宿费、餐饮费等。对于要向与会人员收取相关费用的会议应注意以下事项。

1. 收款的方法与时机

有些会议是要由与会人员向主办方支付一些必要的费用(如资料费、培训费、住宿费、餐饮费等),所以应注意如下事项:

(1)应在会议通知或预定表格中,详细注明收费的标准和方法。

(2)应注明与会人员可采用的支付方式(如现金、支票、信用卡等)。

(3)如用信用卡收费,应问清姓名、卡号、有效期等。

(4)开具发票的工作人员先要与财务部门确定正确的收费开票程序,不能出任何差错。另外,如果有些项目无法开具正式发票,应与会议代表协商,开具收据或证明。

2. 付款的方法和时间

会议结束后,应对会议期间发生的费用进行统计,将应由公司支付的费用根据公司相关规定,及时支付给对方。各类支出项目的付款方式和付款时间也不同。某些支出项目要和对方事先商定费用,必要时要交付一定数额的订金,如场地租赁、设备租用、住宿餐饮等,而有些较小的支出项目则直接用零用现金支付即可。至于付款的时间,可根据和对方的约定及时付费。

### (二)会议付费的要求

(1)会议各类支出经费的名称要规范。

(2)在付费时,要遵守公司零用现金、消费价格及用品报销等各种相关财务制度和规定。

## 三、会议经费结算的工作程序

会议结束后,秘书人员要及时进行会议经费结算,具体工作程序如下:

(1)统计会议实际收支项目,对照经费预算进行核点;

(2)厘清会议经费结算的方法和时间;

(3)通知相关部门及人员结算时间和地点;

(4)核实发票;

(5)填写报销单;

(6)清点费用支出发票;

(7)请领导签字;

(8)到财务部门报销;

(9)与相关部门及人员结清费用。

### 工作实例

总经理秘书张玉忙完其他工作后,开始进行会议经费结算。其操作流程:

### 一、统计会议经费收支情况

总经理秘书张玉根据会议筹备时编制的会议经费预算支出项目及实际支出情况制作了经费结算表,见表4-3-1。

表4-3-1　香楠公司新产品订货会经费结算表

| 序号 | 支出项目 | 单位 | 数量 | 单价/(元) | 金额/(元) | 备注 |
|---|---|---|---|---|---|---|
| 1 | 场地租用费 | 天 | 1 | 8000 | 8000 | |
| 2 | 摄像机租用费 | 台 | 2 | 1000 | 2000 | |
| 3 | 鲜花 | | | | 1000 | |
| 4 | 横幅 | 条 | 5 | 100 | 500 | |
| 5 | 充气拱门 | 个 | 2 | 500 | 1000 | |
| 6 | 嘉宾咨询费 | 位 | 2 | 5000 | 10000 | |
| 7 | 餐饮 | 桌 | 12 | 800 | 9600 | |
| 8 | 租用客车 | 辆 | 6 | 1000 | 6000 | |
| 9 | 公司宣传册 | 本 | 400 | 5 | 2000 | |
| 10 | 会标 | | | | | |
| 11 | 会议代表证 | | | | | |
| 12 | 文具 | | | | | |
| 13 | 纪念品 | 份 | 300 | 85 | 25500 | |
| 14 | 文艺演出 | | | | 5000 | |
| 15 | 工作人员劳务补贴 | 天 | | 25 | 12000 | 40人,12天 |
| 16 | 其他费用 | | | | 2000 | |
| | 合计 | | | | 84600 | |

## 二、确定会议经费结算的方法和时间

总经理秘书张玉在对会议期间实际发生的支出费用进行统计之后，又根据公司的财务管理规定和服务商结算的要求，对公司会议经费结算的付款方法和时间进行了罗列，以便有针对性地进行结算，具体见表4-3-2。

表4-3-2　香楠公司新产品订货会经费的付款方法与时间表

| 设施和服务 | 费用的确定方式 | 付款的方法和时间 |
|---|---|---|
| 场地租用费 | 事先确定费用 | 预订时交订金。活动之后按实际支出开具发票,支票结账 |
| 摄像机租用费 | 活动之前确定租用费用 | 活动之后为租用费用开发票,现金结账 |
| 会场装饰费 | 会议之前申请和安排 | 会议之前根据实际支出费用,现金结账 |
| 嘉宾咨询费 | 事先确定费用 | 在活动之后现金支付给嘉宾 |
| 宴请费用 | 事先商定费用 | 预订时交订金。会议之后按实际支出开发票,支票结账 |
| 交通费用 | 事先商定费用 | 预订时交订金。会议之后按实际支出开发票,支票结账 |

续表

| 设施和服务 | 费用的确定方式 | 付款的方法和时间 |
|---|---|---|
| 会议用品费 | 会议之前申请和安排<br>会议之前可用零用现金购买 | 零用现金偿付<br>文具订购事先开发票和付款 |
| 纪念品及演出费 | 事先商定费用 | 预订时交订金。会议之后按实际支出开发票,支票结账 |
| 公司工作人员劳务费 | 根据公司相关规定确定 | 会议之后,银行转账支付 |

### 三、通知与会人员结算时间、地点

统计完会议经费支出项目和了解了设施和服务费用结算的方法和时间后,根据公司关于"费用发生15日内必须将所发生的费用进行报销和结算"的财务管理规定,总经理秘书张玉确定在30日上午9:00在一号会议室进行会议经费结算后,就开始通知与会的几个部门以及在会议中发生费用的个人和部门,按时参加,并要求其对此次会议中发生的费用进行统计,将相关发票整理好一并带来。

### 四、清点并核实费用支出发票

张玉对各部门及个人在会议期间产生的费用发票进行了清点,并逐个地进行了审核,剔除了不符合公司财务报销制度的发票,对符合报销规定,但填写不规范的发票,要求重新开具。

### 五、填写报销单,将发票贴于报销单背面

在清点和核实了费用支出发票后,根据公司财务报销的相关规定,张玉填写了费用报销单,并将所有发票整齐地贴在报销单的背面。

### 六、请领导审批、签字

张玉填好费用报销单,请刘梦晓总经理和财务部经理审核签字。

### 七、到财务部门报销

张玉带着领导审核、签字后的报销单到财务部报销。

### 八、与相关部门及人员结清费用

张玉报销完费用后,便通知相关部门及人员到总经理办公室结清费用。

### 训练项目

(1)实训目标。通过实训,要求学生掌握会议经费决算的工作程序,能制定会议经费决算表,能妥善做好会议经费结算工作。

(2)实训背景。2022年底××公司召开年度全国销售商表彰大会,以表彰先进,规划2023年工作。总经理秘书杨××为此次大会制作了经费预算表,同时对经费使用过程中的具体情况进行了记录。具体如下:

会议名称:2022年××公司年度全国销售商表彰大会

会议地点:杭州

会议时间:2022年12月23日

| 序号 | 支出项目 | 预算支出 | 备注 |
| --- | --- | --- | --- |
| 1 | 会场、仪器租用费 | 0.5万元 | |
| 2 | 会议筹办费(宣传、通信、资料等) | 0.8万元 | 实际费用1万元 |
| 3 | 与会代表资料费(资料、文具、纪念品等) | 150元/人×200人=3万元 | 实际费用2.6万元 |
| 4 | 会议交通费 | 1万元 | 实际费用0.9万元 |
| 5 | 会务用房费 | 300元/(间·天)×50间×1天=1.5万元 | |
| 6 | 特邀代表住宿费 | 500元/(间·天)×5间×1天=0.25万元 | |
| 7 | 特邀代表旅费 | 2000元/人×10人=2万元 | 实际费用1.5万元 |
| 8 | 会议用餐费 | 100元/(人·天)×150人×2天=3万元 | |
| 9 | 宴会费(含酒水) | 100元/人×150人=1.5万元 | |
| 10 | 茶点费 | 20元/(人·次)×150人×2次=0.6万元 | |
| 11 | 参观费 | 50元/人×150人=0.75万元 | |
| 12 | 其他费用 | 1万元 | |
| | 会议总支出 | 15.9万元 | |

会议结束后,杨××将对此次会议的经费开支进行结算。

(3)实训内容。如果你是总经理秘书杨××,请根据背景材料:①模拟会议经费结算工作过程;②制定会议经费结算表。

## 参考知识或案例

### ×××××××公司会议费管理办法

**第一条** 为规范公司会议费管理,严格控制成本,特在总结公司会议管理制度执行情况的基础上,结合公司管理实际,制定本办法。

**第二条** 本办法所指会议费是指:(1)公司及各部门召开的会议需要的经费,包括会议期间的食宿费、会场租赁费、会场布置费、设备租赁费、文件资料印刷费等;(2)参加公司以外会议需要交纳的费用。

**第三条** 会议经费审批程序:会议经费在×××元以下的由各部门负责人批准后报办公室审核;会议经费在×××至×××元的由各部门报分管领导批准后实施;会议经费在××××元以

上的经各部门报分管领导、总经理批准后实施。费用总额不得超过年度预算。

  **第四条** 公司需用经费的会议,由承办部门会前提报经费预算,填写《会议经费预算报告审批表》(附表1),按照本办法第三条程序审批后实施。

  **第五条** 经批准召开的会议,经办部门凭批准的会议预算,到财务部预支会议经费。会议结束后,经办部门按实有人数和天数,填写《会议经费结算明细表》(附表2),会同附表1交财务部核实后结账。

  **第六条** 参加公司以外的会议,出差人员的会议费,有书面会议通知且通知中已注明会议费金额的,凭公司相关领导批准的与会通知报销。无相关领导签字,一律不予报销。

  **第七条** 参加公司以外的会议及外出学习,只享受往返途中的生活补助和市内交通费补助(按出差补助标准执行)。若会务方没有统一安排食宿,则按照一般出差标准报销差旅费。

  **第八条** 公司具体承办会议的部门负责收集会议的书面通知、费用预算、实际费用发生情况等资料,并将资料报办公室留存。

  **第九条** 本办法由公司办公室负责解释。

  **第十条** 本办法自下发之日起执行。

附件1:会议经费预算报告审批表

填表日期:                        单位:元

| 会议名称 | | | |
|---|---|---|---|
| 会议时间 | | 会议地点 | |
| 会议说明 | | | |
| 参会人员 | | | |
| 会　　期 | | 人　　数 | |
| 费用预算<br>(明细) | | | |
| 申请部门负责人签字:<br><br>　　　　　　　　年　月　日 | | 财务部审批:<br><br>　　　　　　　　年　月　日 | |
| 分管领导意见:<br><br>　　　　　　　　　　　　　　　　　　　年　月　日 | | | |
| 总经理意见:<br><br>　　　　　　　　　　　　　　　　　　　年　月　日 | | | |

注:本表一式三份,分别由申报部门、办公室、财务部留存。

附件2：会议经费结算明细表

填表日期：　　　　　　　　　　　　　　　　　　　　　　　　　　　单位：元

| 会议名称 | | | |
|---|---|---|---|
| 会议时间 | | 会议地点 | |
| 会　期 | | 参会人数 | |
| 1.会议场地等费 | | | |
| 2.办公用品、资料费 | | | |
| 3.交通费 | | | |
| 4.活动费 | | | |
| 5.餐费 | | | |
| 6.其他费用 | | | |
| 会议预算总额 | 预算总计(大写)： | | |
| 会议经费实际支出 | 实际支出总计(大写)： | | |
| 部门负责人签字 | 财务部审批 | | 备注 |

### 复习思考题

1. 会场经费结算的工作流程有哪些？
2. 会场经费结算的工作要点有哪些？

## 任务四　制发会议纪要

### 学习目标

**能力目标：** 能根据会议纪要拟写格式、要求和发文流程，制发会议纪要。
**知识目标：** 掌握会议纪要的写作格式、特点和写作要求，熟悉会议纪要发文程序。

### 任务描述

为了向公司各部门传达此次新产品订货会的情况，总经理刘梦晓要求秘书张玉立即拟写会议纪要并印发给各部门。张玉接到任务后，开始忙碌了起来。

【任务分析】会议纪要是传递会议信息、传达会议精神的公文。秘书人员制发会议纪要，首先要拟写会议纪要，然后经领导审核后予以印发。在拟写会议纪要前，应仔细参阅会议记录和其他相关资料。制发会议纪要一定要符合公司公文印发程序要求。

## 基础知识

### 一、拟写会议纪要

#### (一)会议纪要的概念

会议纪要适用于记载和传达会议情况和议定事项。会议纪要是在会议记录和其他会议材料基础上加工整理出来的,反映会议基本情况、会议成果、会议议定事项,可以用于向上级机关汇报会议情况,向与会代表、有关单位和下属机关分发,要求与会单位传达、贯彻、遵守和执行会议的精神。

#### (二)会议纪要的格式

会议纪要由标题和正文组成。在结构格式上不用写主送单位和落款,成文时间多写在标题下方,也可写在文章最后。

1. 标题

会议纪要的标题有单行标题和双行标题之分。

(1)单行标题:由会议名称和文种(纪要)组成,如《全省粮食工作会议纪要》《市长办公会议纪要》。

(2)双行标题:"正题+副题",正题说明会议的意义或内容,副题是会议名称和文种,如:《抓住机遇,扩大开放——沿长江五市对外开放研讨会纪要》。

2. 正文

(1)开头。会议纪要的正文,在开头部分往往概括介绍会议情况,包括召开会议的意义,开会的时间、地点、名称、主持人、出席人、列席人及会议的主要议题等。

(2)主体。这是会议纪要的核心部分,主要说明会议讨论的具体问题,会议形成的意见或决定。这部分内容较为繁杂,一定要注意归纳、总结,安排好结构,才能使文章条理清晰。

会议纪要根据会议性质、规模、议题等的不同,大致可以有以下几种写法:

一是条文式,又称分类归纳式,就是把会议的主要内容分成几个大的问题,然后加上标号或小标题,分项来写。这种写法适用于大中型会议,或议题较多的会议。

二是综述式,又称概述式,就是把讨论研究的主要问题、与会人员的认识、议定的有关事项,进行整体的阐述和说明。多用"会议认为""会议指出""会议提出"等惯用语作为各层意思的开头语,以体现内容的层次感。这种写法适用于小型会议,讨论的问题比较集中单一。

三是发言记录式。即按照在会上发言的顺序,把每个发言人的主要观点和意见择要记录下来。这种写法的好处是能如实地反映会议进程和各种观点,便于如实地反映发言人的不同看法和会议原貌。多用于座谈会和高层领导会议。发言记录式的会议纪要需要写发言人的姓名,有的还要在名字后面的括号内写明其工作单位和职务。

(3)结尾。根据会议的实际情况,会议纪要的结尾可写可不写。下发的会议纪要可写出执行要求,研讨性会议纪要可提出会议的希望,也有的会议纪要把出席人名单放在结尾处。

### (三)会议纪要的特点

1. 内容的纪实性

会议纪要一般在会议结束之后制发。会议纪要是会议形成的记录性公文,它必须忠实于会议原貌,客观地、扼要地反映会议中心议题和议定事项。撰拟者不得在纪要中随意添加会议未曾涉及的内容或擅自修改与会者的观点,而且也不能对会议内容加以发挥,发表评论。

2. 表达的提要性

会议纪要应客观如实地记载会议情况,但不是有闻必录。起草人应对会议形成的各种材料(如会议记录、领导讲话、大会发言、会议简报等)进行分析研究,归纳整理,提炼概括,在此基础上,提纲挈领地反映会议的主要精神和主要成果,并且在表达上要条理井然。

3. 功能的指导性

除作为凭证、资料外,多数会议纪要具有指示工作的作用。它要传达会议情况和会议精神,要求与会单位和相关部门以此为依据展开工作,落实会议的议定事项。

4. 称谓的特殊性

撰写会议纪要,常以"会议"表述主体。一般采用"会议认为""会议指出""会议决定""会议号召"等特殊的第三人称表述形式,这对反映与会人员的集体意向起到很好的概括作用。

### (四)会议纪要的发文流程

会议纪要可以上报,也可以下发,但它的发放范围比较窄,一般只印发给与会议纪要的内容有关的单位。

会议纪要的发文流程如下:

起草、编写会议纪要→确定印发范围→接收者确认→领导签字→打印成文→印制、分发或归档保存。

### 工作实例

总经理秘书张玉根据会议记录、领导讲话、大会发言、会议简报等内容,撰写了会议纪要,全文如下。

**香楠公司2022年度客户联谊会暨2023年新产品订货会**
**会 议 纪 要**
(2022年11月30日)

香楠公司2022年度客户联谊会暨2023年新产品订货会于2022年11月25日—27日在杭州国际会议中心举行。会上公司总经理刘梦晓做了工作报告,对本年度工作进行了总结,对下一年度工作进行了部署,会上听取了与会代表的广泛意见,并达成了共识。参加会议的有来自全国各地的客户代表及本公司中层以上干部近150人。

会上，刘梦晓总经理代表公司致辞，刘梦晓总经理首先对光临会议的各级领导、各位来宾、各界朋友表示热烈的欢迎和衷心的感谢；接着，他对2022年公司生产、销售情况进行了简要的总结；最后，他衷心希望能和与会代表精诚合作，共创美好未来。

与会的服装协会童装专业委员会副会长张××、北京××公司副总经理王××等分别讲了话，他们表示将会一如既往地支持香楠，关注香楠的发展，关注香楠的产品，加强和香楠的合作。

最后刘梦晓总经理做专题报告。刘总经理首先对香楠公司2022年度童装产品生产情况做了报告，在报告中刘总经理介绍了香楠公司的基本情况；对香楠公司2022年在生产和销售方面取得的成绩以及在生产、经营方面存在的一些不足进行了总结。接着，刘总经理就2023年国内外童装产品形势进行了精辟分析。最后，他代表公司，向与会代表表示，一定加强管理，努力提高产品和服务质量，更好地为大家服务。

专题报告结束后，与会代表一起观看了公司自编自导自演的文艺晚会，并游览了西湖景区。

最后，公司与到会客户代表就2023年新产品订货情况进行了洽商，会上有50家单位明确了2023年的订货情况，并签订了供货协议，部分企业也达成了合作意向。

此次客户联谊会暨产品订货会全面总结了公司2022年度的生产和销售工作，并对2023年生产和销售工作进行了布置，提出了2023年公司工作的要求，明确了2023年公司生产、销售的目标，解答了与会客户提出的关于产品质量和售后服务等方面的问题，为下一步做好生产和销售工作，打下了基础，做好了准备。

## 训练项目

### 制发会议纪要

（1）实训目标。通过实训，要求学生掌握会议纪要的格式、特点和会议纪要的制发程序，能科学合理地拟写并制发会议纪要。

（2）实训背景。2023年4月6日上午，××市城南开发区管委会召开了办公会议，秘书邹××做了会议记录，具体如下。

### ××市城南开发区管委会办公会议记录

时间：2023年4月6日上午

地点：管委会会议室

主持人：李四（管委会主任）

出席者：杨××（管委会副主任）　周××［管委会副主任（主管城建）］

　　　　李××（市建委副主任）　张××（市工商局副局长）

　　　　陈××（市建委城建科科长）　建委、工商局有关科室人员

列席者：管委会全体干部

记录人：邹××（管委会办公室秘书）

讨论议题：

1. 如何整顿城市市场秩序；

2. 如何制止违章建筑修建，维护市容市貌。

**杨主任报告城市现状：**

我区过去在开发区党委的领导下，各职能单位齐心协力，齐抓共管，在创建文明卫生城市方面取得了一定成绩，相应的城市秩序维护有一定进步，市场街道也比较美观。可近几个月来，市场秩序倒退了，街道上小商贩逐渐多了起来，水果摊、菜担、小百货满街乱摆……一些建筑施工单位沿街违章搭棚，乱堆放材料，搬运泥土洒落大街……这些情况严重破坏了市容市貌，使大街变得又乱又脏，社会各界反应强烈。因此今天请大家来研究：如何整顿市场秩序？如何治理违章建筑、违章作业，维护市容？……

**讨论发言：**

肖××：个体商贩不按规定到指定市场经营，管理不力，处理不坚决，我们有责任。这件事我们坚决抓落实：重新宣传市场有关规定，坐商收店，小贩收市，农民卖蔬菜副食需到专门的农贸市场……工商局全面出动，也希望街道居委会配合，具体行动我们再考虑。

罗××（工商局市管科科长）：市场是到了非整治不可的地步了。我们的方针、办法都有了，过去实行过，都是行之有效的，现在的问题是要有人抓，敢于抓，落到实处……只要大家齐心协力，问题是能够解决的。

秦××（居委会主任）：整顿市场纪律居委会也有责任。我们一定发动居民配合好，制止乱摆摊、乱叫卖的现象再次发生。

李××（建委副主任）：去年上半年创建文明卫生城市时，市里出了个7号文件，其中就有施工单位不能乱摆"战场"。工场、工棚不得临街设置，更不准侵占人行道。沿街面施工要有安全防护措施……今年有些施工单位不顾市里文件，在人行道上搭工棚、堆器材。这些违章作业严重影响了街道整齐、美观，也影响了行人安全。基建取出的泥土，拖斗车装得过多，外运时沿街散落，到处有泥沙，破坏了街道整洁。希望管委会召集有关施工单位召开一次会议，重申市府7号文件，要求他们限期改正，否则按文件规定惩处。态度要明确、坚决。

陈××：对犯规者一是教育，二是严肃处理，我们先宣传教育，如果施工单位仍我行我素不执行，就按文件严肃处理。

周××：城市管理我们都有文件，有办法，现在是贵在执行，职能部门是主力军，着重抓，其他部门配合抓。居委会把居民特别是"执勤老人"都发动起来，按7号文件办事，我们市区就会文明整洁美观。

……

与会人员经过充分讨论、协商，一致决定：

1. 由工商局牵头，居委会及其他部门配合，第一周宣传，第二周行动，监督落实，做到坐商归店、摊贩归点、农贸归市，彻底改变市场紊乱的状况。

2. 由管委会牵头，城建委等单位配合，对全区建筑工地进行一次彻查，然后召开一次施工单位会议,对违章建筑、违章工场限期改正。一个月内改变面貌。过时不改者坚决照章处理。

散会

主持人:(签名盖章)

记录人:(签名盖章)

二〇二三年四月六日

资料来源:http://wenku.baidu.com/view/bfbc7ce919e8b8f67c1cb938.html

(3)实训内容。假如你是秘书邹××,请你:①根据《××市城南开发区管委会办公会议记录》拟写会议纪要;②模拟会议纪要印发的场景,体现其程序要求。

## 参考知识或案例

### 一、会议纪要的种类

会议纪要主要有两种分类方法:

一是从会议出席人员来划分,有全体会议纪要、办公会议纪要、例会会议纪要、工作会议纪要、联席会议纪要、座谈会会议纪要等。

二是从会议纪要的内容上划分,有决策型会议纪要、部署型会议纪要、务虚型会议纪要、研讨型会议纪要、协调型会议纪要等。

### 二、会议纪要和会议记录的区别

会议纪要和会议记录都是对有关会议情况的反映。记录是纪要的基础,纪要是记录的概括和提炼。它们的区别主要有四个方面:

(1)性质不同。会议纪要是法定行政公文;会议记录是机关单位内部用于记录会议发言的事务文书,属于记载性的文字材料。

(2)内容要求不同。会议纪要是经过整理加工的会议上达成的一致认识,是会议通过的有关事项;会议记录是会议发言的忠实记录,基本是有言必录。

(3)格式写法不同。会议纪要是行政公文,它的规范格式虽然与一般公文略有不同,但基本结构相似;会议记录没有统一格式,大多由各单位自定。

(4)作用不同。会议纪要有沟通情况、统一认识、布置工作和记载凭证的作用;会议记录仅作为内部资料保存,是会议的原始材料。

### 三、会议纪要的写作要求

(1)吃透会议精神。草拟者应自始至终参加会议,仔细阅读会议报告、讲话、总结发言和会议记录等会议文件,并通过访谈等做深入调查研究,以便准确把握会议主旨,掌握会议动态。如撰写大型会议纪要,可在会议期间先草拟轮廓,再逐步调整充实,提交与会者讨论修改。

(2)突出会议的中心和重点。"纪要"即综合、归纳、整理要点。"会议纪要"就是要反映会议的中心和要点,因而要根据会议材料,综合、归纳、整理出会议的精神、问题或事项,不要面面俱到,也不要记流水账。

(3)层次分明,条理清楚。会议纪要除可用小标题、序号表示外,还可以使用"会议决定""会议同意""会议听取了"等惯用词语表示层次,以使条理清楚,层次分明,内容集中、明确。

### 复习思考题

1. 会议纪要的格式是怎样的？
2. 会议纪要与会议记录的区别有哪些？

## 任务五　会议文件资料的收集和整理

### 学习目标

**能力目标：** 能认真收集和整理会议文件资料，并妥善保管。
**知识目标：** 掌握会议文件资料收集的范围和会议文件归档的方法。

### 任务描述

香楠公司2023年新产品订货会顺利举行，整个会议期间形成了很多会议资料，刘梦晓总经理要求秘书张玉对会议期间形成的资料进行整理，将有用的资料整理归档，没有利用价值的资料进行销毁。

**【任务分析】** 会议资料的整理是秘书部门的日常工作之一。会议结束后，秘书人员要做好会议文件资料的收集、整理和归档工作，并及时送交有关部门或人员妥善保管。

秘书人员应首先确定会议文件收集、整理的范围，包括根据会议流程在会前、会中和会后产生的文件，然后根据会议文件收集的要求做好相关工作，最后按照文书立卷的原则和工作步骤完成会议文件资料的立卷归档工作。

### 基础知识

会议文件，尤其是重要、大型的会议产生的大量文件，对日后工作或类似会议的召开有着重要的查考价值。因此，要确保会议文件资料齐全地保存下来，就必须注意文件形成过程中的收集工作。

#### 一、了解会议的规模和类型

收集、整理会议文件之前，首先要了解会议的规模和类型，是重要会议还是一般事务性会议，是大型会议还是小型会议等等。一般来说，重要的、大型的会议除会议的主要文件必须收集完整外，与会议有关的文件、资料也应尽可能收集齐全，如会议主要文件的历次稿、会议期间的各种通知、会议各种证件以及会后的新闻稿等。其他会议，只要能确保会议的重要文件收集完整就可以了。

## 二、会议文件资料收集的范围

在明确了会议的规模和类型之后,就可以跟踪收集与之相关的文件、资料了。按照会议的流程,会议文件资料收集可分为会前、会中和会后收集,它们的收集范围分别为:

(1)会前准备并分发的文件。如召开会议的请示与批复件、会议通知、会议方案、会议须知、会议议程或日程、与会者名单(或分组名单)、提交会议审议批准的文件(如提案、草案等)、会议参考性文件(如调查报告、技术图纸)、票证、签到簿、宣传资料等。

(2)会议期间使用或产生的文件。如开幕词、闭幕词、领导讲话稿、大会发言材料(包括典型经验介绍材料、专题报告)、会议记录、会议简报、相关照片(或录音、录像)资料等。

(3)会后产生的文件。包括会议纪要、落实会议精神的通知、会议新闻报道稿、会议总结等。

## 三、会议文件资料收集的渠道

(1)向全体与会人员收集文件。
(2)向会议的领导人、召集人和发言人收集文件。
(3)向会议的有关工作人员收集文件。如会议的记录人员、文书起草人员等。

## 四、收集、整理会议文件资料的要求

在收集和整理会议文件资料时,要注意如下要求:
(1)确定会议文件资料的收集范围。
(2)收集会议文件资料要及时,确保文件资料在与会人员离会之前全部收集齐全。
(3)选择文件资料收集的渠道,运用收集文件资料的不同方式方法。
(4)收集会议文件要履行严格的登记手续。
(5)收集整理过程中要注意保密。

## 五、会议文件资料的归档

会议结束后,我们需要将收集好的会议文件资料按照它们在形成过程中的联系和一定的规律,加以系统整理,移交给相关部门妥善保管。这就是会议文件资料的归档。

整理会议文件资料时,应该将同一次会议形成的文件组织在一起,按照文件的内在联系进行分类组合,并按照归档制度的要求,定期归档。

会议归档文件的范围应当包括该次会议前后形成的一切直接有关材料。如会议的请示与批复、会议通知、代表名单、会议议程或日程、会议的正式文件和参阅文件(包括历次修改稿)、会议发言材料、工作报告、领导讲话记录、会议简报、会议纪要、会议总结、会议证件和其他有关材料。

会议归档文件资料的整理应按照《归档文件整理规则》进行。

## 工作实例

总经理秘书张玉主要是通过以下几个步骤完成了会议文件资料的收集和整理。

### 一、列出会议文件资料收集目录

为使会议文件资料毫无遗留地收集并保存下来，张玉按会前、会中和会后的会议流程，将会议过程中产生的文件资料目录——罗列出来，以使文件资料收集工作顺利进行。具体见表4-5-1。

表4-5-1 会议文件资料目录

| 序号 | 会议文件(资料)名称 | 责任部门(人) | 产生阶段 | 备注 |
| --- | --- | --- | --- | --- |
| 1 | 会议方案 | 总经理办公室 | 会前 | |
| 2 | 会议通知 | 总经理办公室 | 会前 | |
| 3 | 会议须知 | 总经理办公室 | 会前 | |
| 4 | 与会人员名单 | 总经理办公室 | 会前 | |
| 5 | 公司宣传手册 | 宣传部 | 会前 | |
| 6 | 新产品介绍资料 | 宣传部 | 会前 | |
| 7 | 会议代表证 | 宣传部 | 会前 | |
| 8 | 主持稿 | 宣传部 | 会中 | |
| 9 | 领导讲话稿 | 总经理办公室 | 会中 | |
| 10 | 经销商代表发言稿 | 经销商代表 | 会中 | |
| 11 | "星级经销商"表彰文件 | 总经理办公室 | 会中 | |
| 12 | 会议记录 | 总经理办公室 | 会中 | |
| 13 | 会议简报 | 总经理办公室 | 会中 | |
| 14 | 签到簿 | 总经理办公室 | 会中 | |
| 15 | 会议通讯录 | 总经理办公室 | 会中 | |
| 16 | 会议摄像、摄影资料 | 宣传部 | 会中 | |
| 17 | 会议纪要 | 总经理办公室 | 会后 | |
| 18 | 会议总结 | 总经理办公室 | 会后 | |
| 19 | 会议宣传报道稿 | 总经理办公室 | 会后 | |
| …… | …… | …… | …… | …… |

### 二、收集会议文件资料

张玉按照这个目录，逐一对会议文件资料进行了收集。而且在收集时，她特别关注了文件资料的完整性。

### 三、会议文件资料整理和归档

张玉按照《归档文件整理规则》及公司的相关文件归档规定,对收集回来的文件资料进行整理、归档。

#### (一)整理文件资料并确定其排列顺序

文件资料以"件"为单位进行归档。张玉对各个文件资料逐件进行了整理,去除了易锈蚀的金属物,如回形针、订书针、大头针等,然后按照会前、会中和会后的顺序以及会议文件资料的重要程度,对文件资料进行了排列。

#### (二)文件的编号

张玉将文件资料的保管期限确定为长期,根据文件资料的排列顺序对文件资料进行了编号,然后在每份文件首页上端居中空白处加盖了归档章,并填写了相关项目。

#### (三)文件的编目

张玉用国际标准A4型纸编制归档文件目录,详见表4-5-2。

表4-5-2　香楠公司2023年新产品订货会归档会议文件目录

| 件号 | 责任者 | 文号 | 题名 | 日期 | 页数 | 备注 |
|---|---|---|---|---|---|---|
| 1 | 总经理办公室 |  | 香楠公司2023年新产品订货会方案 | 20221220 | 5 |  |
| 2 | 总经理办公室 | 香楠发〔2022〕56号 | 关于召开2023年全国新产品订货会的通知 | 20221225 | 2 |  |
| 3 | 总经理办公室 |  | 香楠公司2023年新产品订货会须知 | 20221227 | 2 |  |
| …… | …… | …… | …… | …… | …… |  |

在对归档文件资料进行编目后,张玉开始编制归档文件目录封面。具体如图4-5-1所示。

**归档文件目录**

全宗名称　　　香楠　　（填写公司全称）
年　　　度　　　2022
保管期限　　　永久
机　　　构　　　2023年新产品订购会
（问题）

图4-5-1　归档文件目录封面

### (四)归档文件装盒

张玉先将归档文件资料按件号顺序装入档案盒,然后填写了备考表(详见表4-5-3),将备考表放在盒内最下方,最后填写档案盒封面和盒脊。

表4-5-3 备考表

| 盒内文件情况说明: |
| --- |
| 　　此盒内文件是公司2023年全国新产品订购会的相关资料,资料齐全。文字材料25件,152页,目录2张。<br><br>　　　　　　　　　　整理人:张　玉<br>　　　　　　　　　　检查人:刘梦晓<br>　　　　　　　　　　2022年11月30日 |

## 训练项目

(1)实训目标。通过实训,要求学生掌握收集和整理会议文件资料的方法,能将会议文件资料妥善归档保存。

(2)实训背景。神马公司是一家中外合资企业,主要生产家电产品,公司资产雄厚,员工近2000人,著名科技人员和高层管理人员云集。公司在全国各大中城市设有众多分公司和销售代理商。最近几年,公司推出了一系列新产品,占领了国内10%以上的家电市场,在国外的影响也很大。2022年,公司加大管理和研发力度,在电脑、手机、电视等多个项目上研制生产出新型、新款产品,国内市场份额达15%。2022年底公司召开年度全国销售商表彰大会,以表彰先进,规划2023年的工作。参加表彰大会的有公司邀请的省市有关领导、同行业兄弟单位的代表、公司董事会成员、全国各分公司的领导、全国销售代理商代表以及公司的高层管理人员和科技人员等。

会议由秘书赵××协助总经理王××组织筹划。会后,总经理要求赵××认真收集这次会议的全部资料并加以整理、归纳。

(3)实训内容。假如你是秘书赵××,请对此次会议的文件资料进行收集和整理。

## 参考知识或案例

### 档案的整理工作

#### 一、整理单位的确定

"件"即"归档文件的整理单位。一般以每份文件为一件。文件正本与不同稿本为一件,正文与附件为一件,正文与文件处理单等为一件,原件与复制件为一件,转发文与被转发文为一件,来文与复文(如请示与批复、函与复函、通知与报告等)为一件。

## 二、文件的修整

### (一)修裱破损文件

修裱是指使用黏合剂和选定的纸张对破损文件进行"修补"或"托裱",以恢复文件的原有面貌,增加强度,延长寿命。其中,修补主要针对一些有孔洞、残缺或折叠处已被磨损的文件,包括补缺或托补;托裱则是指在文件的一面或两面托上一张纸以加固文件。

### (二)复制字迹模糊或易蜕变的文件

档案字迹材料发生蜕变,如褪色、扩散等而变得模糊不清时,就会影响档案的利用。决定档案耐久性的因素包括字迹色素和字迹转移固定方式。在环境条件相同时,一般来说,最耐久的是以炭黑为色素成分、以结膜为转移固定方式的字迹材料,包括墨和墨汁、黑色油墨等;比较耐久的是以颜料为色素成分,以结膜或吸收方式转移固定的字迹材料,包括彩色油墨、蓝黑墨水、印泥等;不耐久的是以染料为色素成分的字迹材料,如纯蓝墨水、红墨水、复写纸、圆珠笔油、印台油等,或者以黏附为转移固定方式的字迹材料,如铅笔。

对字迹模糊或易蜕变的文件,目前一般采用复印的方式进行复制。为降低复印件粘连的概率,复印时墨粉浓度不宜太高,颜色不宜太深,并且最好采用单面复印。

### (三)超大纸张折叠

由于档案盒尺寸是按照A4纸张的大小设计的,为方便将来文件装盒,就需要对超大纸张加以折叠。折叠的操作要求比较简单,但要注意尽量减少折叠次数,同时折痕处应尽量位于文件、图表字迹之外。此外文件页数较多时,宜单张折叠,以方便归档后的查阅利用。

### (四)去除易锈蚀的金属物

文件制作时普遍使用的装订用品,如订书钉、曲别针、大头针等,其材质以铁、铝等化学性质较活泼的金属为主,容易被空气中的二氧化碳、二氧化硫等物质氧化和腐蚀,使文件纸张受到损害。因此文件整理归档时需去除这些易锈蚀的金属物,以避免对档案产生潜在的危害。

## 三、文件的装订

文件按件装订。要将文件按件构成基本整理单位,进行文件材料的排序,逐件固定文件的页次,保护文件,方便保管和利用。"件"内的各页应按一定方式对齐,以便于翻阅利用。一般来说,采用左上角装订的,应将左、上侧对齐;采用左侧装订的,应将左、下侧对齐。

装订方式应能较好地维护文件的原始面貌;装订材料应符合档案保护要求,应成本低廉,简便易用。目前常用的装订方式除传统的线装外,还包括:黏结式,如裱糊糨糊、热封胶;穿孔式,如用订书机、铁夹背;变形材料,如钢夹、塑料夹;等等。

## 四、文件的分类

### (一)年度分类法

当一份文件有多个时间特征(包括成文日期、签发日期、批准日期、会议通过日期、公布日期、发文和收文日期等)时,一般以文件签发日期(即落款日期)判断文件所属年度。例如,2010年形成的《2011—2023年工作规划》,应归入2010年度。

当文件资料是跨年度形成时,这样的文件往往统一在办结年度归档,分类时也都归入办结年度。比如,跨两个年度的会议形成的文件材料,统一在闭幕年整理归档的,分类时这些文件材料都归入闭幕年。

当几份文件作为一件时,"件"的日期应以装订时排在前面的文件日期为准。具体地说,正本与定稿为一件,以正本为准;正文与附件为一件,以正文为准;转发文与被转发文为一件,以转发文为准;来文与复文为一件,以复文为准。

当立档单位相当一部分工作是按照专门年度进行时,如教学年度等,采用年度分类法时,对这部分工作中形成的文件,就应按照专门年度进行分类。例如,学校以学年为单位进行工作,形成的文件应按教学年度分类,其他文件仍按一般年度分类。

(二)机构分类法

一般来说,有一个机构就设置一个类,机构名称就是类名。各类的次序可按照本机关机构序列表的规定或习惯上的顺序来排列。一般是领导机构、综合性机构排在最前面,再依次排列各业务部门。例如先排办公室,后排业务处(室)、后勤部门等。

采用机构分类法,原则上以哪个机构名义发的文件就归入哪个机构的类别中。有些文件是由几个机构共同处理的,如何归类则需视具体情况而定:有主办者的一般归入主办机构;以机关名义发出的文件,则归入有关机构类别中。业务部门起草,以机关或办公厅(室)名义发出的,如果内容属该部门职责业务,则应归入负责起草文件的机构类中,否则归入负责发文的综合机构类别。

(三)问题分类法

在实际工作中,使用问题分类法的立档单位,大多参照本单位内部组织机构的职能性质来设置类别,例如,将党委、工会、共青团等机构形成的归档文件划为"党群类",业务部门形成的归档文件划为"业务类",后勤行政部门形成的归档文件划为"行政类"等。

(四)保管期限分类法

保管期限分为永久、长期和短期。

(五)常用的复式分类法及分类方案

企业整理归档文件都必须分年度、分保管期限进行,机构(问题)作为选择项。

五、文件的排列

事由的界定可以有较大的灵活性。例如,一次请示或报告,收到批复后,就可视为事由办理完毕;一项工程、一次活动或一次会议,可以视为一个事由;一项工作如果办理时间长需要跨年度,为了及时归档,也可以按不同阶段分为几个事由;一次会议,也可以分为筹备、开幕、不同议程、闭幕等几个事由。事由具体划分尺度,由整理者根据办理时间的长短、形成文件数量以及文书处理程度的不同等,本着便于整理和利用的原则自行掌握。

排列的实际操作可以分为两步:在最低一级类目内,先按照事由原则将属于同一事由的文件按文件的形成时间或文件的重要程度排列;对不同事由的文件可以按不同事由形成时间的先后顺序或事由的重要程度进行排列。

六、文件的编号

(一)确定编号项目

必备项目包括件号、全宗号、年度、保管期限,选择项有机构(问题)、种类等,可以根据实际需要选择使用。

1. 件号

件号是归档文件的排列顺序号,分为室编件号和馆编件号。室编件号即归档文件在分类方案的最低一级类目内的排列顺序号。室编件号应在分类方案的最低一级类目内,按文件排列顺序从"1"开始标注。

以采用"年度—组织机构—保管期限"进行分类为例,室编件号应在同一年度内、同一组织机构的一个保管期限内从"1"开始逐件流水编号。例如,办公室1999年形成的永久、长期、短期3个保管期限的归档文件,编号后形成3个流水号,即永久的从"1"开始编一个流水件号,长期的从"1"开始编一个流水件号,短期的也从"1"开始编一个流水件号。

2. 全宗号

全宗号是档案馆对其接收范围内各立档单位所编制的代号。

3. 年度

年度指归档文件的形成年度,即形成和处理归档文件的年度。填写此项时,应采用公元纪年,以4位阿拉伯数字表示。

4. 保管期限

按照现行的国家档案局《关于机关档案保管期限的规定》,保管期限分为永久、长期、短期3种,简称为"永、长、短",代码分别为"Y、C、D",填写时直接采用简称或代码。

5. 机构(问题)

填写机构项时,应按照分类方案,填写作为分类方案类目名的机构名称。如机构名称太长,可使用机关内部规范简称。此外在全宗介绍中,应将机构名称与相应简称加以对照说明。填写问题项时,则可根据分类方案,直接填写"党群""行政""业务"等。

机构(问题)项为选择项。

(二)填写归档章

应在归档文件材料上逐件加盖归档章,并填写相关项目。归档章的位置在每份文件首页的上端居中的空白处,不要压盖文件字迹。

归档章的规格为长45mm,宽16mm,分为均匀的6格。归档章设置全宗号、年度、保管期限、件号等必备项和机构(问题)、种类等选择项。归档章的一般式样如图4-5-2所示。

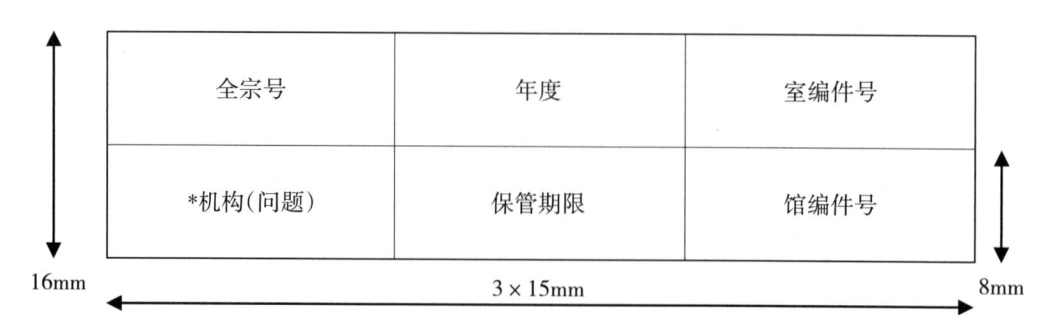

| 全宗号 | 年度 | 室编件号 |
|---|---|---|
| *机构(问题) | 保管期限 | 馆编件号 |

图4-5-2 归档章的一般式样

注:有"*"的为选择项。

## 七、文件的编目

归档文件目录由不同条目按照一定的体系和方法排列而成。其包括的项目有：

(1)件号。件号指室编件号。

(2)责任者。责任者指制发文件的组织或个人,即文件的发文机关或署名者。填写责任者一般应使用全称或通用简称。

(3)文号。文号即文件的发文字号,是发文机构按发文次序编制的顺序号,一般由机关代字、年度、顺序号组成。填写文号时应照实抄录。

(4)题名。题名即文件标题,直接表达文件的内容,由责任者、问题、文种三部分组成。没有标题或标题不规范的,可自拟标题,并加"[ ]"。

(5)日期。日期即文件的形成时间,以8位阿拉伯数字标注年、月、日,如20070526。

(6)页数。填写每件文件的总页数。

(7)备注。备注项用于填写归档文件需要补充和说明的情况,包括密级、缺损、修改、补充、移出、销毁等。

文件目录格式见表4-5-4。

表4-5-4  归档文件目录格式

| 件号 | 责任者 | 文号 | 题 名 | 日期 | 页数 | 备注 |
|---|---|---|---|---|---|---|
|  |  |  |  |  |  |  |

在编目过程中,应注意以下几点:归档文件应逐件编目;来文与复文作为一件时,只对复文进行编目;归档文件目录用纸幅面尺寸采用国际标准A4型;归档文件目录应装订成册并编制封面;归档文件目录封面可以根据需要设置年度、保管期限、机构等项目。归档文件目录封面见表4-5-5。

表4-5-5  归档文件目录封面

```
           归档文件目录

   全宗名称_____
   年   度_____
   保管期限_____
   机   构_____
    (问题)
```

## 八、文件的装盒

归档文件应按件号顺序装入档案盒,填写档案盒封面、盒脊及备考表等项目。装盒的具体要求是:形成年度或保管期限不同的文件材料不得装入同一档案盒内;按机构(问题)编件号的,不同机构(问题)形成的文件材料不得装入同一档案盒内。

(1)档案盒封面及盒脊。档案盒封面应使用全称或规范化的简称标明全宗名称。档案盒的盒脊设置全宗号、年度、保管期限、机构(问题)、起止件号、盒号等项目。其中起止件号填写盒内第一件文件和最后一件文件的件号,中间用"—"号连接。

(2)备考表。归档文件整理结束后或者盒内文件发生调整变化时,整理者或者文件调整人应填写文件备考表,放于盒内文件之后。备考表的项目设置包括整理时间、盒内文件情况说明和整理人、检查人。

①整理时间,是指文件整理结束时的年、月、日。
②盒内文件情况说明,填写盒内文件缺损、修改、补充、移交、销毁等情况。
③整理人,对盒内文件进行整理的人员的姓名。
④检查人,对文件整理情况和质量进行检查的人员的姓名。

归档文件备考表见表4-5-6。

表4-5-6　备考表

| 盒内文件情况说明 |
|---|
| 整理人:_____<br>检查人:_____<br>____年____月____日 |

### 复习思考题

1. 会议的资料包括哪些?
2. 会议资料整理的流程与要点有哪些?

## 任务六　会议评估和总结

### 学习目标

**能力目标**:能设计会议评估表进行会议效果评估,能拟写会议工作总结。

**知识目标**:了解会议评估的意义,熟悉会议评估的方法和内容,掌握会议工作总结的写法。

## 任务描述

香楠公司2023年新产品订货会按照方案顺利举行。会议中新产品得到了经销商的广泛认同,同时经销商也对公司未来在产品和经营方面提出了很多中肯的意见和建议,极大地促进了双方信息的沟通,同时也增进了相互之间的感情。但是,会议过程中也出现了一些小的问题。比如有客人神经衰弱,给他安排的房间却临街,噪声较大,很难入睡;在餐饮安排方面没有照顾到来自全国各地的客人的口味;还有些客人想会后去旅游,工作人员也没能及时提供相关的帮助;等等。

刘总经理要求秘书张玉,在收集相关反馈信息后,及时对会务工作进行评估和总结。

【任务分析】在公司较正式或大中型会议结束后,秘书人员要及时对会务工作进行评估和总结。首先要向与会人员、会务工作人员、公司各部门等收集关于会议举办情况的反馈信息,以此对会议目标的实现情况、客人对会议的满意程度等进行评估。其次要在会议评估的基础上,对此次会务工作的成绩、经验进行肯定,同时对出现的不足进行原因的分析,总结教训,以便为今后的会务工作提供借鉴。

## 基础知识

### 一、会议评估

会议尤其是大中型会议的筹办是一项非常复杂的工程,需要付出各方的努力。在会议开展的过程中,不可避免地会出现考虑不周的地方。为了总结会务工作经验,不断改进会议的组织服务质量,为下次会议的召开提供借鉴,会议结束后还应及时地进行评估和总结工作。

#### (一)会议评估的意义

会议评估是一个收集有关会议目标实现情况的信息的过程。通过评估,可以发现会议实施与策划之间的关系,了解会议目标是否实现,核算会议的成本与效益情况,看看与会者是否满意以及明确会议的成功与不足之处等,为以后提高会议效果找到相关依据。

#### (二)会议评估的内容

会议评估的内容见表4-6-1。

表4-6-1　会议评估的主要内容

| 序号 | 主要内容 | 具体问题 |
| --- | --- | --- |
| 1 | 会议主办方 | ①是否发挥了保障监督作用?<br>②是否提供了充足的经费和支持? |

续表

| 序号 | 主要内容 | 具体问题 |
|---|---|---|
| 2 | 会议组织者 | ①人力是否充足？<br>②协作关系是否融洽？<br>③解决实际问题的能力如何？ |
| 3 | 会议主题和议题 | ①会议的宣传促销活动是否明确了会议的主题？<br>②与会者参加会议前是否了解会议的各个议题？<br>③会议的主题是否具有现实意义？ |
| 4 | 会议议程 | ①会议议程的安排是否紧密围绕会议的主题？<br>②会议议程之间是否很好地衔接？<br>③会议议程各个部分的先后顺序是否恰当？<br>④会议议程是否显得拖沓冗长？ |
| 5 | 会议地点 | ①场所的交通条件如何？<br>②安全设施如何？<br>③便利设施如何？ |
| 6 | 会议发言人 | ①会议发言人发言的内容是否切合会议主题？<br>②会议发言人发言的内容是否丰富？<br>③会议发言人及其发言是否有吸引力？ |
| 7 | 会议主持人 | ①主持人的组织能力如何？<br>②对会议进程的控制能力如何？<br>③是否妥善处理会议中的冲突？<br>④是否推动参会者达成一致？ |
| 8 | 分组讨论 | ①分组讨论是否热烈？<br>②与会者是否有较充足的发言机会？ |
| 9 | 会议宣传活动 | ①宣传文案是否完备？<br>②宣传渠道是否畅通？<br>③宣传覆盖面是否广泛？<br>④宣传速度是否快捷？ |
| 10 | 会议公共关系 | ①政府人员是否参与？其级别层次如何？<br>②同行业人员是否参与？<br>③行业协会人员是否参与？<br>④媒体人员是否参与？ |
| 11 | 会议预算 | ①预算是否考虑到了所有支出项目？<br>②预算是否本着勤俭节约的原则？<br>③预算与实际开销之间的差距如何？ |

续表

| 序号 | 主要内容 | 具体问题 |
|---|---|---|
| 12 | 参观、访问、游览活动 | ①地点是否便利？<br>②内容是否适当？<br>③活动是否自由？ |
| 13 | 会议场所指引标志 | ①与会者是否很顺利地找到会议场所？<br>②会议场所的指引标志是否漂亮？ |
| 14 | 会议住宿、餐饮 | ①会议指定宾馆前往会议场所是否便捷？<br>②会议指定宾馆的住宿条件如何？<br>③会议指定宾馆住宿环境如何？<br>④会议指定宾馆的服务质量如何？<br>⑤食品、饮料的质量如何？<br>⑥餐饮服务的水平如何？ |
| 15 | 会议报到或签到工作 | ①会议的报到、签到工作是否顺利？<br>②会议的报到、签到工作程序是否简洁？<br>③会议接待工作人员的效率如何？<br>④会议接待人员的态度如何？ |
| 16 | 会议材料 | ①内容是否准确完备？<br>②数量是否充足？<br>③印刷质量是否好？ |
| 17 | 会议交通 | ①交通服务是否周到、快捷和安全？<br>②票务预订工作是否积极主动？<br>③票务分发工作是否及时到位？ |
| 18 | 总体 | ①与会者对会议的总体印象如何？<br>②会议对与会者的价值有多大？<br>③会议达到／高于／低于会议者的期望值吗？<br>④与会者是否愿意参加下一次会议？ |

### (三)会议评估的方法

1. 问卷

调查问卷是最常用的会议评估的有效方法。问卷设计者把要评估的各方面的问题列举出来，每个问题后面给出几个评价性的术语，评估者只要从中选择一个或几个打"√"，或者填写自己的意见即可。它对于会议评估者来说简单易行，因而广受欢迎。但是设计问卷需要一定的技巧，问卷在使用之前必须经过测试，以保证上面的问题都清楚，而且回答者可以很容易地作答。这种方法可以对会议进行定量分析。

2. 访谈

会议结束时邀请部分调查对象集中或分别面谈，征求他们对会议的意见和评价。这种方法只能对会议进行定性评估。

3. 现场观察

在会议现场和各个活动过程中派人观察会议和各个活动进行的情况，并观察与会者和活动参加者的反应，从而做出对会议的评估。

4. 会议总结

会议结束后，要求每个会议工作人员对自己在会议的整个过程中所做的工作做出总结。这可以从一个侧面了解会议的情况，对会议进行评估。

## 二、会议工作总结

一些重要会议或大型会议结束后，负责会务工作的秘书要协助领导及时召集全体会务工作人员，对整个会议的组织与服务工作进行全面总结，积累经验，找出不足，以利于今后把会务工作搞得更好。会议评估的资料可以作为会议总结的重要依据，形成初稿后要呈送给领导过目审阅后再定稿，然后按要求印发到相关部门或相关人员。总结报告需要归档。

中型以上的会议，会务工作任务重、事情多，会务人员很辛苦，所以会议结束后，大会秘书处还要组织全体工作人员进行总结，肯定成绩，总结经验教训，并要妥善解决会议的遗留问题，使会务工作圆满结束。

### （一）会议工作总结的含义

会议工作总结属于总结的一种，它是有关单位或部门在开完一次会议之后，对会议召开的情况的方方面面进行回顾、分析和评价，归纳经验，指出不足，为下次会议的举办提供借鉴。下面以总结写法为例介绍会议总结的写法。

### （二）会议工作总结的结构

会议工作总结的结构一般包括标题、正文和落款三个部分。

1. 标题

（1）单行标题。会议总结的标题有几种写法。文件式标题一般采用"单位名称＋总结时限＋内容＋文种"，如《××大学2022年度教学工作总结》。这四个要素中，有时可以省略单位名称或时限。

文章式标题用简练的语言概括总结的主要内容或基本观点，标题中不出现文种，即"总结"的字样，如《股份制使企业走上快速发展之路》。

（2）双行标题。一般由正标题与副标题组成。正标题概括主要内容或揭示主题，副标题补充说明单位、时限和工作内容，如《实行系统管理规范信贷行为——中国人民银行××市分行信贷处××××年工作总结》。

会议总结的标题一般由会议名称和文种总结组成。

2. 正文

总结的正文一般包括三个部分：前言、主体和结尾。

(1)前言。前言用最精练的文字，概括地交代基本概况。这部分或交代背景形势；或简述工作过程，说明完成工作的有关条件；或总结主要精神或中心内容，涉及基本观点；或简要概述成绩(收获)或问题，揭示要点，为主体内容的展开做必要的铺垫。

会议总结的前言部分可以介绍会议的基本情况，如会议名称、时间、地点、参加人员、会议情况等，或介绍会议的目的、背景，或总结会议的成绩(或收获)等。

(2)主体。主体部分是总结的重点。这部分主要包括过程与做法、成绩(或收获)与经验(或体会)、问题(或缺点、差距)和教训。

做法是指开展了哪些工作，采取了哪些步骤、方法和措施。

所谓成绩是工作实践过程中所得到的物质成果和精神成果。所谓经验是指在工作中取得的优良成绩和成功的原因。成绩和经验是总结的目的，是正文的关键部分。这部分材料如何安排很重要，一般写法有二：一是写出做法、成绩之后，再写经验。即表述成绩、做法之后从分析成功的原因、主客观条件中得出经验教训；二是写做法、成绩的同时写经验，"寓经验于做法之中"。

这一部分的写作可以采用并列式或递进式的结构形式。并列式是把总结的成绩经验按若干方面来介绍。递进式则是将工作成绩和经验按时间先后的顺序来安排。

问题(或缺点、差距)和教训是指存在的不足或有待改进的地方。提出问题要中肯、恰当、实事求是。

会议工作总结的主体部分可以从会议目标的实现、会议的组织管理等方方面面介绍会议好的做法或成功的经验，同时指出会议在召开过程中还有待改进的地方。

(3)结尾。结尾要简明扼要、短小精悍。有两种写法：一是总结式，总结正文的内容，用几句概括性的话来作为结尾；一是展望式，用简短的语言对未来的工作做一个展望，针对工作中存在的问题，提出切实有效的改进措施，以表明决心，鼓舞斗志。有的总结没有结语。

会议总结的结尾可以是对正文内容用简洁语句进行的概括，也可以借鉴经验、吸取教训，对今后会议的成功召开进行展望。

3. 落款

总结的落款要写明总结的单位名称以及成文年月日。如果在标题中已标明了总结的单位名称，落款中这一部分便可以省略。

**(三)会议工作总结的写作要求**

拟写会议总结容易出现的问题：一是不予概括，记流水账；二是只谈成绩不找问题；三是前后矛盾，不予协调。解决上述问题，必须注意从以下几个方面做起。

1. 实事求是，一分为二

这是写好会议总结的基础。做任何工作都不可能是十全十美的，总会

会议工作总结的
写作要求

有成绩,但又有不足甚至是某些失误。写会议总结必须从客观实际出发,如实反映情况,不能只报喜不报忧,更不允许片面。要一分为二,既要反映成绩总结经验,又要适当批评错误,弄清存在的问题。

2. 全面评价,突出重点

这是写好会议总结的基本前提。写总结时,必须全面看问题,全面评价工作,但内容要有所侧重,不能主次不分,详略不当。要在把握整体的前提下,抓住主要问题、主要情况,加以深刻分析,力求从现象中得出规律性的结论。

3. 条理清楚,层次分明

这是写好会议总结的基本要求。写总结的目的不同,有的总结要向上级汇报,有的总结要向同级单位介绍,有的总结则要向下级报告工作。因此,一定要注意结构清晰、层次分明,让人一目了然。

4. 分析研究,找出规律

这是写好会议总结的关键。写总结时,对占有大量、丰富的材料,要进行认真的分析研究,揭示事物的本质特点,探求事物的发展规律,归纳出对现实有指导意义的新鲜经验,这是总结的价值所在,也是衡量总结质量高低的主要标志。

5. 叙议结合,详略得当

这是写好会议总结的基本方法。从表述方式上讲,既要用叙述的方式谈情况,讲做法,摆成绩,又要用议论的方式分析原因,谈体会,揭露问题,要求叙议有机结合。语言要求准确、简明,不可拖泥带水,过分笼统和修饰。

## 工作实例

### 一、会议评估

总经理秘书张玉首先从与会者和会务工作人员两个角度,设计了调查问卷,以收集此次会务工作的反馈信息。

#### (一)针对与会者设计的调查问卷

**香楠公司2022年度客户联谊会暨2023年新产品订货会满意度调查问卷**

此次调查的目的是想了解您对本次会议的满意程度,请您放心填答。请在您认为最准确的选项上画"√"。真诚感谢您的理解和支持!

1. 您对本次会议的总体印象:
  A. 好  B. 较好  C. 一般  D. 较差  E. 差
2. 您觉得本次会议的收获如何:
  A. 大  B. 较大  C. 一般  D. 较小  E. 小
3. 您觉得会场总体环境如何:
  A. 好  B. 较好  C. 一般  D. 较差  E. 差

4. 您对会议期间的住宿条件评价如何：
   A. 非常满意　B. 比较满意　C. 基本满意　D. 不满意
5. 您对会议期间的餐饮质量评价如何：
   A. 非常满意　B. 比较满意　C. 基本满意　D. 不满意
6. 您对会务工作人员的服务质量满意程度如何：
   A. 非常满意　B. 比较满意　C. 基本满意　D. 不满意
7. 您觉得会议的议程安排如何：
   A. 好　　　B. 较好　　C. 一般　　D. 较差　　E. 差
8. 您对会议的新产品介绍环节满意程度如何：
   A. 非常满意　B. 比较满意　C. 基本满意　D. 不满意
9. 您对"星级经销商"的评比活动是否满意：
   A. 是　　　B. 否
10. 您对会议的抽奖环节是否感兴趣：
    A. 是　　　B. 否
11. 您对参观活动是否满意：
    A. 是　　　B. 否
12. 您觉得有必要继续开办该类会议吗？
    A. 非常必要　B. 必要　　C. 无所谓　　D. 没必要
13. 您对本次大会还有什么宝贵的意见或建议吗？

## (二)针对会务工作人员设计的会议管理工作评估表

**香楠公司会议管理工作评估表**

| 项　　目 | | 评估效果 | | | |
|---|---|---|---|---|---|
| | | 好(4分) | 较好(3分) | 一般(2分) | 差(1分) |
| 会议的目标 | 主题是否清楚 | | | | |
| | 议题选择是否恰当 | | | | |
| | 议题数量是否合适 | | | | |
| | 议题先后顺序安排是否得当 | | | | |
| 会场的情况 | 会场大小规模是否合适 | | | | |
| | 会场座位的编排是否合理 | | | | |
| | 会场设备是否完好,物品配备是否齐全 | | | | |
| | 会场布置是否能烘托会议气氛 | | | | |

续表

| 项目 | | 评估效果 | | | |
|---|---|---|---|---|---|
| | | 好(4分) | 较好(3分) | 一般(2分) | 差(1分) |
| 会议住宿及餐饮、娱乐安排 | 会议住宿条件如何 | | | | |
| | 会议餐饮质量如何 | | | | |
| | 会议的参观活动安排是否妥当 | | | | |
| | 会议娱乐安排是否合适 | | | | |
| 会议交通安排 | 会议交通安排是否合理 | | | | |
| | 票务预订工作是否主动、及时 | | | | |
| 会议费用情况 | 会议场地租赁费是否合理 | | | | |
| | 餐饮、住宿费用是否合理 | | | | |
| | 抽奖环节费用是否合理 | | | | |
| | 会场布置费用是否合理 | | | | |
| | 资料费用是否合理 | | | | |
| 会议文件准备情况 | 会议文件是否准备齐备 | | | | |
| | 文件资料下发是否及时 | | | | |

香楠公司总经理办公室印制

## 二、拟写会议工作总结

在对会务工作进行了评估之后,张玉以会议评估资料为主要依据,认真分析了此次会议的亮点和不足之处,拟写了书面会议总结,以获得规律性的认识。具体如下:

**明确方向 振奋精神 落实举措**

——香楠公司2022年度客户联谊会暨2023年新产品订货会总结

为了增进和公司客户的友谊,听取客户对公司产品及服务的意见和建议,进一步明确2023年产品订货量,公司于2022年11月25日—27日在杭州国际会议中心召开了2022年客户联谊会暨2023年度新产品订货会。来自全国各地的300多名客户代表和嘉宾参加了会议,市童装局牛天利副局长到会,并做了重要讲话。

本次联谊会受到与会领导、嘉宾和客户代表的一致好评,取得圆满成功。现将联谊会具体内容总结如下:

**一、活动过程**

首先公司刘梦晓总经理代表公司致辞。对光临会议的各级领导、各位来宾、各界朋友表示热烈的欢迎和衷心的感谢。

接着,与会的中国服装协会童装专业委员会副会长张××、北京××有限公司总经理张××分别讲了话,他们表示,将会一如既往地支持香楠,关注香楠的发展,关注香楠的产品,加强和香楠的合作,并祝香楠的事业蒸蒸日上。

最后刘梦晓总经理做专题报告,刘总经理首先对香楠公司2022年度童装产品生产情况做了报告,对香楠公司2022年在生产和销售方面取得的成绩以及在生产、经营方面存在的一些不足进行了总结,就2022年国内外童装产品形势进行了精辟的分析。

专题报告结束后,公司与到会客户代表就2022年产品订货情况进行了洽商,会上有50家单位明确了2022年的订货情况,并签订了供货协议。

二、自我评估

总的来说,本次联谊会取得了圆满成功,并受到了与会人员的高度评价,成功的原因我们总结为以下几点:

1. 公司领导高度重视。这次联谊会,公司领导高度重视,多次召开筹备会议,还指派副总经理专门负责会议筹备工作,为会议的成功召开打下坚实基础。

2. 计划缜密。正是有了翔实的考虑、周密的计划、充分的准备,这次联谊会才有了成功开展的前提。

3. 各部门之间密切配合。本次联谊会过程中公司各部门之间密切联系,分工合作,为联谊会取得圆满成功做出了重要贡献。

4. 分工具体合理。在活动没开始之前,我们就已经对任务、工作时间进行了合理分配,同时也注意到对宣传组织工作时间的协调。

当然,这次联谊会中我们还有一些不足之处,我们对此进行了总结:

1. 时间紧迫,安排欠缺充分。虽然事前我们对各种所需物品都准备齐全,但由于联谊会是在早上举行,进场时间与开始时间之间的间距短,时间紧迫,这给我们的准备工作带来了一些麻烦。

2. 活动经验不足。虽然事前有了充分准备,对一些可能的情况做了预估,但遇到突发情况时有部分新员工不能沉着应对,由于缺乏经验,在会上有些紧张。

三、活动结果和意义

此次客户联谊会暨产品订货会全面总结了公司2022年度的生产和销售工作,并对2022年生产和销售工作进行了布置,提出了2022年公司工作的要求,明确了2022年公司生产、销售的目标,解答了与会客户提出的关于产品质量和售后服务等方面的问题。为下一步做好生产和销售工作,打下了基础,做好了准备。

会议加强了公司和客户之间的联谊,使客户对公司的生产、销售、服务等有了更加明确的了解,推动了公司与客户之间的合作,会上50家企业和公司签订了合作协议,部分企业达成了合作意向,为公司下一年度的生产销售提供了保障。

香楠公司总经理办公室<br>2022年12月30日

## 训练项目

### 设计一份会议评估表

(1)实训目标。通过实训,要求学生掌握设计调查问卷的方法,能通过问卷调查的方法收集会议反馈信息。

(2)实训背景。2022年9月15—18日,中国物理学会2022年秋季学术会议在××大学隆重举行,有45位物理学会的专家、学者参加了会议并报告了自己的学术论文,发表了各自在物理学方面的独特见解。

(3)实训内容。请你就此次会议设计一张针对与会代表的会议评估表。

### 演示进行会议总结工作的过程

(1)实训目标。通过实训,要求学生熟悉会议总结工作,能撰写会务工作总结。

(2)实训背景。某著名食品公司于2022年4月10日和11日召开了短期的新产品介绍和订货会议,邀请了该公司所在地市的经销商参加本次会议。会议大力推出2022年的新产品。

会议结束后,总经理秘书张阳回顾两天的会务工作,总结出一些经验:比如,领导高度重视,亲自参与会务工作协调;会议期间,各工作组之间配合密切,使会议顺利召开等。同时也发现了一些小问题:比如,会议期间没有安排新闻媒体参与并进行报道,错过了借机宣传公司的机会;后勤部门在生活服务安排方面考虑还欠周全等。张阳准备先召开一个座谈会,了解会议相关工作情况,然后再拟写会议工作总结。

(3)实训内容。假如你是秘书张阳,请你演示进行会议总结工作的过程。

## 参考知识或案例

### 提炼段旨句

段旨句又称撮要句,通常用在公文的段落开头以概括该段的内容。应用写作文体中常常把体现全段中心意思的句子置于段首,使段落的中心意思明确醒目。

首先,要有大致整齐的句式。也就是说,在语法结构、语气方面,都要相近或相似。

其次,要做到形式和内容的统一。在内容的基础上高度概括、精细提炼,以达到突出主题的目的。例如:思想方式由封闭型向开放型转变,活动方式由被动型向主动型转变。

再次,段旨句要从实际中来,深入浅出。要将那些信息用通俗易懂的语言表达出来,并能为大多数人所接受。例如:由浅入深抓认识,由近及远抓规划,由点到面抓发展,由低到高抓质量,由月到年抓经常。

第四,要进行提炼,富有新意。新意主要指语言上和内容上两个方面。语言可以轻松,但不能俏皮,不能有失端庄和稳重,如"思想上摆正位子,组织上健全班子,工作上端正盘子,行动上做出样子"就很有新意。内容上的新意由工作实践中的创新意识决定,只要工作上有了创新之处,所要写的内容也就是创新之笔。如"抓两头,促头头,赏罚分明;抓大院,促小院,带动全民;抓检查,促死角,敢于碰硬;抓治本,促深化,多办实事",内容新颖,句式也佳。

最后,要有内在的逻辑关系。段旨句间通常以并列和递进两类关系为主。举个并列关系的例子:"新变化带来了新要求,新情况要有新办法,新形势需要新组织。"

资料来源:http://baike.baidu.com/view/1950267.htm

## 复习思考题

1. 会议评估的要点有哪些?
2. 会议总结的格式与写法是什么?

# 项目五　其他类型会议的组织与管理

## 任务一　开业庆典的组织与管理

### 学习目标

**能力目标：** 掌握庆典的准备工作，庆典的程序。
**知识目标：** 了解庆典活动的类型，掌握开业庆典主题、时机的选择等相关知识。

### 任务描述

浙江××旅游公司是一家从事旅游景区开发、管理经营、旅行社经营的综合性旅游企业。公司投资2亿元开发的××旅游区经过一年多时间的建设已全面完工。为了开拓新景区业务，更为全面地向市场介绍××旅游区的特色，公司计划于近期举办开业庆典。

假如你是公司总经理办公室秘书张××，请你为公司拟出一份开业庆典方案，并做好相关筹备工作。

【任务分析】开业庆典包括两项基本内容：其一，开业庆典的筹备；其二，开业庆典的具体实施。做好开业典礼筹备工作，拟写筹备方案，首先要弄清楚开业典礼的时间、地点、会议的主要内容，参加会议的人员等要素；其次是按照庆典方案做好各项筹备工作。秘书人员必须熟知开业庆典的时间选择、地点选择、具体流程。

### 基础知识

#### 一、开业庆典的定义

开业庆典，是指在单位创建、开业、项目完工、落成之际，为了表示庆贺或纪念，而按照一定的程序所隆重举行的专门的仪式。

开业庆典根据适用场合的不同，通常又会使用另外一种名称，如：开业典礼、竣工仪式、奠基仪式、交接仪式等。它们的共性是要按照仪式礼仪的规范严格办事，热烈而隆重。

#### 二、开业庆典的流程

**(一)成立开业庆典筹委会，专门策划并落实庆典工作**

庆典筹备工作委员会负责人一般由公司的副总担任，重要的开业庆典负责人可由总经理担任，成员由公司各部门经理或副经理担任，根据庆典规模大小、任务多少，一般下设宣传报道组、会务接待组、现场筹备组、后勤保障组、安全保卫组、礼仪、文艺演出组等若干小组，各小组具体分工、各司其职、紧密协作。

### (二)确定庆典活动主题

举办方应当根据举办庆典活动的具体目的以及社会环境、人文环境等因素来确定本次活动的主题。活动主题是指活动开展所围绕的中心思想,一般表现为几个并列的词语或句子,例如"宾至如归、热情服务",既要求短小有力,又要求形象鲜明,以便于给人留下深刻的印象。

### (三)确定时间与地点

在拟写开业庆典方案时对于场地和时间的选择要特别注意。一般来说,场地应设在企业经营所在地、目标公众所在地或租用大型会议场所。要考虑场地是否够用,场内空间与场外空间的比例是否合适,交通是否便利,停车位是否足够。

选择时间应考虑的因素包括:

(1)关注天气预报,提前向气象部门咨询近期天气情况。选择阳光明媚的良辰吉日。天气晴好,更多的人才会走出家门,走上街头,参加典礼活动。

(2)营业场所的建设情况,各种配套设施的完工情况,水电暖等硬件设施建设情况。

(3)选择主要嘉宾、主要领导能够参加的时间,选择大多数目标公众能够参加的时间。

(4)考虑民众消费心理和习惯,善于利用节假日传播组织信息。比如各种传统的节日、农历的三、六、九等结婚较多的日子。借机发挥,大造声势,刺激消费欲望。如果外宾为本次活动主要参与者,则更应注意各国不同节日的不同风俗习惯、民族审美趋向,切不可在外宾忌讳的日子里举办开业典礼。若来宾是印度或伊斯兰国家的人则要更加留心,3和13是他们的忌数,所以开业日期和时间不能选择3或13两个数字。

(5)考虑周围居民的生活习惯,避免因过早或过晚而扰民,一般安排在上午9:00—10:00之间最恰当,历时不宜过长,一般控制在一至两个小时。

### (四)进行宣传铺垫,提升庆典活动效果

企业可以选择有效的大众传播媒介,通过报纸、电台、电视台等进行集中的广告宣传,内容一般包括企业的整体形象、业务范围及即将开业的信息,庆典活动的举办日期、规模和方式等。

企业还可以召开社区座谈会或是进行公众调查,广泛了解公众的需求与建议,扩大企业知名度,提高消费者的认知度和信任感。

### (五)拟订邀请宾客名单,提前呈送请柬

开业庆典活动影响的大小,往往取决于来宾身份的高低与数量的多少。一般来讲,邀请来宾的范围包括:

(1)政府领导。企业所在地政府领导、业务主管部门领导,感谢他们对本企业的关心和支持。

(2)上级领导。总公司的领导。

(3)社会名流。邀请社会名流参加商务庆典活动,是为了更好地提高本企业或组织的知名度。比如企业产品形象代言人、影视明星、各种商会领导。

(4)新闻记者。通过新闻记者对开业庆典活动的报道宣传,加深公众对本企业或组织的了解与认可,扩大社会影响。

(5)同行人士。邀请同行业人士参加开业庆典活动,表示希望有更多、更好的合作的良好愿望。

(6)社区代表。邀请社区代表的目的是搞好本企业或组织与本地区的关系,让更多的人关心、支持本企业或组织的发展。

(7)员工代表。员工是企业或组织的主人,每一项成就的取得都离不开员工的辛勤工作,参加庆典活动会让员工更有归属感和荣誉感。

### (六)确定关键仪式人员,并及时通知传达

开业庆典的关键仪式人员包括主持人、致贺词人、致答词人、剪彩人员、揭牌人员、挂牌人员等。

主持人可以是本公司领导(一般为公司副总),也可以是有一定影响的电台、电视台或礼仪庆典公司的主持人。主持人应当仪表端庄、仪态大方、反应机敏、口才良好,并熟悉整个活动的程序。致贺词人、剪彩人员、揭牌人员、挂牌人员一般由上级领导和来宾中德高望重的知名人士担任。致答词人一般为本公司最高领导。

确定关键仪式人员时应事先和对方进行沟通和确认,以便其做好准备。秘书还应为本公司负责人拟写答词。有些情况下客人的贺词也需要由主办方来撰写。

### (七)拟订开业庆典程序

每次开业庆典活动的内容和程序因活动场合不同会有所不同,应视具体情况安排,一般包括如下内容:

(1)主持人宣布庆典活动开始。
(2)宣读重要领导、嘉宾名单。
(3)宣读贺信或是贺喜单位名单。
(4)来宾代表致贺词。
(5)主办方代表致答词。
(6)剪彩、揭牌或挂牌(同时鸣鞭炮、敲锣鼓,放彩带、飞鸽、气球等)。
(7)酌情安排宴请或文艺演出。
(8)留影、题字等。

### (八)安排各项接待事宜和工作人员分工

接待工作应安排专人负责,事先确定签到、接待、剪彩(或揭牌)、放鞭炮、摄影、录像、录音等有关礼仪服务人员。这些人员应在庆典开始前到达指定岗位。安排专门的接待室,以方便来宾在活动正式开始前休息或与相关人员交谈。

重要来宾应由公司负责人亲自接待。入场、签到、剪彩、宴请、留言等活动均需提前安排好专人领位。

### (九)制作经费预算

根据开业庆典的规格和规模做出可行的经费预算。一般包括租场费、印刷费、会场布置费、茶点费、礼品费、文具费、邮费、电话费、交通费等。

### (十)细心做好会场布置

开业庆典活动会场布置应当体现出热烈、欢快、隆重、喜庆的特色。

会场布置一般包括以下内容：

(1)典礼台的背景布置。典礼台的设计一般为长方体,长25米,宽20米,高1米。按照惯例,在室外举行开业典礼时宾主一律站立,一般不布置主席台或座椅。主题背景板颜色、字体注意美观大方,以喜庆热烈为基准。典礼台上与台前摆放鲜花、绿色植物,铺设红地毯。

如果是在室内举行的开业庆典一般需设置主席台,主席台桌椅摆放整齐,桌面铺设红色桌布,提前摆放好台签、鲜花。

(2)条幅。在典礼现场悬挂各类祝贺性的横幅或竖幅,空中飘气球,条幅一般以红底白字或是红底黄字为宜。

(3)拱门。一般在典礼现场进口处设置拱门,拱门上可悬挂欢迎横幅。

(4)红地毯。为显示隆重与敬客,可在来宾尤其是贵宾站立之处铺设红色地毯。

(5)花篮。在现场入口处或是红地毯两侧摆放花篮。花篮飘带上的一条写上"热烈庆祝××开业庆典"字样,另一条写上庆贺方的名称。

(6)签到处。摆放鲜花、签到本、签到笔、胸花等。除此之外,为了介绍和宣传公司,还可在现场摆放POP、展板等。

(7)调试音响设备。扩音设备应事先调试好,确保现场使用无误,尤其是供来宾讲话使用的麦克风和传声设备,不能在关键时刻出现麻烦,让主持人手忙脚乱、大出洋相。扩音话筒以准备三个为宜。在庆典举行前后,通常播放一些喜庆欢快的乐曲,烘托庆典的气氛。对于播放的乐曲,要事先进行审查,以免随意播放背离庆典主题的乐曲。相关的摄影、录像等设备也要准备和调试好。

### (十一)做好其他准备工作

(1)做好余兴节目的排练。在庆典过程中往往会安排如锣鼓、放鞭炮礼花、舞狮耍龙、乐队伴奏、民间舞蹈、歌舞节目等表演项目,要认真做好相关准备工作。

(2)做好典礼各方面物品准备。典礼过程中需要使用的相机,笔记本电脑,车辆,企业或组织的宣传册,剪彩用的彩球、剪刀、手套、托盘等物品也要检查是否准备齐全。

(3)做好礼品准备。根据常规,向来宾赠送的礼品有四大特征:

第一,宣传性。可选用本单位的产品,也可在礼品及其外包装上印有本单位的企业标志、产品图案、广告用语、开业日期、联系方式等。

第二，荣誉性。礼品制作精美，有名人名言或名画，使拥有者为之感到光荣和自豪。

第三，价值性。具有一定的纪念意义，使拥有者对其珍惜、重视。

第四，实用性。礼品应具有较广泛的使用场合，以取得宣传效应。

### 三、开业庆典的其他事项

#### (一)典礼前检查

开业庆典对于一个企业来说有着重要意义，成功与否至关重要。因此，在典礼嘉宾莅临前应当再次对各项准备工作进行检查，尤其是会场准备情况，发现问题应及时解决。

典礼前检查包括：人员检查、物品检查、资料检查、礼品检查、会场检查。为了提高检查效率，工作人员可以提前制作检查表。

#### (二)接待签到

(1)停车接待。停车场安排专人负责指挥车辆排放。

(2)正门接待。由公司主要负责人与礼仪小姐在正门接待来宾，引领入休息室。接待贵宾时，需由本公司主要负责人亲自出面。在接待其他来宾时则可由本单位的礼仪小姐负责。

来宾到达之后还应由专人负责签到。签到时，可以将本企业的宣传或说明资料发给来宾，以扩大企业或组织的知名度，还可以与来宾交换公司领导名片，以方便日后的联络沟通。

(3)服务接待。由服务小姐安排落座。

#### (三)开业庆典

开业庆典开始后，各项目按照庆典程序依次进行。

在开业庆典中往往会举行剪彩或是揭牌仪式，两者方法分别如下：

(1)剪彩的方法，如图5-1-1所示。

图5-1-1 典礼现场剪彩

①人员确定。剪彩人员一般应由公司领导和嘉宾中地位最高人士、知名人士、主管部门负责人、上级领导担任。

助剪人员分为引导者、拉彩者、捧花者与托盘者,一般由经过训练、形象较好的礼仪小姐担任。引导者可以为一人,也可以为每一位剪彩者配一名引导者。拉彩者应有两名。捧花者的人数则应视花数而定,一般应当一人一花。托盘者可以是一人,也可以为每一名剪彩者配一名托盘者。

②剪彩程序。剪彩开始前,助剪人员应各就各位。拉彩者与捧花者应当面含微笑,在既定位置上拉直缎带,捧好花朵。主席台上的人员一般要位于剪彩者之后1~2米处。

当司仪宣布剪彩开始时,引导者应带领剪彩者走到红色缎带之前,面向全体出席者站好,然后引导者从剪彩者身后退下。接着,托盘者从左后侧上场,依次为剪彩者送上剪刀与手套;当剪彩者剪彩时,应在其左后侧约1米处恭候。

在剪彩时,剪彩者应同时行动。剪彩之前,剪彩者应先向拉彩者与捧花者示意,随后动手剪彩,动作要利索,要"一刀两断"。捧花者要注意,不要让花朵掉落在地。这时,司仪带领全体来宾鼓掌,乐队奏乐。

剪彩完毕,剪彩者脱下手套,将它与剪刀一起放在托盘上。托盘者与拉彩者、捧花者后退两步,然后一起依次列队从左侧退下。

(2)揭牌的方法,如图5-1-2所示。

图5-1-2 典礼现场揭牌

揭牌人走到彩幕前恭立,礼仪小姐双手将开启彩索递给对方,揭牌人目视彩幕,双手拉动彩索,使之开启。全场目视彩幕,鼓掌、奏乐。

### (四)典礼的结束工作

开业庆典活动结束后可有选择地开展一些其他的公关活动,例如:

(1)组织参观生产、经营、服务现场,进一步展示组织新形象。

(2)通过座谈会和留言簿的形式广泛征求意见和建议。

(3)宴请招待,要特别做好媒介人员和知名人士的招待工作。

(4)向嘉宾发放宣传材料和赠送有特殊标记的纪念品,增加纪念活动在公众中的持久影响。

(5)做好嘉宾的送别、感谢、致意等工作。

## 工作实例

### 一、开业庆典的筹备工作

#### (一)成立开业庆典筹委会,专门策划并落实庆典工作

张秘书为了很好地完成开业庆典的筹备工作,根据总经理肖××的要求,成立了筹备小组,筹备小组组成及分工如下:

浙江××××旅游公司开业庆典筹备小组成员名单暨分工情况

一、开业庆典筹备小组

组长:肖×(总经理)

成员:(略)

二、分工

| 邀请嘉宾:尹× | 接待服务:尹× |
| --- | --- |
| 文案材料:杨× | 餐饮接待:杜× |
| 市场宣传:庞× | 安全保卫:王× |
| 纪念品准备和装资料袋:于× | 会场布置:尹× |

#### (二)确定庆典活动主题

公司举办开业庆典,一方面是为了加大宣传力度,另一方面是为了开拓新景区的业务,更为全面地向市场介绍×××旅游区的特色,所以张秘书根据这一主题,将开业典礼的主题拟订为"峡谷××,湖山镜水",并得到了公司肖×总经理的认同。

#### (三)确定时间与地点

张秘书根据选择时间与地点的原则和注意事项,并报经肖×总经理同意,初步确定庆典时间为2023年4月16日上午9:30—10:30;庆典地点在×××旅游区门前广场。

#### (四)进行宣传铺垫,提升庆典活动效果

为了扩大宣传效果和宣传范围,提升活动的效果,张秘书协助负责宣传的市场部经理庞×,到报社、电台等机构进行广告宣传。选择的报纸有在浙江阅读范围比较广、影响较大的《浙江日报》和《钱江晚报》;选择的电视台是在浙江收视率较高的杭州电视台影视频道和浙江电视台影视娱乐频道。

## （五）拟订邀请宾客名单，提前呈送请柬

张秘书根据肖×总经理和其他部门领导提供的邀请人员名单，制作了一份开业典礼邀请宾客名单，送交肖×总经理审核，邀请宾客名单见表5-1-1。

表5-1-1　浙江××××旅游公司开业典礼邀请宾客名单

| 姓名 | 单位 | 职务 | 联系方式 | 备注 |
| --- | --- | --- | --- | --- |
| 李×× | 浙江省旅游局 | 副局长 | ×××× | |
| 王×× | 杭州市旅游局 | 局长 | ×××× | |
| 张×× | 杭州××旅游公司 | 总经理 | ×××× | |
| 周×× | 杭州西湖区政府 | 区长 | ×××× | |
| …… | …… | …… | …… | …… |

在拟订邀请人员名单的同时，张秘书还草拟了一份邀请函，设计并制作了请柬和回执，一并送交肖×总经理审核。邀请函和回执如下所示。

## 浙江××××旅游公司开业典礼邀请函

尊敬的　　　　　　女士/先生：

您好！

浙江××××旅游公司定于2023年4月16日，在×××旅游区门前广场举行开业典礼。

诚意邀请阁下莅临！

时间：2023年4月16日上午9：30

地点：×××旅游区门前广场

典礼内容：

1. 由县委书记致欢迎词
2. 省旅游局领导讲话
3. 省市领导讲话
4. 肖×董事长致辞
5. 剪彩仪式
6. 庆典后文艺表演开始，穿插锣鼓队表演
7. 安排嘉宾分批参观游览九龙湖景区
8. 午宴

联系方式：浙江××××旅游公司总经理办公室张××

电　　话：0573-8631××××

电子邮件：zhang@126.com　　传　真：0573-8631××××

### 浙江××××旅游公司开业典礼回执

姓名：　　　　　　　　　公司：

职务：　　　　　　　　　移动电话：　　　　　　　联系电话：

地址：　　　　　　　　　　　　　　　　　　　　　邮编：

电子邮箱：　　　　　　　网址：

预计到达时间：　　　　　是否需要安排返程票：

是否预订住宿：　　　　　其他要求：

注：会议安排4月15日住宿在××××大酒店，地址：杭州××××大街××号。如有其他要求请提前联系，以便我们协助办理。

请于3月22日前填写本表，并回传至8631××××，或发送邮件至zhang@126.com通知我们，我们随后会发送请柬，会议凭请柬入场，谢谢！

### (六)确定关键仪式人员，并及时通知传达

张秘书根据肖×总经理的要求，确定了主要仪式人员，具体见表5-1-2。

表5-1-2　浙江××××旅游公司主要仪式人员表

| 姓名 | 单位 | 职务 | 参与仪式环节 |
| --- | --- | --- | --- |
| 王×× | 浙江电视台欢乐总动员栏目 | 主持人 | 主持 |
| 李×× | 浙江省旅游局 | 副局长 | 致辞、剪彩 |
| 王×× | 杭州市旅游局 | 局长 | 致辞、剪彩 |
| 周×× | 西湖区政府 | 区长 | 致辞、剪彩 |
| 肖× | 浙江××××旅游公司 | 总经理 | 致答词、剪彩 |

### (七)拟订开业庆典程序

张秘书根据公司开业典礼的活动安排，以及安排活动的原则，拟订开业典礼程序如下。

#### 典礼程序

1. 8:30—9:30嘉宾报到，发放纪念品、材料及嘉宾证(胸花)。
2. 10:00由浙江电视台王××主持，宣布××××开业庆典正式开始。
3. 主持人介绍出席典礼的领导和嘉宾。
4. 由区长致欢迎词。
5. 省市旅游局领导讲话。
6. 肖×董事长致辞。

7. 剪彩仪式。
8. 庆典后文艺表演开始,穿插锣鼓队表演。
9. 安排嘉宾分批参观游览××××景区。
10. 12:30午宴。
11. 16:30欢送领导和嘉宾返程。

### (八)制作经费预算

张秘书根据筹备方案,拟订了开业典礼经费预算方案,预算方案如下所示。

浙江××××旅游公司开业典礼经费预算方案

公司开业典礼经费支出主要包括印刷费、会场布置费、招待费、礼品费、交通费、人员工资、机动经费、演出费等,共需人民币69500元左右。具体如下:

印刷费:1000元

会场布置费:8500元

招待费:10000元

礼品费:15000元

交通费:10000元

人员工资:12000元

机动经费:5000元

演出费:8000元

### (九)细心做好会场布置

(1)典礼台的背景布置。张秘书为开业典礼设计了典礼台的背景,如图5-1-3所示。

图5-1-3 典礼台背景

(2)条幅。为了烘托现场气氛,张秘书为开业典礼设计了横幅、竖幅、空飘气球等装饰。空飘气球如图5-1-4所示。

图 5-1-4　空飘气球

（3）拱门。在开业典礼进场处设计了拱门，样式如图 5-1-5 所示。

图 5-1-5　拱门样式图

（4）红地毯。在布置典礼现场的时候，除了在典礼台上铺了红地毯，在入口通往典礼台的通道上也铺了红地毯，如图 5-1-6 所示。

图 5-1-6　通往典礼台的红地毯

（5）花篮。将来宾、兄弟单位送来的祝贺花篮，摆放在通往典礼台的通道两旁，如图 5-1-7 所示。

图 5-1-7　典礼现场花篮

（6）签到处。根据典礼需要,在现场签到台上摆放了鲜花、签到本、签到笔、胸花等,如图 5-1-8 所示。

图 5-1-8　现场签到处布置样式

（7）调试音响设备。

## 二、开业庆典的组织实施

### （一）典礼前检查

国外公共关系专家在策划和组织公共关系专题活动方面积累了大量经验,开列了非常详细的公共关系专题活动清单,包括 16 项和上百个条目,组织者可以对照这个清单进行检查:

1. 目标、方案
（1）行动计划　（2）协作事项
2. 观众、兴趣
（1）怎样赢得观众　（2）如何准备
3. 日期
（1）是否有冲突　（2）能否准备充分　（3）是否合适

开业典礼的组织与管理1

4. 设施

(1)打字机及办公设备 (2)场地 (3)形象 (4)人员 (5)附近剧院及本机构内部往来交通便利状况 (6)酒店 (7)客房 (8)会议室 (9)音响 (10)接待室 (11)付酬办法 (12)所租场地内是否有其他团体 (13)房间装饰与桌面布置所需的物品

5. 促进措施

(1)邀请 (2)电台和电视采访,新闻发布会 (3)海报 (4)公共服务公告 (5)大帐篷和招贴画栏 (6)广告

6. 登记注册

(1)预先登记或当场登记(指来宾) (2)接待人员安排 (3)信息小册子 (4)出席代表证 (5)导向标识 (6)潜在问题

7. 设备

(1)烟灰缸、废纸箱、钢笔、铅笔 (2)剪刀、胶水、订书机、文件夹 (3)信笺、信封、新闻发布格式纸、便笺簿、标签 (4)电话机、足够量的电源插座 (5)指示棒、铁锹(掘地之用)、讲台等

8. 印刷材料

(1)会徽 (2)节目单 (3)菜单 (4)表扬稿和奖状 (5)地名卡

9. 志愿人员

(1)人数、职责与权限 (2)费用

10. 视听材料

(1)电力供应 (2)屏幕 (3)录音机、幻灯机、放映机、录像机、监测器 (4)录像带、录音带、幻灯片、电影片 (5)拍照设备、胶卷 (6)专门视听需要

11. 饮食

(1)菜单 (2)供应餐数及就餐人数 (3)厨师及厨房 (4)有无定量,有无宗教、道德等禁忌 (5)服务员人数 (6)赏金 (7)餐前小吃 (8)酒店所在地 (9)所需饮料 (10)酒店招待员 (11)饮料购买方式

12. 客人和演讲者

(1)何时以何种方式邀请 (2)应准备的交通条件 (3)伙食、住宿 (4)欢迎仪式 (5)报酬 (6)讲稿印发方面有无问题

13. 表演与招待

(1)表演地点、内容与时限 (2)设备与舞台要求 (3)统一规定 (4)舞蹈表演是否需乐队伴奏和特制地板 (5)是否需放录音带 (6)特种音乐要求——国歌、厂歌或校歌等 (7)合同与费用

14. 展览

(1)地点 (2)费用 (3)装饰 (4)申请与审批 (5)损失部分 (6)返回部分

15. 安全

(1)警察与消防队 (2)带队人员和其他人员 (3)医务人员 (4)保险人员

16. 其他

(1)为配偶们举办活动 (2)问题与评估 (3)全部费用及单项费用预算 (4)为主持人、主席们准备检查室、集合地

资料来源：张玲莉.公共关系原理与实务(修订版)[M].北京：高等教育出版社,2007.

### (二)接待签到

根据开业典礼工作需要,设计并制作一份开业典礼接待安排表,见表5-1-3。

表5-1-3　浙江××××旅游公司开业典礼接待人员安排表

| 姓名 | 部门及职务 | 接待内容 | 联系方式 | 备注 |
| --- | --- | --- | --- | --- |
| 张×× | 公司总经理秘书 | 全面协调 | ×××× | |
| 王×× | 公司副总经理 | 接待嘉宾 | ×××× | 礼仪小姐数名 |
| 李×× | 保卫部副经理 | 停车接待,负责车辆停放与调度 | ×××× | 保安数名 |
| 张×× | 公关部经理 | 签到处接待 | ×××× | 礼仪小姐数名 |
| …… | …… | …… | …… | …… |

### (三)开业庆典

开业庆典开始,按照庆典程序依次进行。

根据公司肖×总经理的指示,此次开业典礼选择的是剪彩仪式,参加剪彩仪式的嘉宾有：省旅游局副局长李××、市旅游局局长王××、西湖区区长周××以及公司肖×总经理。

### (四)典礼的结束工作

开业庆典活动结束后可有选择地开展一些其他的公关活动：

(1)组织参观生产、经营、服务现场,进一步展示组织新形象。

(2)通过座谈会和留言簿的形式广泛征求意见和建议。

(3)宴请招待,要特别做好媒介人员和知名人士的招待工作。

(4)向嘉宾发放宣传材料和赠送有特殊标记的纪念品,增加纪念活动在公众中的持久影响。

(5)做好嘉宾的送别、感谢致意等工作。

综合上述步骤,张秘书拟订了浙江××××旅游公司开业典礼筹备方案(初稿),方案内容如下。

**浙江××××旅游公司×××旅游区开业庆典筹备方案**

经过一年多的改造建设,×××旅游区计划近期举行开业庆典。为确保本次庆典活动能够高水平、高质量地举行,全面、统筹考虑并安排好其中各个环节的预备工作;同时,充分利用此次庆典活动加大宣传,力求在短期内提高×××旅游区的知名度和社会影响力,特制定本筹备方案。

一、主题

峡谷××,湖山镜水

二、时间与地点

初步确定庆典日程如下:

庆典时间:2023年4月16日上午10:00—10:30

庆典地点:×××旅游区门前广场

三、组织机构与人员分工

1. 开业庆典筹备小组

组长:肖×(董事长)

成员:(略)

2. 分工

邀请嘉宾:尹××　　　　接待服务:尹××

文案材料:杨××　　　　餐饮接待:杜××

市场宣传:庞××　　　　安全保卫:王××

纪念品准备和装资料袋:于××　　会场布置:尹××

四、现场布置

(1)开业典礼主席台,×××景区大门前。

(2)会场由×××旅游区管委会、庆典礼仪公司和演出公司共同布置。

(3)演出舞台由歌舞团杨××团长提供4.8×9.6×1.1米的专业舞台,4月15日下午到位,同时提供会场主音响。

(4)×××旅游区管委会负责扎制背景架子,悬挂背景喷绘画布,提供电源和电话线。

(5)庆典礼仪公司布置彩虹门、气球、条幅,准备礼炮和剪彩、揭牌仪式所需物品(音响、麦克风、地毯、礼炮、氢气球、条幅、彩虹门、花篮、花盆树木、桌牌、胸花、鞭炮、红绸、矿泉水等用品)。

(6)会场由×××旅游区管委会与庆典礼仪公司布置。

五、工作进程

(一)邀请嘉宾

明确需邀请的嘉宾,编制名单,4月5日前送肖×总经理审核。需邀请的嘉宾约600人,包括:省、市、县各级旅游局领导及部分党政领导20人左右(肖×总经理提供)。

县内各部委办局领导及部分知名人士,××乡镇主要领导,各办所负责人及部分村委书记,大约212人。

签约旅行社经理90人左右。

邻近友好景区、酒店负责人20人左右(名单由市场部提供)。

央视、山东卫视记者,《中国旅游报》、网络媒体记者大约50人(市场部提供)。

要求:4月7日—10日设计制作和送达请柬;4月13—14日对邀请嘉宾进行确认,初步明确到会嘉宾人员,统计制成表格备案。

(二)接待服务

(1)安排好接待人员,并集中培训。接待人员包括指定接待、电话接待、现场登记、纪念品发放人员。4月8日前确定接待人员名单,并对其进行集中培训。

(2)4月1日前联系好接待宾馆;4月13日—14日根据初步确定的嘉宾名单安排宾馆房间。

(3)4月10日前联系接送嘉宾车辆,配备庆典使用车辆等。

(三)纪念品准备和装资料袋

(1)4月9日前确定纪念品并完成采购任务。

(2)4月14日完成资料装袋,包括:公司简介,产品宣传画册、庆典程序手册等。

(四)文案材料

(1)编制庆典程序手册。

(2)起草领导讲话并报领导审阅。

(3)编制媒体新闻通稿。

(4)编制接待方案。

## 六、典礼程序

(1)8:30—9:30嘉宾报到,发放纪念品、材料及嘉宾证(胸花)。

(2)10:00由浙江电视台王××主持,宣布九龙湖开业庆典正式开始。

(3)主持人介绍出席典礼的领导和嘉宾。

(4)由区长致欢迎词。

(5)省市旅游局领导讲话。

(6)肖×董事长致辞。

(7)剪彩仪式。

(8)庆典后文艺表演开始,穿插锣鼓队表演。

(9)安排嘉宾分批参观游览九龙湖景区。

(10)12:30午宴。

(11)16:30欢送领导和嘉宾返程。

## 七、经费预算

印刷费:1000元

会场布置费:8500元

招待费:10000元

礼品费:15000元

交通费:10000元

人员工资:12000元

机动经费:5000元

演出费:8000元

## 训练项目

### 拟订开业典礼方案

1. 开业庆典

(1)实训目标。通过本实训,使学生掌握开业庆典的程序,能够拟制庆典活动程序。

(2)实训背景。某公司准备于1月12日在公司所在地隆重举行连锁店开业典礼,届时会有当地的各界人士、政府领导及新闻媒体参加。

(3)实训内容。如果你是经理秘书小燕,经理要求你起草一份开业典礼的程序,在周一公司例会前给他。

2. 周年庆典仪式

(1)实训目标。通过本实训,使学生掌握公司周年庆典活动的方案设计。

(2)实训背景。2018年,宏腾公司将迎来10周年庆典。为了总结10年发展经验,更好地激励员工,公司决定举行10周年庆典活动。

(3)实训内容。如果你是经理秘书小燕,请根据经理的要求,起草出此次活动的程序方案。

## 参考知识或案例

### 第三届科技节开幕式策划方案

当今社会的趋势是"科学技术为第一生产力"。同时××学院作为科技学术类院校,举办以"崇尚科学、追求真知、勤奋学习、勇于创新、迎接挑战"为宗旨的大学生科技节,掀开我校"迎评估创示范"新的一页。为了使学院更好地发展,丰富同学们的课余生活,促进全体学生德、智、体、美蓬勃发展,共同创造一个团结、活跃的校园环境,本届科技节将成为展现学院和同学们良好风貌的一个平台,并以科技创新为目标,自主开展了一系列科技活动。活动内容着重体现学院的校园文化以及激发同学们对科学创新的激情,并在同学们的共同努力下,取得了显著成效。作为大学生,面对金融海啸的冲击,利用这次科技节可以有机会运用到所掌握的知识和技能,结合科学、环保、创新概念,积极创作。借此让同学们对科学技术有个较全面的认识和了解,也借此平台,让同学们的专业技能得到锻炼,同时增强同学们对科学技术技能方面的信心,提高其学以致用的能力,达到灵活应用的目的。

**活动主题:** 科技引领 携手创新 共创示范

**活动背景及意义:** 科技节开幕式作为科技节的第一个项目,主要目的是激发同学们对科学的热情,让同学们体验科学的趣味,同时为以后各项活动的开展做良好的铺垫。其通过学院领导们的演讲把同学们的灵感集中起来,从这个窗口将同学们对科技的热情传遍整个校园。希望科技爱好者之间能更深入地探究科技的奥秘及交流感想,让"科学技术是第一生产力"的意识更深刻地刻在同学们心中,让师生为学院"迎评估 创示范"一起努力,共创学院美好的明天。

**活动主办方**:学院团委

**活动承办方**:社团联合会

**活动协办方**:院学生会,各系团总支及学生会

**活动时间**:4月13日　下午3:00—4:20

**活动地点**:主校道右侧的篮球场(6个篮球场)

**活动内容**:

1. 组织各系同学进场,并按要求排好队(14:50之前完成)(团委办公室负责,要求每个系部派100名学生参与)。

2. 领导、嘉宾进场(15:00准时开始,2分钟)(公关协会负责礼仪小姐)。

3. 主持人介绍领导、嘉宾(3分钟)(广播站负责主持人)。

4. 领导讲话(5分钟)(秘书组负责邀请领导,编写领导发言稿)。

5. 领导向项目评审委员会委员颁发证书并合影(2分钟)。

6. 宣布入选第三届科技节的项目,颁发证书并合影(2分钟)。

7. 廖××书记宣布广州××职业技术学院第三届科技节正式开幕(策划组负责拉礼炮)(1分钟)。

8. 专业社团开展各项技能现场比赛,突出专业技能,强化操作技术。

9. 由导游带领领导下台巡视现场摊位,之后退场(导游由秘书组负责)(10分钟)。

**活动准备**:

1. 前期宣传:

a. 征集科技节项目,并提交项目策划书(3月25日—4月2日)。

b. 广播宣传(由广播站负责)。

c. 科技节海报宣传(宣传组负责)(4月8日—12日)。

d. 科技节相关信息及活动资料整理(秘书组负责)(3月25日—29日)。

e. 召开新闻发布会:通知各班班长及宣传委员(海报由宣传组负责,秘书组负责通知4月9日19:30开会,教室由秘书组申请,并做好签到记录,邀请团委老师发言(主持、会议议程由秘书组负责)。

f. 新闻发布会,主要是介绍节目内容及派发宣传单张(策划部设计并印发)(3月30日21:00)。

g. 通过校园网报道科技节工作进展,并及时更新(秘书组、网络组负责)。

h. 各个摊位做好宣传、推广、报名等工作。

2. 场地布置:

a. 音响设备的租借、安装和桌椅的租借、布置、摆放(秘书组和督导组负责)。

b. 领导牌、主题横幅、红布的租借、摆放、气球、宣传海报、彩带、礼炮等的准备(宣传组负责)。

c. 领导发言稿、邀请函、通知及篮球场场地申请(秘书组负责)。

d. 场地规划(宣传组负责)。

e. 印发科技节流程图(策划部负责)。

f. 通知项目负责人准备好桌椅、宣传板，进行人员安排(督导组负责)。

g. 科技节流程图和摊位位置安排图于校网公开(网络组和宣传组负责)。

3. 资金预算：

a. 主席台背景幕布 1000元

b. 宣传单、海报、气球、彩带 300元

c. 礼炮 100元

d. 邀请函等书信 50元

e. 聘书 150元

f. 饮用水 50元(2箱×25元)

g. 每个摊点 35元宣传费(共350元)

总预计 2000元

**预期效果：**

各系100名同学准时参加开幕式，场面整齐，气氛严肃。罗列并展示成果，最大限度地吸引同学们的眼球。开幕式结束后，同学们有序地到各个摊点咨询或报名，气氛活跃。最后由所有工作人员收拾场地，确保桌椅、鲜花、器材归还到位。

**工作安排：**

设有团委办公室、秘书组、策划组、督导组、宣传组、网络组等6个工作小组。

秘书组：

1. 负责场地申请(在3月31日前落实场地申请情况)；

2. 编写科技节广播站宣传稿，通过团委办公室审批，递交广播站；

3. 科技节开幕式前，落实邀请函并派送到各个嘉宾手中；

4. 编写科技节开幕式领导发言稿、主持人主持稿等相关资料(4月7日前递交团委办公室审核、修改)。

策划组：

1. 在4月2日前拟定好一个传单，通过团委办公室审批后，打印传单；

2. 在4月9日前落实宣传横幅制作情况；

3. 安排协调科技节期间的各项工作，并及时汇报工作完成情况。

督导组：

1. 在4月7日安排好布置科技节开幕式场地的工作人员，4月10日落实工作人员名单，并落实个人工作内容。

2. 准确记录4月13日科技节开幕式工作人员到场及物品借用和维护情况。

3. 维持科技节开幕式现场秩序，处理突发事件。

宣传组：

1. 在4月8日准备好两份海报，一份介绍科技节的，包括时间地点，科技节项目安排顺序及项目相关内容。一份则是通知，在4月9晚上7:30通知学院各班级班长和宣传委员到指定的教室参加科技节新闻发布会。

2. 4月7日落实领导就座名片,并排布主席台就座顺序,通过团委办公室审批。

网络部:

1. 拍摄科技节开幕式的活动情况,并及时在校园网上发布;
2. 整理科技节相关资料,并公布在校园网上;
3. 在科技节开幕式期间,协助工作人员布置场地。

团委办公室:

1. 确定科技节各项目开展时间;
2. 完成审批工作;
3. 督促各工作小组;
4. 及时汇报学院科技节工作情况。

学院团委<br>
社团联合会<br>
二×××年×月×日

## ××银行××分行开业典礼仪式主持词及领导致辞

尊敬的各位领导,各位来宾,女士们、先生们:

大家上午好!

今天是个值得载入××银行发展史册的日子。我们在这里欢聚一堂,共同举办××银行××分行开业庆典。

首先介绍今天莅临××银行××分行开业典礼的各位领导:……

此外,还有……各金融业的代表及省市部分新闻媒体和广大企业界的朋友。在此,我谨代表××银行,对莅临开业仪式现场的各位领导和来宾表示最热烈的欢迎!并向多年来关心和支持××银行发展的各界朋友表示最诚挚的谢意!

下面,我宣布××银行××分行开业庆典现在开始。

首先请××银行××分行行长××同志介绍分行的筹备情况。

下面,请银监局吉××副局长宣读批复文件,颁发金融许可证。

(银监局吉××副局长宣读批复文件,颁发金融许可证。)

下面,请省工商局薛××副局长颁发××银行××分行营业执照。

(省工商局薛××副局长颁发××银行××分行营业执照。)

下面,请××银行总行赵××行长致答谢词。

下面,请××市政府副市长××同志讲话。

下面,请××省政府副秘书长××同志讲话。

接下来有请省政协副主席刘××先生,省人民政府副秘书长××先生,省市人民政府副市长××先生,高新技术开发区管委会副主任刘××先生,人民银行分行副行长、外汇管理局副局长袁××先生,银监局副局长吉××先生,银监局城商行监管处副处长秦××先生,××银行党委书记、董事长吴××先生,一起为××银行××分行开业剪彩!

(剪彩)

最后,请各位领导、来宾参观××银行××分行,同时恳请大家提出宝贵意见!

开业典礼到此结束。

谢谢大家!祝大家健康快乐、万事如意!

### 复习思考题

(1)举办开业庆典的时间选择应考虑哪些方面的因素?

(2)开业庆典的程序一般包括哪些方面的内容?

## 任务二　新闻发布会的组织与管理

### 学习目标

**能力目标**:能够拟订新闻发布会筹备方案。

**知识目标**:了解新闻发布会的基础知识,掌握选择新闻发布会主题、时机的方法;掌握新闻发布会准备工作的程序等。

### 任务描述

国内A石化企业研制出一种高标汽油。使用该高标油之后,车辆动力性能会明显提升,提速时间大大缩短。另外,燃料中的碳氢成分在发动机中会燃烧得更加充分,这种增量燃烧的产物也能在一定程度上转化为动力。其次,使用高标油能有效减少尾气排放,降低污染。

A企业准备在广东大规模上市该汽油,为此他们准备在广州召开发布会。由于广东地区高档汽车数量多,车主对高标汽油需求量大,因此,企业决定花大力气做好本次新闻发布会。

公司秘书张月洪负责本次新闻发布会方案拟写和具体组织工作。

【任务分析】新闻发布会包括三项基本内容:筹备工作、组织实施、会后评估。新闻发布会策划必须清楚发布会所要达成的目标,发布会的类型,以确定其规格、方向和基本风格。要选择和确定新闻发布会的主题、时机,能够选择发布会的时间、地点,能做好人员安排、资料准备,能设计发布会程序并完成善后工作。

### 基础知识

#### 一、新闻发布会的含义

新闻发布会,是政府、企业、社会团体或个人把各新闻机构的记者召集在一起,宣布某一消息,并就这一消息让记者提问,由专人回答问题的一种活动。新闻发布会是企业与公众沟通的例行方式。新闻发布会的召开,总是有一个具体而充分的理由:或是解释一件已为许多人知道但情节不够详细的事件,或者是公布一件人所未知的重大信息,或者是介绍一件新产品;或者是澄清某些造成重大影响的事实真相。只有在确认召开新闻发布会的必要性和可能性后,才可决定举行新闻发布会。

## 二、新闻发布会的组织工作

企业是否能通过新闻发布会将组织的有关信息成功地传递出去,并借此树立自己的形象,提高组织的知名度、美誉度,关键在于新闻发布会的筹备工作完成如何。一般来说,组织好一次新闻发布会需要做好以下工作。

新闻发布会的组织和管理

### (一)确定开会的必要性和会议议题

开会之前必须对所要发布的信息是否重要,是否具有进行广泛传播的新闻价值以及新闻发布会的紧迫性和最佳时机进行分析研究,不要让媒体感到参加本来可以由其他形式代替的新闻发布会是浪费时间。企业中具有新闻发布价值的事件,也就是适合召开新闻发布会的时机包括:

(1)新产品、新技术的开发与投产、上市。

(2)取得最新纪录的销售业绩。

(3)扩大生产规模。

(4)经营方针的改变或新举措的出台。

(5)公司人员有重大调整。

(6)聘请明星、名人做形象代言人。

(7)发生危机事件。

(8)组织重大的庆祝活动。

(9)公司及产品(服务)已成为某一公众关注的问题的一部分。

(10)公司或其他成员已成为众矢之的。

### (二)确定会议时间和地点

(1)时间选择。召开新闻发布会的目的就是造声势,扩大影响,因此为了吸引更多的记者参加,提高记者的出席率,时间上就应有选择。

首先,发布会最佳时间通常在周二至周四的上午10时至12时、下午3时至5时左右。周一可能忙于检查上周的工作,周五由于临近周末,人心容易涣散,对新闻报道往往不予重视。一般应安排在下午,这样一方面是为了有更多的时间准备,另外也更符合记者的生活习惯。

新闻发布会一般情况下时间也不应过长,半小时左右为宜,最好不要超过一个小时。时间太长,易节外生枝,冲淡主题,影响预期目的。

其次,应避免周末或假日。

再次,要避开重要的政治事件和社会事件,媒体对这些事件的大篇幅报道任务会冲淡你的发布会的传播效果。

最后，如果要请外国记者，应注意避开外交部、国台办和国务院新闻办公室等部门的发布会和记者招待会。如选择与这些部门的新闻发布会同时进行，外国记者的出席率会大打折扣。

(2) 地点选择。新闻发布会的地点，可以选择本企业或组织的所在地，也可以选择活动或事件的所在地；可以酌情选择本企业或组织的会议厅、多功能厅等，也可以酌情选择租用大宾馆、大饭店等。如果希望扩大影响面，还可以考虑选择首都或有影响的大城市，也可以在不同地点召开内容相同或相似的新闻发布会。

### (三) 确定主持人和发言人

新闻发布会一般由公关部门负责人或办公室主任、秘书长等主持。

新闻发言人由企业或部门的高级领导担任，因为他们清楚组织的整体情况、方针、政策和计划等问题，熟悉媒介运作规律，并能通过媒介把信息有效地发布出去。

### (四) 确定被邀请记者的范围

(1) 邀请范围。该邀请哪些记者得根据期望的传播范围来确定。一般来讲，要着眼于下列因素综合考虑：

新闻发布会的主题是什么？

新闻发布会的内容传播范围需要多大？

新闻发布会涉及的行业是什么？

某媒体(记者)的社会形象、口碑怎样？

是否需要借发布会之机改善和提升本企业或组织与某媒体(记者)的关系？

(2) 邀请技巧。媒体邀请的技巧很重要，既要吸引记者参加，又不能过多透露将要发布的新闻。联系比较多的媒体记者可以直接电话邀请。相对不是很熟悉的媒体或发布内容比较严肃、庄重时可以采取书面邀请函的方式。带有公司标志的邀请信函表明新闻发布会是很正规的。信件中最好不注明会议联系人的全名和个人电话，这是为了不让记者做提前采访或提前得到新闻发布会的细节。否则，如果他们提前透露了一些消息，就会伤害其他记者。如果该媒体离公司不远，就将邀请信函亲手送去。

邀请的时间一般以提前3到5天为宜，注意不要送得太早，以至于邀请信被埋没于文件堆里，但也应给对方留出反应的时间。可以及时电话询问信件是否如期送达，对方是否与会等。

### (五) 准备发言和相关资料

(1) 发言提纲。即发言人在发布会上正式发言时的发言提要。召开新闻发布会之前，发言人应对本组织所发生的重大事件进行详细周密的调查和研究，对事情发生的来龙去脉要一清二楚。诸如对问题产生的原因、造成的损失、产生的影响、采取的善后措施、解决问题的态度、发展变化的趋势等，发言人均应了如指掌，以备记者咨询时对答如流。

(2) 新闻通稿。为了统一宣传口径，新闻发布会时企业往往需要组织新闻通稿，以提供给需要的新闻媒体。新闻通稿应该准备两篇以上，至少保证有一篇消息，一篇通讯。消息中应该包括整个事件的过程。通讯则是对消息内容的补充。可以是对整个事件组织的背景情况的介绍,也可以是一些花絮或者是企业中参与事件的人物的故事等。

新闻通稿最好提前发给记者,这意味着记者一来签到就能拿到它,这样就可以一边听一边翻看。爱德曼国际公关公司建议客户不必担心记者在听讲时只浏览到材料的标题——因为专业记者已习惯于边搜索信息边听讲。不过,材料要设计得便于快速阅读,勿要冗长拖沓。

(3)背景材料。一般应当包括新闻发布会涉及的新闻时间要点、组织发展简史、技术手册、发言人介绍、通讯录、名片等,方便记者挖掘新闻事件和日后联系之用。对新闻通稿和背景材料的封面也应加以留意,要有公司标志,以建立公众认知。

(4)声像材料。根据发布会需要,工作人员还应准备图片、音像、录像等的声像材料,加深与会者对会议主题的认识和理解,提高会议效果。

### (六)制作经费预算

费用方面应根据所举行新闻发布会的规格和规模做出可行的经费预算。一般有租场费、印刷费、会场布置费、茶点费、礼品费、文具费、邮费、电话费、交通费等。

### (七)布置会场

(1)现场背景布置。主题背景板,内容含主题、会议日期,有的会写上召开城市,颜色、字体注意美观大方,颜色可以企业VI(visual identity,视觉识别)为基准。

(2)外围布置。如酒店外横幅、竖幅、飘空气球、拱形门等。

(3)席位摆放。发布会一般是主席台加下面的课桌式摆放,注意确定主席台人员,需摆放席卡,以方便记者记录发言人姓名。摆放原则是"职位高者靠前靠中,自己人靠边靠后"。现在很多会议采用主席台只有主持人位和发言席,贵宾坐于下面第一排的方式。

摆放回字形会议桌的发布会现在也出现得较多,发言人坐在中间,两侧及对面摆放新闻记者座席,这样便于沟通,同时也有利于摄影记者拍照。

在席位摆放时要注意席位的预留,一般在会场后面会准备一些无桌子的坐席。还要对座位席分别标明"记者席""主持人席""工作人员席",主持人、发言人还应设置标明职务的台签,以便记者识别。

(4)发布会其他道具安排和人员安排。调试麦克风和音响设备,一些需要做电脑展示的内容还需要投影仪,笔记本电脑、连线、上网连接设备,投影幕布等设备。相关设备在发布会前要反复调试,保证不出故障。

一般在大堂、电梯口、转弯处有导引指示欢迎牌,一般酒店有这项服务。事先可请礼仪小姐迎宾。如果是在企业内部安排发布会,也要酌情安排人员做好记者引导工作。

在合适的地点安排人员接待记者,设置签到台与签到簿以及"请赐名片"盒;安排人员发放会议资料;准备好录音、录像设备,文具用品,饮料茶水等。

## 工作实例

### 一、新闻发布会的筹备工作

企业是否能通过新闻发布会将组织的有关信息成功地传递出去,并借此树立自己的形象,提高组织的知名度、美誉度,关键在于新闻发布会的筹备工作完成得如何。一般来说,组织好一次新闻发布会需要做好以下工作。

#### (一)确定开会的必要性和会议议题

高标汽油是A石化企业研制出的新产品。该高标油燃料中的碳氢成分在发动机中燃烧会更加充分,车辆动力性能会明显提升,提速时间大大缩短,同时能有效减少尾气排放,降低污染。在环保成为社会主题的情况下,举办本次新闻发布会是必要的。

#### (二)确定会议时间和地点

张秘书经过考虑初步把时间定在了2023年7月8日(星期二)上午9:30—11:30。为了方便记者出席新闻发布会,张秘书在广州宾馆租赁了A型会议室作为新闻发布会现场。广州宾馆坐落于广州市中心的海珠广场,南临珠江,北依越秀山。地理位置得天独厚,商旅交通极其便利。该酒店经常承接各类会议,会议室设备齐全好用。A型会议室为阶梯会议室,可同时容纳60人。

#### (三)确定主持人和发言人

张秘书征求领导同意后确定新闻发布会由销售部经理吴××主持,总经理李××和技术部经理邓××为主发言人。

#### (四)确定被邀请记者的范围

拟订了邀请嘉宾范围,包括相关部门和新闻媒体:

省市石油公司、省市交通局、市质检局、市环保局、市园林局、市气象局、广州日报、信息时报、南方周末、羊城晚报、南方都市报、南方日报、南方电视台、广州电视台、广东电视台珠江频道等。

#### (五)拟订邀请函

张秘书还草拟了一份邀请函,设计并制作了请柬,一并送交肖××总经理审核。邀请函如下:

**新闻发布会邀请函**

**各新闻媒体:**

我公司经过一年的努力,研制出一种新型高标汽油。该标号汽油能有效提升车辆动力性能,缩短提速时间,减少尾气排放,降低污染。该标号汽油将率先在广东地区上市。兹定于近期召开新闻发布会,诚邀各新闻媒体派记者参加。

**发布会时间：**2023年7月8日，9：30—11：30
**发布会地点：**广州宾馆A会议室（广州市起义路2号海珠广场）
**发布会流程：**

9：00—9：30　签到；

9：00—9：40　主持人宣布活动开始，并对本次活动做简单介绍；

9：45—9：55　省石油公司领导讲话；

10：00—10：10　省交通局领导讲话；

10：15—10：25　市环保局领导讲话；

10：30—11：00　高标号汽油技术宣讲；

11：00—11：30　答记者问；

11：30　省市有关领导和记者共进午餐，各方沟通交流，力争在相关媒体上把本次推广活动的广告宣传工作做到位，以收到良好的经济效益和社会效果。

联系方式：A石化公司公关部张×× 　　　电话：123456987

电子邮件：zhang@126.com 　　　　　　传真：020-12345679

A石化公司南方分公司<br>二〇二三年七月一日

A石化公司高标汽油新闻发布会记者报名表

| 媒体名称 |  | 所在部门 |  |
|---|---|---|---|
| 记者姓名 |  | 联系电话 |  |
| 记者姓名 |  | 联系电话 |  |
| 其他要求 |  |  |  |

请　柬

诚　希　各　位　莅　临

**新型高标汽油新闻发布会**

会议时间：2023年7月8日
会议地点：广州宾馆A会议室
签到时间：9：00—9：30

### (六)准备发言和相关资料

(1)发言提纲

(2)新闻通稿

(3)背景材料

(4)声像材料

### (七)制作经费预算

张秘书将做好的本次发布会的经费预算提交总经理审核。

A石化公司新型高标汽油新闻发布会经费预算方案

**一、场租费**

4000元/天×半天＝2000元。

**二、会场布置费**

拱门:1800元/套×3套＝5400元。

高级PVC空飘气球:600元/个×6个＝3600元。

彩旗:8元/面×600面＝4800元。

巨型充气油桶模型:700元/个×8个＝5600元。

条幅:0.75m宽,7元/m;1.5m宽,14元/m,8m长,80条,共8960元。

背景板:3m×8m×60元/㎡(喷画)＝1440元。

**三、印刷费**

宣传单:0.3元/张×50000张＝15000元。

**四、礼品费**

500元/人×45人＝22500元。

合计:69300元。

### (八)布置会场

参照其他单位新闻发布会的现场样式,设计新闻发布会现场并完成了布置。

## 二、新闻发布会的组织实施

### (一)签到

设立签到处,并派专人引导记者前往会场。与会人员要在签到簿上签上自己的姓名、单位、职业、联系电话等。

### (二)发放资料

会议工作人员应将写有姓名和新闻机构名称的入场证发给与会记者,并发放有关宣传资料。提供给媒体的资料,一般以广告手提袋或文件袋的形式,整理妥当,按顺序摆放,顺序依次应为:

（1）会议议程。

（2）新闻通稿。

（3）演讲发言稿。

（4）发言人的背景资料介绍（应包括头衔、主要经历、取得成就等）。

（5）公司宣传册。

（6）产品说明资料（如果是关于新产品的新闻发布的话）。

（7）有关图片。

（8）纪念品（或纪念品领用券）。

（9）企业新闻负责人名片（新闻发布后进一步采访，新闻发表后寄达联络）。

（10）空白信笺、笔（方便记者记录）。

### （三）按议程进行新闻发布

（1）主持人宣布发布会开始。主持人宣布会议开始，简单介绍到场嘉宾，说明召开新闻发布会的原因、所要公布的信息或事件发生的简单经过。

（2）新闻发布。发言人介绍该发布会的主要新闻事件。

（3）现场嘉宾、专家发言。如果发布会邀请了与发布内容相关的供应商代表、合作伙伴代表或是技术专家等，可以安排讲话。

（4）记者提问，发言人回答问题。记者提出相关问题请求发言人予以回答。发言人要准确、流利地回答记者提出的各种问题，不要随便打断记者的提问，也不要以各种动作、表情和语言对记者表示不满。对于涉密或不宜公开回答的问题，不要回避，而要婉转、幽默地进行反问或回答，不宜采取"无可奉告"的方式；对于复杂且需大量解释的问题，可简单答出要点，邀请其会后探讨。

在答记者问环节，主持人要充分发挥主持和组织作用，活跃会场气氛，并引导记者踊跃提问。当记者的提问离会议主题太远时，要善于巧妙地将话题引向主题。会议出现紧张气氛时，要能够及时调节缓和，不要随便延长预定会议时间。

（5）宣布发布会结束。按照事先规定的时间，主持人宣布"请最后一位记者提问"，发言人回答完毕后，主持人宣布发布会结束。

### （四）会后活动安排

新闻发布会结束之后，主办方可以适当安排活动。

（1）安排单独采访。根据需要安排对公司领导的专访或是集体采访。

（2）安排参观或酒会。会议结束后还应由专人陪同记者参观考察，给记者创造实地采访、摄影、录像等机会，增加记者对会议主题的感性认识。如果有条件，社会组织还可举行茶会和酒会，以便个别记者能够单独提问，并能融洽和新闻界的关系。

## 三、新闻发布会的会后工作——效果测评

### (一)尽快整理新闻发布会的记录材料

对会议的筹备、组织、主持和回答问题等环节的工作进行总结,并将总结材料存档。

### (二)编发公关新闻稿

公共关系工作人员应善于编写公关新闻稿。一般说来,公关新闻稿的写作要注意以下几点:一是主题开门见山,即首先说明组织正在做什么;二是尽量使用简短的、口语化的句子进行表述。三是清楚地表达思想,不使公众产生误解或者曲解。

### (三)收集反馈信息

及时了解与会记者对新闻发布会的态度和意见,追踪媒体和公众的反应,广泛搜集与会记者对新闻发布会的相关报道,进行归类分析,检查是否达到了会议的预定目标,以便谋划下一步的公关活动。

综合上述步骤,A石化公司高标汽油推广新闻发布会策划方案如下所示。

#### A石化公司高标汽油推广新闻发布会策划方案

**一、主题**

倡导环保　石化先行——高标汽油环保典范

**二、时间**

2010年7月8日(星期四)

**三、地点**

广州宾馆(广州市起义路2号海珠广场)

**四、邀请单位**

省石油公司、省交通局、市质检局、市环保局、市园林局、市气象局,广州日报、信息时报、南方周末、羊城晚报、南方都市报、南方日报,南方电视台、广州电视台、广东电视台珠江频道等。

**五、会议材料**

1. 省石油公司领导讲话稿,主题内容为××省内及××市汽车燃汽油使用标号概况。
2. 省交通局领导讲话稿,主题内容为××省机动车交通概况,重点为交通与安全问题。
3. 技术宣讲材料,主题内容为高标号汽油与一般标号汽油的区别,重点突出使用高标号汽油的好处。
4. 记者通稿,舆论引导,重点宣传汽车交通与安全及环境保护的关系:使用高标号汽油,有利汽车保养,有利环境保护,事关生命健康问题。

**六、会议流程安排**

9:00—9:30　签到;

9:30—9:40　主持人宣布活动开始,并对本次活动做简单介绍;

9:45—9:55　　省石油公司领导讲话；

10:00—10:10　　省交通局领导讲话；

10:15—10:25　　市环保局领导讲话；

10:30—11:00　　高标号汽油技术宣讲；

11:00—11:30　　答记者问；

11:30　　省市有关领导和记者共进午餐，各方沟通交流，力争在相关媒体上把本次推广活动的广告宣传工作做到位，以收到良好的经济效益和社会效果。

### 七、广告宣传计划

1. 会议前三天在市内各大汽车交易及维修中心悬挂活动宣传条幅，并在地理位置优越的单位进行重点宣传。如在××汽车交易中心门口放置巨型充气油桶模型，绿底白字，上面印有"××牌93#高标汽油"及本次发布会的相关宣传内容。

2. 报纸及电视媒体的广告宣传支持。

### 八、布场及布场物料

1. 会场部分。舞台背景板、会议专用长形桌、椅子、音响、嘉宾胸花、嘉宾名牌、文件资料袋、空白信封(礼包)、稿纸、圆珠笔等。

2. 会场外部分。大型充气拱门、空飘气球、巨型充气高标汽油桶模型、绿旗、条幅。

### 九、活动预算

场租费：4000元/天×半天＝2000元。

拱门：1800元/套×3套＝5400元。

高级PVC空飘气球：600元/个×6个＝3600元。

彩旗：8元/面×600面＝4800元。

巨型充气油桶模型：700元/个×8个＝5600元。

条幅：0.75m宽，7元/m；1.5m宽，14元/m，8m长，80条，共8960元。

背景板：3m×8m×60元/㎡（喷画）＝1440元。

宣传单印刷费：0.3元/张×50000张＝15000元。

礼品费：500元/人×45人＝22500元。

合计：69300元。

### 十、策划说明

1. 本次新闻发布会将地点选在广州宾馆，这里比较繁华，人流集中，便于活动主题的社会推广。

2. 本方案最突出的特点是充气模型的创意运用，一个个清新醒目的油桶模型，象征着高标汽油的环保性。

3. 用环保汽油是对自然的尊重，是对大众生命健康的一种关爱。

4. 本次推广会所有的宣传资料以及会场布置的主题色调定为"绿色"，以突出"安全、健康、环保"的主题；绿意盎然，生机勃勃。

资料来源：熊超群，潘其俊.公关策划实务.广州：广东经济出版社，2003.

## 训练项目

### 新闻发布会实训

(1)实训目标:通过本实训,使学生掌握新闻发布会的礼仪和程序,懂得新闻发布会的筹划及准备工作,并能在新闻发布会中运用相关技能。

(2)实训背景:××学院秘书职业技能大赛是该校文秘专业的特色性综合实践教学活动。目的是以秘书职业技能大赛为平台,以赛促学、以赛促训、赛训结合,培养学生秘书工作实践能力,提高文秘专业学生的基本秘书职业素养,增强学生的实际操作能力和理论应用能力,帮助学生树立正确的秘书职业意识,养成良好的秘书职业习惯。

该校文秘专业第×届秘书职业技能大赛计划于4月10日至6月15日期间举办,本届大赛包括普通话、速记、书法、演讲、征文、诗文诵读、公文写作制作、手抄报、秘书知识、摄影等竞赛项目。此外,在大赛进行期间还将举行"钱潮讲坛"系列学术报告会、"金苑"秘书协会成立大会、企业参观交流、新老生文体联谊等活动。

为使本次活动能获得成功,拟举办一次新闻发布会。发布会由该院"金苑"秘书协会筹办。

(3)实训内容。如果你是秘书协会秘书长,请你拟制新闻发布会方案,并在近期组织召开。

### 新产品发布会实训

(1)实训目标。通过本实训,使学生掌握新产品发布会的礼仪和程序,懂得新产品发布会的筹划及准备工作,并能在新产品发布会中运用相关技能。

(2)实训背景。××集团计划近期推出其新产品——"××中草药牙膏"。为了做好市场推广工作,公司计划召开新产品发布会。

(3)实训内容。如果你是公司公关部秘书,请你拟写新产品发布会方案,并做好相关组织工作。

## 参考知识或案例

### 新闻发布会易存在的几个问题

**问题之一**:没有新闻的新闻发布会。有些企业似乎有开发布会的嗜好,很多时候,企业并没有重大的新闻,但为了保持一定的影响力,证明自己的存在,也要时不时地开个发布会。造成的后果是,企业虽然花了不小的精力,但几乎没有收成。新闻性的缺乏使得组织者往往在发布会的形式上挖空心思、绞尽脑汁,热闹倒是热闹了,效果却未见得理想。如果过于喧宾夺主,参会者只会记住热闹的形式,而忘记组织者想要表达的内容。

**问题之二**:新闻发布的主题不清。从企业的立场出发,主办者恨不得把它的祖宗八代的光荣史一股脑端上去,告诉人家什么时候得了金奖,什么时候得到了认证,什么时候得了第一,什么时候捐资助学。但是偏离了主题的东西在媒体眼中,毫无价值。

又有的企业在传播过程中,生怕暴露商业机密,凡涉及具体数据时总是含含糊糊,一谈到敏感话题就"环顾左右而言他",不是"无可奉告"就是"正在调查"。这样一来,媒体想知道的,企业没办法提供;媒体不想搭理的,企业又不厌其烦地传达。

### ■ 复习思考题

1. 新闻发布会的时间选择应注意哪些问题?
2. 新闻发布会的程序有哪些?

新闻发布会方案

一、时间:2023年4月28日下午2:30—4:15

二、地点:广州奥林匹克体育中心商务酒店

三、活动主题:第二届广东体育嘉年华

四、参会人员

1. VIP

广东省体育局:董局、田局

2. 相关嘉宾

广东体育产业协会领导、各活动项目合作单位领导、主要赞助商代表

3. 新闻媒体记者

4. 会务工作人员

五、活动构成

1. 介绍第二届广东体育嘉年华的情况
2. 媒体对主要领导的专访
3. 新闻通稿的广泛发布
4. 重点媒体的深度报道

六、发布会议议程

4月28日下午

| | |
|---|---|
| 02:00—02:30 | 来宾签到入场,播放广告片 |
| 02:30—02:35 | 主持人宣布发布会开始 |
| 02:35—02:45 | 主持人介绍与会嘉宾 |
| 02:45—02:55 | 主持人介绍广东体育嘉年华的举办意义和主要内容 |
| 02:50—03:00 | 广东省体育局董局长发言(10分钟,建议) |
| 03:00—03:10 | 广东省体育局田局长发言(10分钟) |
| 03:10—03:40 | 主持人向有关单位提相关问题 |
| 03:40—04:00 | 记者问答 |

04:00　　　　　　发布会结束

### 七、体育产业协会秘书处工作职责

1. 拟定发布会方案

2. 拟定媒体名单

3. 邀请嘉宾

4. 媒体邀请

5. 媒体接待

6. 会议资料准备（新闻稿，与会合作单位、赞助单位及会议相关资料）

7. 场地布置

8. 现场影音设备的调试

9. 会议现场协调

10. 现场摄影记录

11. 资料袋的准备

12. 撰写邀请函

13. 撰写新闻稿

14. 撰写主持人串词

### 八、体育产业协会确认和准备事项

1. 与会嘉宾人数和人员名单

2. 广告片制作

3. 礼品的准备

4. 现场展示广告的准备与摆设

5. 现场演示操作

### 九、发布会主要媒体名单

南方日报、羊城晚报、广州日报、信息时报、粤港信息日报、新快报、南方都市报、南方体育、中国青年报、中国体育报等

广东省电视台、南方电视台、广州电视台、广州有线电视台、广东人民广播电台、广州电台

省局新闻宣传处

### 十、场地布置方案

1. 会议场地布置：

▷签到台设在宴会厅门口

▷会议厅内摆放地台及背景板，背景板侧面有屏幕播放相关的宣传片

▷1台高亮度投影机可以连接录像机播放会议相关录像片/连接笔记本电脑显示现场讲话内容（如果主讲人用到PPT讲稿）

▷背景板前设讲台及麦克风

▷会场音响设备：1支立式麦克风、2支无线麦克风

2. 现场效果:

(1)现场 AV 效果

▷音响配合:主讲人上下场音响配合,配乐诗音响配合,背景音乐配合

(2)AV 设备

▷Barco 投影机及大屏幕

▷音响(调音台,麦克风、组合音响等设备)

(3)会场设计

▷主席台背景设计

▷接待(签到)区背景板设计

3. 当天资料袋准备

| 项目 | 提供方 |
| --- | --- |
| 礼品 | 体育产业协会商务处 |
| 新闻通稿 | 体育产业协会秘书处 |
| 当日活动日程 | 体育产业协会秘书处 |
| 体育产业协会简介 | 体育产业协会秘书处 |
| 高层讲话稿(如能提供) | 体育产业协会秘书处 |
| 合作单位、赞助单位资料 | 体育产业协会秘书处 |
| 第二届广东体育嘉年华相关材料 | 体育产业协会秘书处 |

广东省体育产业协会

2023 年 1 月 31 日

## 任务三　股东大会的组织和管理

### 学习目标

能力目标:能够拟制股东大会的筹备方案。

知识目标:了解股东大会的基础知识,掌握股东大会的准备工作程序。

### 任务描述

上海××股份有限公司于1992年7月由上海××总厂改制而成。1992年8月20日发行B股上市,1992年11月13日发行A股上市。公司经营范围包括:生产烧碱、氯、氟和聚氯

乙烯系列化工原料及加工产品;化工机械设备,生产用化学品、原辅、包装材料、货物运输,销售自产产品及与自产产品同类的商品;与自产产品同类的商品的进出口、批发、佣金代理(不含拍卖),并提供相关配套服务(涉及许可经营的凭许可证经营)。现决定于2010年10月29日召开临时股东大会,主要审议《关于向上海××(集团)公司申请6亿元额度中期票据的议案》《关于修订〈公司章程〉的议案》《关于修订公司〈董事会议事规则〉的议案》等三项议案。作为公司董秘,请您组织此次临时股东大会。

**【任务分析】** 此次会议是此公司2010年第一次临时股东大会,在程序上要遵循全体股东大会的规则,但可以做出适当的删减。

## 基础知识

### 一、股东大会的定义

股东大会是股份有限公司的最高权力机构,它由全体股东组成,对公司重大事项进行决策,有权选任和解除董事,并对公司的经营管理有广泛的决定权。股东大会既是一种定期或临时举行的由全体股东出席的会议,又是一种非常设的由全体股东所组成的公司制企业的最高权力机构。它是股东作为企业财产的所有者,对企业行使财产管理权的组织。企业一切重大的人事任免和经营决策一般都要经股东大会认可和批准方才有效。

### 二、股东大会的类型

(1)法定大会:凡是公开招股的股份公司,从它开始营业之日算起,一般规定在最短不少于一个月,最长不超过三个月的时期内举行一次公司全体股东大会。会议主要任务是审查公司董事在开会之前14天向公司各股东提出的法定报告。目的是能让所有股东了解和掌握公司的概况以及是否具有进行重要业务的牢固的基础。

(2)年度大会:股东大会定期会议又称为股东大会年会,一般每年召开一次,通常是在每一会计年度终结的6个月内召开。由于股东大会定期大会的召开大都为法律所强制,所以世界各国一般不对该会议的召集条件做出具体规定。

年度大会内容包括:选举董事,变更公司章程,宣布股息,讨论增加或者减少公司资本,审查董事会提出的营业报告,等等。

(3)临时大会:股东大会临时会议通常是由于发生了涉及公司及股东利益的重大事项,无法等到股东大会年会召开而临时召集的股东会议。

### 三、股东大会的召开时机

股东会会议分为每年召开一次的年会和临时会议两种。下列人员有权提议召开临时会议:
(1)代表四分之一以上表决权的股东;
(2)三分之一以上董事;
(3)公司监事。

一般来说,有下列情形之一的,应当在两个月内召开临时股东大会:
(1)董事人数不足《公司法》规定的人数或者公司章程所定人数的三分之二时;
(2)公司未弥补的亏损达股本总额三分之一时;
(3)持有公司股份百分之十以上的股东请求时;
(4)董事会认为必要时;
(5)监事会提议召开时。

有限责任公司的首次股东会,是公司股东会的预备会议,发起人应当于会议召开15日以前通知全体股东。会议由出资最多的股东召集和主持,依照《公司法》的规定行使职权。股份有限公司的发起人必须在创立大会召开15日前将会议日期通知各认股人或者予以公告。创立大会应有代表股份总数二分之一以上的认股人出席,方可举行。

股份有限公司召开股东大会前,一般是先将会议审议的事项于会议召开30日前通知各股东。通知内容必须载明会议内容、开会时间和会议地点。对于持记名股票的股东,要用专函通知,对无记名股股东,可通过报刊公告。股东如果不能出席大会,可以委托代理人出席。代理人应向公司提交股东授权委托书,并在授权范围内行使表决权。临时股东大会不得对通知中未列明的事项做出决议。

有限责任公司设立董事会的,股东会会议由董事会召集,董事长因特殊原因不能履行职务时,由董事长指定的副董事长或者其他董事主持。股份有限公司的股东大会会议由董事会负责召集,由董事长主持。董事长因特殊原因不能履行职务时,由董事长指定的副董事长或者其他董事主持。

发行无记名股票的,应当于会议召开30日以前就前款事项做出公告。
开会时公司要提供以下部分或全部资料:
(1)会议卷宗和会议通用的纸张、信笺;
(2)收到的委托书记录;
(3)记录本或笔记簿;
(4)印有寄送日期的给股东的会议通知副本;
(5)其他有关文件的副本;
(6)会议法则的资料。

股东大会的会议记录同时也是对股东大会决议进行的确认。会议记录除应载明所议事项的决定外,一般还应载明会议召开的时间、地点,参加表决的股东人数及股份数,审议经过的概要,表决方法等内容。会议记录由出席会议的董事签名后,与出席股东的签名册及代理出席的委托书一并保存,作为公司的档案,供股东及债权人按规定进行查阅。

### 四、股东会的表决

股东出席股东大会,由股东按照出资比例行使表决权,即所持每一股份有一表决权。具体的议事方式和表决程序,凡《公司法》有规定的,应该遵照规定实施;《公司法》没有规定的,按照公司章程的规定执行。临时股东大会不得对通知中未列明的事项做出决议。

股东大会决议的通过额数是:
(1)股东大会做出一般决议,必须由出席会议的股东所持表决权的半数以上通过;
(2)股东大会对公司合并、分立或者解散做出决议,必须由出席会议的股东所持表决权的三分之二以上多数通过;
(3)公司可以修改章程,修改公司章程必须经过出席会议的股东所持表决权的三分之二以上通过;
(4)股东会对公司增加或者减少注册资本,或者变更公司形式做出决议,必须经代表三分之二以上表决权的股东通过。
(5)股东可以委托代理人出席股东大会,代理人应当向公司提交股东授权委托书,并在授权范围内行使表决权。
(6)股东会应当对所议事项的决定做成会议记录,出席会议的股东应当在会议记录上签名。

### 五、股东大会的职权

(1)决定公司经营方针和投资计划;
(2)选举和更换董事,决定有关董事的报酬事项;
(3)选举和更换由股东代表出任的监事,决定有关监事的报酬事项;
(4)审议批准董事会的报告;
(5)审议批准监事会的报告;
(6)审议批准公司的年度财务预算方案、决算方案;
(7)审议批准公司的利润分配方案和弥补亏损方案;
(8)对公司增加或者减少注册资本做出决议;
(9)对发行公司债券做出决议;
(10)对公司合并、分立、解散和清算等事项做出决议;
(11)修改公司章程;
(12)对公司聘用、解聘会计师事务所做出决议;
(13)审议法律、法规和公司章程规定的应当由股东大会决定的其他事项。

### 六、股东大会会议流程

#### (一)会前

(1)确定召开股东大会;
(2)会务组织;
(3)征集会议提案,确定会议内容和议程;
(4)准备会议资料;
(5)会议通知;

(6)修正会议议题；

(7)印发会议资料；

(8)签到和清点参会人数；

(9)落实委托授权签字；

(10)关注签字事项的准备。

### (二)会中

(1)律师见证；

(2)审议及表决；

(3)会议记录及签字；

(4)会议决议及签字。

### (三)会后

(1)出具法律意见书；

(2)补正资料；

(3)发文；

(4)准备及披露；

(5)归档。

## 工作实例

### 上海××股份有限公司2023年度第一次临时股东大会

一、2023年度第一次临时股东大会会议议程

时间:2023年10月29日(星期五)下午2:00

地点:待定

主持人:李×董事长

会议议程：

1. 听取和审议洪×女士作的《关于向上海××(集团)公司申请6亿元额度中期票据的议案》；

2. 听取和审议许××先生做的《关于修订〈公司章程〉的议案》；

3. 听取和审议许××先生做的《关于修订〈公司董事会议事规则〉的议案》；

4. 表决通过由监事会主席秦×先生代表大会提名本次股东会议的总监票人和监票人名单；

5. 投票表决；

6. 休会；

7. 总监票人宣布表决结果；

8. 通过2023年第一次临时股东大会决议；

9. 见证律师宣读法律意见书。

## 二、议案

（一）关于向上海××（集团）公司申请6亿元额度中期票据的议案

各位股东：

公司位于上海化学工业区内的16万吨/年氯三次循环利用项目（即华胜三期项目）即将启动。该项目原计划向银行贷款62405万元，已经公司七届三次董事会议和公司2022年度股东大会审议通过。目前该项目融资工作计划得到上海××（集团）公司的大力支持，上海××（集团）公司把公司华胜三期项目纳入其今年发行25亿三年期中期票据计划中，这样不仅保证项目贷款的落实，又能降低资金成本。因此，公司特向上海××（集团）公司以借款的形式申请6亿元额度三年期中期票据，用于16万吨/年氯三次循环利用项目。

以上议案，请审议。

（二）关于修订《公司章程》的议案

各位股东：

根据原国家质量监督检验检疫总局对《中华人民共和国工业产品生产许可证管理条例实施办法》（简称《实施办法》）修订后的要求，公司拟对《公司章程》中的住所作相应变更。同时，为了进一步完善公司治理，健全董事会专门委员会的运作规则，根据《公司法》《上市公司治理准则》的相关规定，公司拟对《公司章程》中董事会专门委员会的条款作相应修订。现提交议案如下：

一、修订《公司章程》第五条

根据原国家质量监督检验检疫总局修订后的《实施办法》的要求，办理生产许可证时需要提供相关材料证明该产品的生产企业所在地已得到有效设立及监管。公司下属电化厂目前生产的相关产品需要办理此项许可证，而电化厂作为生产型的分厂，其所在地龙吴路4800号未申请工商登记，不符合新《实施办法》的要求。根据新《实施办法》的相关规定，需要变更公司住所。

现将《公司章程》第五条修订如下：

原"第五条 公司住所：中国上海市龙吴路4747号、4800号；邮政编码：200241。"现修订为"第五条 公司住所：中国上海市龙吴路4747、4800号；邮政编码：200241。"

二、修订《公司章程》第一百零九条

原《公司章程》第一百零九条未明确规定战略委员会的成员应全部由董事组成，与《上市公司治理准则》第52条规定不符，现将《公司章程》第一百零九条修订如下：

原"第一百零九条 公司董事会可以按照股东大会的有关决议，设立战略、审计、提名、薪酬与考核等专业委员会。各专业委员会对董事会负责，各专业委员会的提案应提交董事会审查决定。审计、提名、薪酬与考核委员会成员全部由董事组成，并且独立董事应占多数，其召集人由独立董事担任。审计委员会中至少应有一名独立董事是会计专业人士"。现修订为"公司董事会可以按照股东大会的有关决议，设立战略、审计、提名、薪酬与考核等专业委员会。各专业委员会对董事会负责，各专业委员会的提案应提交董事会审查决定。战略、审计、提名、薪酬与考核委员会成员全部由董事组成，其中审计、提名、薪酬与考核委员会独立董事应占多数并担任召集人。审计委员会中至少应有一名独立董事是会计专业人士。"

以上议案，请审议。

(三)关于修订公司《董事会议事规则》的议案

各位股东：

公司《董事会议事规则》第三条规定董事会由十二名董事组成，其中独立董事四人，与《公司章程》第一百零六条规定不符，为此，公司拟修订《董事会议事规则》相关条款如下：

原"第三条 董事会由十二名董事组成，设董事长一人，副董事长一人，独立董事四人。董事长主持董事会工作。董事会秘书处理董事会具体事务。"修改为"第三条 董事会由九名董事组成，设董事长一人，副董事长一人，独立董事三人。董事长主持董事会工作。董事会秘书处理董事会具体事务。"

以上议案，请审议。

### 三、关于投票表决的说明

各位股东：

根据中国证监会2016年9月30日发布的证监发[2016]22号《上市公司股东大会规则(2016年修订)》和本公司章程及股东大会议事规则的有关规定，本着公开、公正和公平的原则，大会秘书处就本次股东大会的议案表决作如下说明：

本次股东大会有三项议案，三项表决事项。即：1.审议《关于向上海华谊(集团)公司申请6亿元额度中期票据的议案》；2.审议《关于修订〈公司章程〉的议案》；3.审议《关于修订〈公司董事会议事规则〉的议案》。

1. 请准确填写股东编号及持股数；

2. 在所列议案下方的"同意""反对""弃权"中任选一项，不选或多选则该项表决视为弃权；

3. 选择方式以在"同意""反对""弃权"下方的空格中打"√"为准；

4. 请在"股东(或股东代表)签名"处签名。

谢谢大家合作！

## 训练项目

(1)实训目标：通过本实训，使学生掌握召开股东大会的程序，懂得股东大会的筹划及准备工作，并能在股东大会中运用相关技能。

(2)实训背景：×××有限责任公司2023年将要召开第一次股东大会，本次会议的主要议程是审议《公司章程修正案议案》。作为董事会秘书，领导需要你拟制召开本次股东大会的方案。

(3)实训内容。请你拟制该股东大会方案，并在近期组织召开。

## 参考知识或案例

### 股东会与股东大会的区别

股东会是公司的权力机构,但也不是任何大小事都由股东会作出决议,而是由公司法对股东会的职权作出规定,明确股东会的职权范围。这样作出规定有两层意思:

一是确定有哪些职权是专门属于股东会的;

二是确定股东会在哪些范围内行使职权,防止越权行事,甚至滥用职权,影响公司机制的正常运转,比如公司的具体业务,股东会就不应直接干预。

有限责任公司股东会的法定职权有下列十二项:

(1)决定公司的经营方针和投资计划;

(2)选举和更换董事,决定有关董事的报酬事项;

(3)选举和更换由股东代表出任的监事,决定有关监事的报酬事项;

(4)审议批准董事会的报告;

(5)审议批准监事会或者监事的报告;

(6)审议批准公司的年度财务预算方案、决算方案;

(7)审议批准公司的利润分配方案和弥补亏损方案;

(8)对公司增加或者减少注册资本作出决议;

(9)对发行公司债券作出决议;

(10)对股东向股东以外的人转让出资作出决议;

(11)对公司合并、分立、变更公司形式、解散和清算等事项作出决议。

(12)修改公司章程。

上述十二项职权,都是公司的重大事项,也是公司股东最关心的权利。涉及股东职权的还有下列情况:

(1)在其他法律中对有限责任公司股东会职权有特别规定的,应当依法执行。

(2)依照法律规定股东会可以做出进一步的决定,也是属于职权范围的事项,比如股东会有权修改公司章程,关于公司章程修改的具体内容,股东会就可以做出具体决定;又比如股东会有权对公司清算事项作出决议,股东会就可以对若干具体事项做出决定。股东会是有限责任公司的权力机构,股东大会是股份有限公司的权力机构。股东大会会议由董事会依照公司法规定负责召集,由董事长主持。董事长因特殊原因不能履行职务时,由董事长指定的副董事长或者其他董事主持。召开股东大会,应当将会议审议的事项于会议召开20日以前通知各股东。临时股东大会不得对通知中未列明的事项作出决议。发行无记名股票的,应当于会议召开30日以前就前款事项做出公告。无记名股票持有人出席股东大会的,应当于会议召开5日以前至股东大会闭会时止将股票交存于公司。股东大会作出决议,必须经出席会议的股东所持表决权的半数以上通过。股东大会对公司合并、分立或者解散公司作出决议,必须经出席会议的股东所持表决权的三分之二以上通过。修改公司章程必须经出席股东大会的股东所持表决权的三分之二以上通过。股东大会应当对所议事项的决定作成会议记录,由出席会议的董事签名。会议记录应当与出席股东的签名册及代理出席的委托书一并保存。股份公司股东的权利股东出席股东大会,所持每一股份有一表决权。股东可以委托代理人出席股东大会,代理人应当向公司提交股东授权委托书,并在授权范围内行使表决权。股东有权查阅公司章程、股东大会会议记录和财务会计报告,对公司的经营提出建议或者质询。股东大会、董事会的决议违反法律、行政法规,侵犯股东合法权益的,股东有权向人民法院提起要求停止该违法行为和侵害行为的诉讼。

### 复习思考题

1. 股份有限公司召开股东大会的程序有哪些?
2. 股东大会的具体类型有哪些?
3. 股东大会有哪些职权?

# 项目六　综合实训

## 综合实训一　新产品介绍、咨询暨订货会议

### 一、实训背景

××省移动公司联合××通讯为××省大学生开发了一款新型的学生手机。为了向江苏高校推广该产品,拟召开新产品介绍、咨询、洽谈暨订货会议。

### 二、实训内容

模拟秘书各个工作场景,分角色扮演;
形成各种书面结果性材料并综合考核。

### 三、实训目标

通过项目实训、全真模拟,使学生养成预测分析、周密思考的职业习惯;培养、训练学生多项专业技能,检验学生理论知识的综合应用水平,轻松应对秘书各项管理尤其是活动组织与管理工作。

### 四、实训方式

1. 以小组为单位进行全过程演练,结合讨论,模拟部分场景训练,分角色扮演。
2. 以个人为单位完成相关文件资料。
3. 以小组为单位,每组派出一名代表参加实训成果汇报,并将汇报材料制作成幻灯片。

### 五、实训提示

#### (一)会前筹备工作

(1)教师根据会议筹备的流程,结合案例,进行实训指导。
要求:模拟演示总经理布置工作场景。
对应能力训练:领会领导意图能力,传达要领能力。
(2)根据教师的实训指导,对班级进行分组,每个小组设立组长一人,负责实训事务协调。
(3)各小组召集会议筹备工作会议。
①明确大会主题——宣传介绍新产品,订购新产品,洽谈新业务。
②围绕主题,筹备大会方案——规模(与会人员50人,有关领导专家10人,工作人员10人)、时间(3天)、大会议程、经费预算等。

要求:模拟演示筹备会场景。

拟写会议计划。(在日程安排上,力求营造轻松、愉快的气氛。)

对应能力训练:策划能力、组织协调能力、写作能力。

(4)汇报会议筹备方案,接受教师审核,根据教师意见进行修改、完善,各小组进行成员分工。

①准备会议资料。起草会议通知、回执、签到单、开幕词、领导讲话稿,制作人手一份的会务指南,新产品的情况资料(纸质、光盘)、订购合同等。

②会务服务保障。及时准确发通知、接待、签到、分发资料物品、布置会场、安排食宿等。

③宣传报道。联系新闻媒体,制作大幅宣传海报,编写会议纪要、会议简报,做好会议记录、会后总结等。

④对外联络。联系旅游服务、预订返程票务、安排车辆接送、准备礼品等。

充分的会前准备,是会议取得成功的前提条件。作好上述工作后,应上报领导和有关部门,提早准备安排,反复检查,力求各项准备万无一失。

要求:拟写会议通知、回执、签到单、开幕、领导讲话稿,制作人手一份的会务指南、新产品的情况资料(纸质、光盘)、订购合同、大幅宣传海报等材料。

模拟演示7个场景——分工场景、电话联系确定到会情况场景、制作海报场景(要求图文并茂、新颖、独特、有创意,扩大宣传效果)、会场布置场景(演示厅、洽谈品尝交流订货厅)、电话预约酒店食宿场景、联系新闻媒体场景、督促检查等。

对应能力训练:组织策划能力、协调能力、电子排版能力、文书写作能力、电话礼仪、制作PPT能力、安装使用现代会议设备能力、审美设计能力、督查能力、法律经济知识运用能力、对外交往能力。

会议如期召开,报到当天。

要求:模拟演示接待工作过程,包括接站、上下轿车座次顺序、引领(含电梯间)、介绍、握手、签到、递接名片、宴请等场景。

对应能力训练:各种场合的礼仪表现、公关沟通能力。

**(二)会中的服务工作**

(1)根据拟订的会议日程,组织会议正常进行——致开幕词、介绍产品、提供专家咨询、品尝产品、交流、订货。

要求:模拟演示会议记录、分发资料、开启饮料、倒饮料、倒茶、签订合同、合影等场景。

拟写会议记录、会议纪要、会议简报。

对应能力训练:文书写作能力(会议记录、会议纪要、会议简报)、经济法律知识运用能力(合同)、签字仪式礼仪掌握及布置会场能力、会间临时调度应变能力。

(2)签订合同后,安排参观游览活动。

要求:收集相关南京旅游资源资料,确定旅游路线,担任导游,陪同客户出游名胜,并做全程模拟演示。

对应能力训练:收集资料能力、公关沟通能力、人文素养、语言交谈风度、协调应变能力。

(3)联系车辆,赠送礼品,分发与会人员通讯录、照片,送行。

要求:演示电话预订机票场景,馈送礼品、分发资料场景,送行场景。

对应能力训练:辅助办事能力、沟通能力、礼仪风貌。

### (三)会后总结

回顾总结,肯定成绩,找出经验教训,妥善解决会议的遗留问题。

要求:拟写会后总结。

模拟演示收集、整理、归档会议资料的场景,向领导汇报工作的场景。

对应能力训练:总结分析能力、写作能力、文件整理归档能力、沟通汇总能力。

## 六、实训成果汇编

实训结束后,将实训期间形成的文字材料、图片资料、影像资料等进行整理,并装订成册,形成实训成果汇编。实训成果汇编主要包括以下资料内容:

(1)会议筹备方案;

(2)会议通知、回执;

(3)会议签到表;

(4)开幕词、领导讲话稿;

(5)人手一份的会务指南(公司概况、会议日程、会务服务联系方式等);

(6)新产品的情况资料(纸质、光盘);

(7)订购合同;

(8)大幅宣传海报;

(9)与会人员通讯录;

(10)活动过程等照片;

(11)会议记录、会议纪要、会议简报;

(12)旅游资料及旅游路线;

(13)会议总结。

## 七、实训考核方式和标准

### (一)实训考核方式

实训任务完成后,学生必须参加实训成果汇报。参加实训成果汇报,必须将汇报材料制作成幻灯片。汇报后,先由学生之间互评,接着由教师进行点评,最后教师根据学生实训任务完成情况,并结合学生成果汇报时的表现综合评分。

## (二)评分标准

| 项目 | 分值比例 | 评分要点 |
| --- | --- | --- |
| 文字材料 | 40% | 格式正确,结构完整,条理清晰,排版符合规范 |
| 实训态度 | 20% | 工作主动,参与积极 |
| 小组协作情况 | 20% | 组内优化方案质量高,团体合作精神好,合作能力强 |
| 形象分 | 10% | 角色扮演准确,举止得体,语言清晰,富有感染力 |
| 成果汇报的表现 | 10% | 语言表达流利、表述准确,PPT制作美观大方 |

# 综合实训二　文书拟写、商务接待与会议筹备

## 一、实训背景

南京××集团要申请成立中国××××协会会员单位,在经中国××××协会同意后,该集团拟在近期召开会员单位成立大会,届时将邀请国内知名的研究专家谭××教授到会授牌,邀请省内兄弟公司负责人参加会议,会期2天,第一天举行分会成立大会、嘉宾致辞、授牌仪式、文艺演出等,第二天上午参观该集团的生产基地,下午返程。

## 二、实训内容

(1)请以该集团的名义给中国××××协会拟写一份成立分会的请示,再以中国××××协会的名义给该集团发一份同意该集团为会员单位的批复,并根据实际情况模拟以下场景。

场景一:2010年12月25日,南京××集团总经理吴××把秘书李××叫到办公室,让李××给中国××××协会拟写一份关于加入中国××××协会,成为会员单位的请示,并要求请示拟写好拿给他审核。

(2)接到中国××××协会的批复后,请拟一份分会成立大会筹备方案,交吴××总经理审核,并模拟以下几个场景。

场景一:2009年3月25日上午,总经理吴××打电话将秘书李××叫到办公室,告诉她会员单位成立大会的主要内容、时间和地点,并向她强调此次会议的重要性,让她尽快写好会议筹备方案,以便各部门早做准备。同时,吴总还让李秘书为他准备一份发言稿,用在正式开会时作为欢迎词,发言时间不超过3分钟。请拟制一份会议计划和一份总经理发言稿。

场景二:3月26日,李秘书将写好的会议筹备方案交给吴总,吴总看过以后认为可行,在会议计划上签字批准。李秘书根据计划内容,给兄弟单位主要负责人发邀请函,以快件邮寄的形式,将邀请函发送给省内5家著名的生产企业的老总和谭××教授,并在发出后第三天,打电话与这5位总经理联系,得到的信息是他们将准时赴会。请拟写一份邀请函,并演示发

送邀请函的过程。

**场景三**：4月6日,李秘书和办公室同事讨论会场布置情况。根据会务分工,总经理办公室秘书小刘协助李秘书进行现场布置,李秘书向小刘提出布置会场的要求:本次会议为会员单位成立大会,有揭牌仪式,会议地点选择在公司多功能厅,有投影仪和投影屏,需设置主席台,并安排好主席台的座次,要准备横幅、鲜花装饰等。请演示讨论会场布置的过程。

**场景四**：4月8日,李秘书打电话到江苏省会议中心南京钟山宾馆为到会的嘉宾预订酒店房间,5位总经理将各带一位助理,10人均在4月12日下午到达;谭教授一人,4月12日中午到达。宾馆前台接待员为徐小姐,请演示秘书的电话预约过程。

**场景五**：4月13日上午8:30,李秘书将嘉宾引至会场,总经理吴××和副总肖××到门口迎接,吴总与客人们都认识,肖副总与客人们是初次见面。请演示接待工作过程。

**场景六**：4月13日上午9:00,会员单位成立会议开始,与会者进入会场签到,负责签到的工作人员是小陈,出席本次会议的主要有:总经理吴××、副总肖××、商务执行经理宋××、人事经理刘××、技术执行经理方××、李秘书,到会的嘉宾,公司员工代表等。会议由吴总经理主持,他先把到会嘉宾介绍给大家,再发言说欢迎词,会议由李秘书负责记录,会场工作人员小陈负责发放会议资料,同时负责倒茶等后勤服务。请演示会议开始的过程。

**场景七**：欢迎词完毕,邀请嘉宾代表××集团夏××总经理致辞。致辞完毕后举行揭牌仪式,由谭××教授和吴总经理一起揭牌。请演示揭牌的过程。

**场景八**：会议结束后,李秘书将本次会议形成的文件(包括:会议计划、会议邀请函、领导发言稿、会议记录、照片等)收集齐全,整理后归档,请演示秘书收集文件并整理归档的过程。

(3)会员单位成立时,由于邀请了谭××教授和省内同行专家,请你拟一份接待方案一并交系主任审核,并模拟以下场景。

**场景一**：国内著名的不锈钢研究专家谭××教授,坐4月12日上午10时的飞机,中午12时到南京禄口国际机场。请准备接站牌、车辆等,接到谭教授后,协助谭教授办理酒店入住手续。演示机场接待和宾馆入住手续的办理过程。

## 三、实训目标

通过实训,要求学生掌握商务接待的程序和方法,掌握接待中的礼仪;能够独立或者通过小组间协作,筹备大中型会议。

## 四、实训方式

(1)以小组为单位进行全过程演练,结合讨论,模拟部分场景训练,分角色扮演。

(2)以个人为单位完成相关文件资料的准备。

(3)以小组为单位,每组派出一名代表参加实训成果汇报,并将汇报材料制作成幻灯片。

## 五、实训提示

### (一)书写请示的注意事项

(1)请示要坚持"一文一事"的原则。为便于上级机关批复,请示应一文一事,不能一文数事,如同综合报告,这样可避免辗转传递,影响工作效率。

(2)请示的主送机关只能是一个。不能搞多头请示,以免造成责任不明,互相推诿,或领导机关批复的意见不一致,下级机关难以处理的现象。如涉及几个上级机关,主送机关应是对请示事项有处理义务的上级机关,对其他上级机关则可用抄送的形式。

(3)要逐级请示。请示应按隶属关系逐级请示,一般不能越级。如遇特殊情况,如事情重大或特别紧急,若按常规逐级请示就会延误工作时,或就同一问题曾多次向直接上级机关请示,却迟迟得不到答复等时,可以越级向更高一级机关请示。但越级请示时,必须同时抄送越过的上级机关。

(4)如果是联合请示,应搞好会签,要充分协商,联合行文。

### (二)会议筹备方案包含的要素选择

会议筹备有一定的程序和要素,但不是说所有的会议都必须要素齐全,像这次的会员单位成立大会、揭牌仪式的筹备方案就可以包含以下要素。

选择会场布局,布置会议场所,拟订会议议程和日程,确定与会者名单,制发会议邀请函,安排会议食宿,准备会议资料、会议用具,会议经费预算,检查设备,接站工作,报到、签到工作,对外宣传新闻媒体的邀请,照相服务等。

### (三)接待方案包含的要素

(1)确定接待规格;

(2)拟定接待计划;

(3)接待经费预算;

(4)人员安排。

## 六、实训成果汇编

实训结束后,将实训期间形成的文字材料、图片资料、影像资料等进行整理,并装订成册,形成实训成果汇编。实训成果汇编主要包括以下资料内容:

(1)会议筹备方案;

(2)会议邀请函;

(3)会议签到表;

(4)开幕词、领导讲话稿;

(5)公司产品手册;

(6)大幅宣传海报;

（7）与会人员通讯录；
（8）活动过程等照片；
（9）会议记录、会议纪要、会议简报；
（10）会议总结。

### 七、实训考核方式和标准

#### （一）实训考核方式

实训任务完成后，学生必须参加实训成果汇报。参加实训成果汇报，必须将汇报材料制作成幻灯片。汇报后，先由学生之间互评，接着由教师进行点评，最后教师根据学生实训任务完成情况，并结合学生成果汇报时的表现综合评分。

#### （二）评分标准

| 项目 | 分值比例 | 评分要点 |
| --- | --- | --- |
| 文字材料 | 40% | 格式正确，结构完整，条理清晰，排版符合规范 |
| 实训态度 | 20% | 工作主动，参与积极 |
| 小组协作情况 | 20% | 组内优化方案质量高，团体合作精神好，合作能力强 |
| 形象分 | 10% | 角色扮演准确，举止得体，语言清晰，富有感染力 |
| 成果汇报的表现 | 10% | 语言表达流利，表述准确，PPT制作美观大方 |

# 综合实训三　课程学习总结与汇报

### 一、实训背景

××职业技术学院新闻传播系文秘专业毕业班学生，通过一学期的学习与实训，在秘书专业知识和专业技能方面都得到了很大的提高。为了总结教学经验，现要求学生对本学期的课程学习进行总结，撰写实训总结，并设计制作PPT，参加学期实训成果汇报；要求学生对本学期的实训资料进行归类，装订成册，最后将装订的资料作为实训的最终成果。

### 二、实训内容

如果你是该系文秘专业毕业班学生，你将参与实训总结与汇报、实训资料整理与装订工作。

## 三、实训目标

通过实训,要求学生进一步掌握总结的写作方法,设计制作演示文稿的方法,锻炼学生的沟通能力、语言表达能力、团队协作精神以及整理资料的能力等。

## 四、实训方式

(1)将学生分成若干小组,每组2~3人,根据背景要求完成实训任务。

(2)利用电脑熟练准确地录入文图、表格数据等,并按规范进行排版打印,打印时一律采用A4纸,正反打印,打印稿一式两份,学生自己保留一份,上交一份,同时上交电子文本以及PPT文本至老师处,参与学期总评。

(3)全部实训任务应在2周内完成。

## 五、实训提示

### (一)了解总结的类型和结构

总结大体上分为标题、正文、落款三个组成部分。

(1)标题。一般有三种模式:陈述式、论断式、概括式。

(2)正文。这是总结的核心部分。正文由前言、主体、结尾三部分组成。

(3)落款。主要是具名与日期。单位的具名要放在标题中或标题下方;个人总结的署名一般在正文的右下方。

撰写总结要做到:情况清、经验新、不溢美、不护短。情况清,要求工作总结要点面结合,突出重点;交代环境和背景;详略得体,容易明白的少写,说明经验的多写。经验新,要求总结出一些新鲜、管用的经验,使本单位、本部门能够"超越自我",前进一步。不溢美、不护短,即语言力求准确、朴实,避免浮华。

### (二)收集整理并装订实训资料

收集整理实训资料时,最好小组成员先分别整理,整理完毕后,每个人列出清单,小组间再校对清单,看实训成果有没有缺项。如果没有缺项,根据老师的分类要求,将实训资料进行归类。装订时,要按照要求左侧装订,装订完毕要给实训成果设计一个封面。

## 六、实训成果汇编

实训结束后,整理实训期间形成的文字材料、图片资料、影像资料等,并装订成册,形成实训成果汇编。实训成果汇编主要包括以下资料内容:

(1)课程学习总结;

(2)每次实训的文字、图片及影像资料;

(3)实训成果考核表。

## 七、实训考核方式和标准

### (一)实训考核方式

实训任务完成后,学生必须参加实训成果汇报;汇报后,先由学生之间互评,接着由教师进行点评;最后教师根据学生实训任务完成情况,并结合学生成果汇报时的表现综合评分。

### (二)评分标准

| 项目 | 分值比例 | 评分要点 |
| --- | --- | --- |
| 文字材料 | 40% | 格式正确,结构完整,条理清晰,排版符合规范 |
| 实训态度 | 20% | 工作主动,参与积极 |
| 小组协作情况 | 20% | 组内优化方案质量高,团体合作精神好,合作能力强 |
| 形象分 | 10% | 角色扮演准确,举止得体,语言清晰,富有感染力 |
| 成果汇报的表现 | 10% | 语言表达流利、表述准确,PPT制作美观大方 |